JN194349

昭和懐古

想い出の少女雑誌物語

村崎 修三

熊本出版文化会館

「少女の友」昭和24年1月号表紙原画　松本昌美絵

「少女の友」昭和24年10月号表紙原画　松本昌美絵

『光への招待』表紙原画
多田裕計作　松本昌美絵
昭和 28 年 12 月　偕成社発行

目次

用紙統制時代 一冊64頁の制限の中で

戦時脱却　新時代への胎動

少女雑誌史上最も華やかな時代

少女雑誌永遠の終焉

ETSURO

用紙統制時代

一冊64頁の制限の中で

しあわせを

扇　佐久子

枯野のみちを馬車に乗り
サーカス團がとぼとぼと

わたしの村へ寄らないで
まつすぐ町へ行きました

サーカス團のそのなかに
おさげの髪の一少女《しょうじょ》——

まつげのながいその眼《まみ》は
淋しく澄んでいたけれど

明日は玉乘りつなわたり
ブランコ飛びも命がけ

道で見おくるわたくしを
學校がえりのわたくしを

にっこり笑《え》んで見つめたが
馬車にゆられて去りました
さびしいさびしい夕《ゆう》つ陽よ

つめたいつめたい木枯しよ

どうぞあの娘《こ》をしあわせに
どうぞあの娘《こ》をしあわせに

1　「少女クラブ」の章

戦時中、休刊することも無く、昭和二〇年八・九月合併号を出して再出発した「少女倶楽部」は発行元の講談社も戦争責任を問われ、上層部が総入れ替わり混乱した。

組織としての再出発の決意表明は、「少女倶楽部」にも掲載された。これは後ほどの「はじめに」の項で述べている。社内では新しい上層部も少々の戸惑いと、その意見が現場に通りにくい雰囲気が残ったのだろうか。


昭和二一年、年が変わって「少女クラブ」と改題した編集部は、理想の少女雑誌を創ろうと意気込んでいた。

理想を追求するあまり、知らず知らずのうちに、読者の対象年齢を上げてしまったことに気付いていなかった。

編集部は「少女クラブ」の読者の主流が、小学生から新制中学の一・二年生であるという、単純で根本的なことを置き去りにしたミスを犯してしまった。

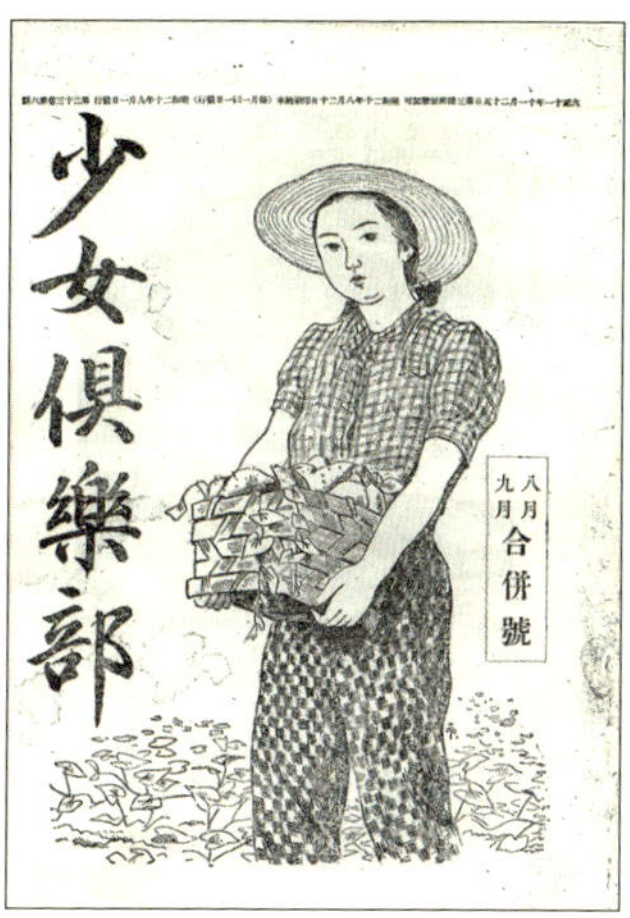

昭和 20 年 8・9 月合併号

戦時中の昭和一七年、出版社統合の際に、女学生には「少女の友」を、小学生には「少女倶楽部」をと明確に区別されて、少女雑誌の存続を、この二誌にだけ許された経緯がある。

それでなくても元々「少女倶楽部」は創刊以来、小学生を中心とした雑誌だった。新時代の幕開けとなった終戦後も、読者である少女たちはそのつもりでいたはずだ。しかし、実際の内容は「少女クラブは終戦以来編集の先生方も新しい陣容になり、新しい文化建設のために張り切って―中略―内容はますます充実したものに―後略。昭和二二年五月号編集後記」という編集者の宣言は、対象読者を何歳程度に設定していたのか、理解に苦しむような内容で、その後発行され続けた。

年少の読者たちは、別の雑誌にしたいと思っても、他に少女雑誌は発行されていなかったし、親に買い与えられて仕方なく読まされていた面も多々あったと思う。だから「少女」とか「少女世界」など新しい雑誌が、美しく面白い内容で登場すると、「少女クラブ」に勢いがなくなるのは、当然の成り行きだった。戦後直ぐ「少女クラブ」の編集に携わった松本道子の著書『風の道』から引用してみる。

「少女倶楽部」にも新しい編集方針でやって行こうとする気分があって、もう少しスマートに芸術性も高くというねらいで―中略―表紙も従来のただ美少女というのではなく小磯良平さんに描いていただいたことがあります。ところが社内の批評会とか企画会議のときに、どうも評判が悪いんです。どうしてもっと可愛い顔にしないのかってエライ人に叱られました。―中略―当時でも、そういう傾向の雑誌に、賛成ばかりではなかったと思います。

そのうちに「少年」とか「少女」とかが刊行になりました。それは昔の講談社の雑誌を復活させた感じで、それこそおもしろくできていましたので、当然良く売れたと思います。

「少女倶楽部」は少女雑誌なのに姦通小説の「アンナ・カレーニナ」や奥野信太郎さんの「紅楼夢」も載りました。わたくしはまもなく「少女クラブ」から「群像」（※純文学系文芸誌）にかわりましたけど、戦後のそういう傾向が、その頃には終わりになったんでしょう。

若気の至りで、それなりに一生懸命やってたけれど、読者がほんとうに喜んでくれる雑誌だったか、自分たちがやりたいから作っていただけではないのかと、反省もないわけではありませんでした。当時はわかりませんでしたけど。

ここでちょっとお断りを申し上げると、誌名が「少女倶楽部」だったのは、昭和二一年三月号までで、四月号からは「少女クラブ」と表記されるようになった。だからこの文章の中でも昭和二一年三月号以前は「少女倶楽部」と表記、以後は「少女クラブ」とした。混乱を招きかねない表現だが、「倶楽部」「クラブ」は時代背景を知る上でも重要なキーワードだと思うので、ご諒承願いたい。

「少女クラブ」昭和 21 年 4 月号「少女倶楽部」昭和 21 年 3 月号

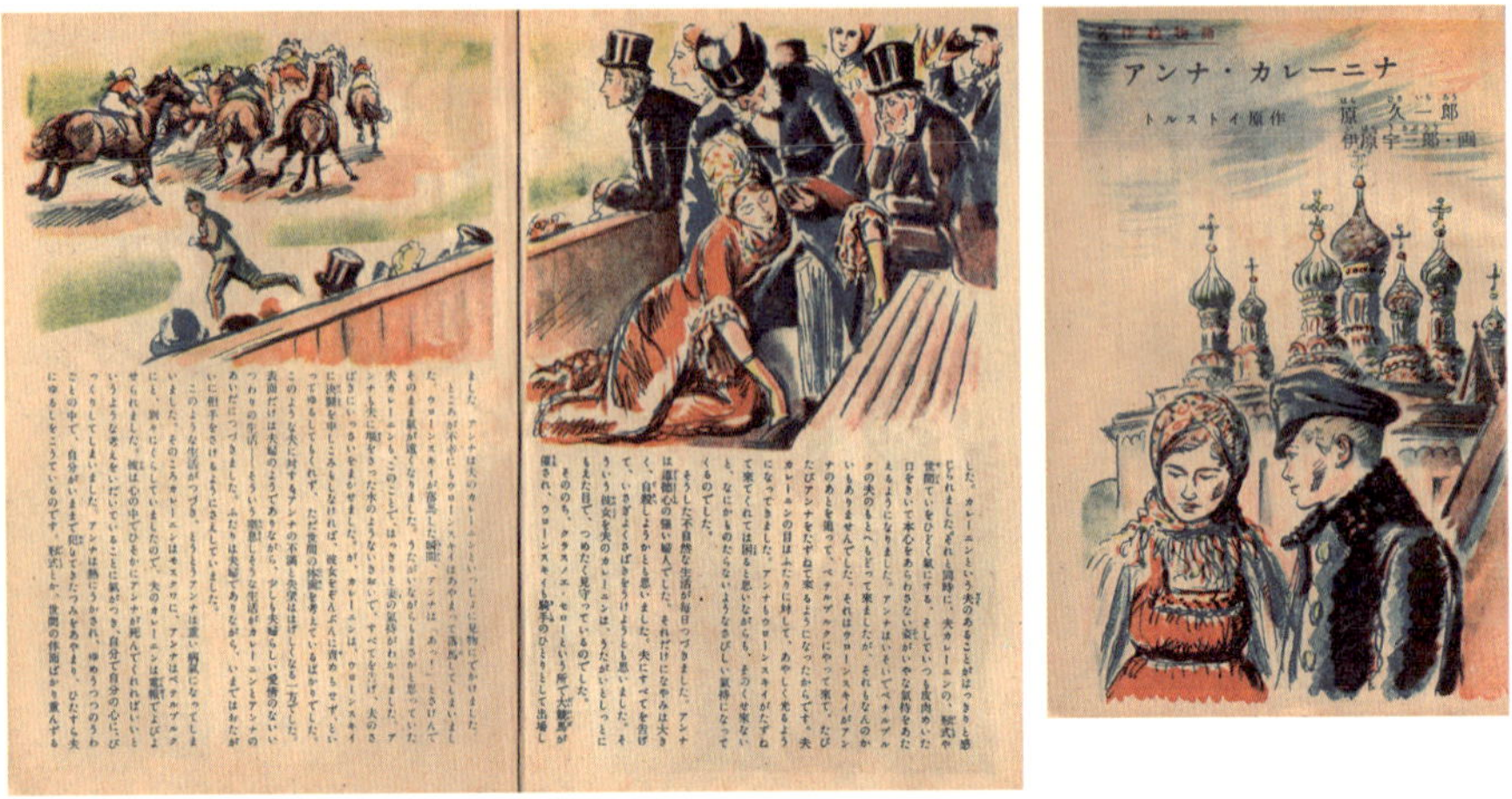

「少女クラブ」昭和23年2月号

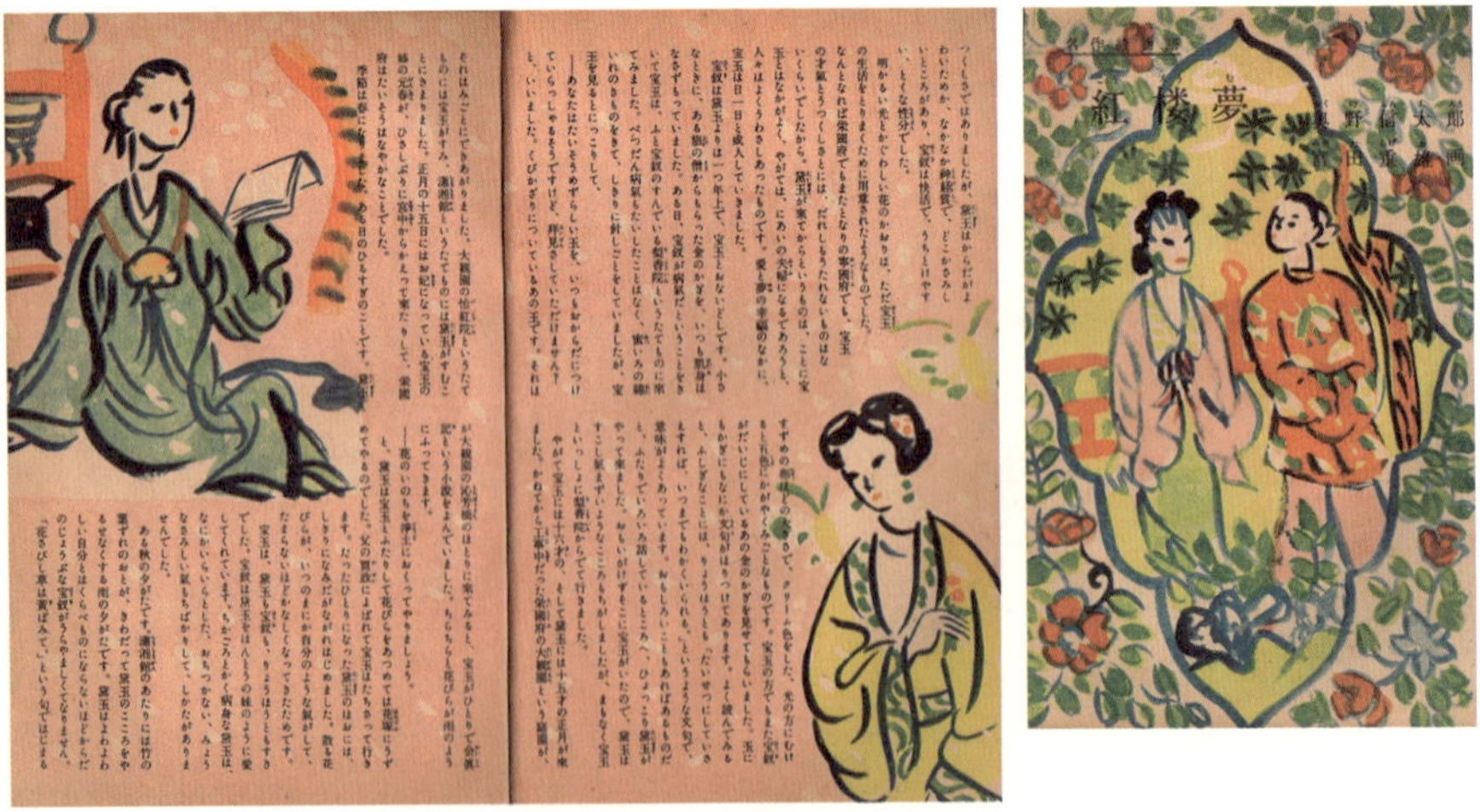

「少女クラブ」昭和23年8月号

【お詫びと訂正】

本文中の下記の箇所において誤りがありました。お詫びして訂正いたします。

訂正箇所	誤	正
P15　画像キャプション	「少女倶楽部」 昭和21年8月号	「少女倶楽部」 昭和20年8月号
P150 下段	主な連載小説	主な連載漫画
P184	主な連載小説	主な連載漫画
P216	主な連載小説	主な連載漫画

「はじめに」の項でちょっとだけ触れたが、戦後第一号の「少女倶楽部」。この号は昭和二〇年八・九月合併号で、発行日付は九月一日となっているから、本来ならば東京都内は八月二九日発売であるが、この時期、その通りに発売されたとは思えない。むしろ一週間や二週間遅れて発売されても不思議ではない混乱の時代だったから、広島に原爆投下された僅か一ヵ月にも経たないこの時の「少女倶楽部」に驚くような小説が掲載されていた。

それは壺井榮の「石臼の歌」で、この小説の中になんと「広島のおばさんが原爆で亡くなった」というくだりがあるのだ。この速報性、情報の速さをどう解釈したらよいのだろう。

広島と長崎に「新型爆弾」が投下されたことは、終戦を待たずに日本中に知れ渡ったが、それが「原子爆弾」と知るのは、かなり後だったように思う。

昭和二四年末までの少女雑誌に、原爆・原子爆弾という単語は出て来ない。GHQによる出版物の検閲が始まったのが、昭和二〇年一〇月からで、「少女倶楽部」戦後第一号は、辛くも事前検閲を受けずに発行出来たのだ。

私の推測に過ぎないが、壺井榮の情報入手ルートは、夫でプロレタリア詩人の壺井繁治からのものだと思われる。それにしてもその速さには驚く。

ちなみに終戦後、原爆のことを取り上げた雑誌としては、

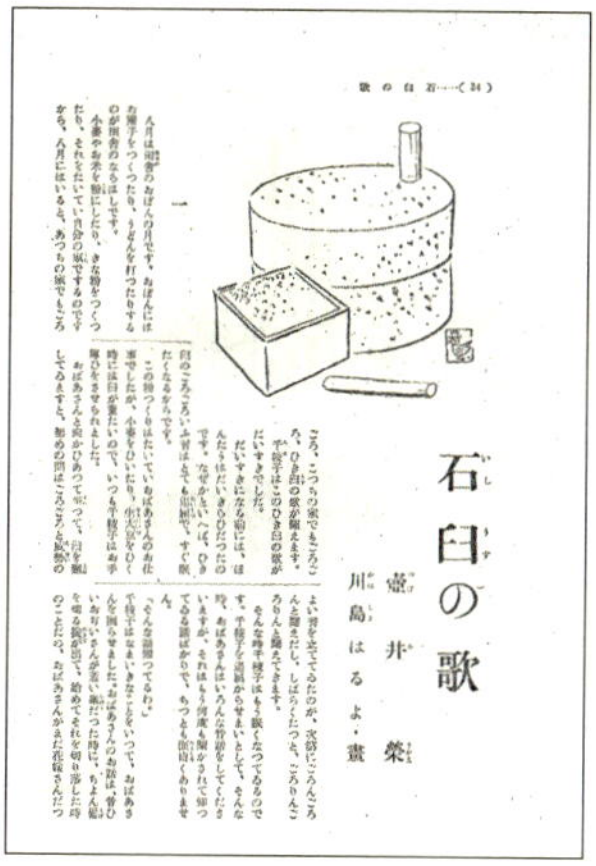
石臼の歌
壺井榮
川島はるよ・畫

「少女倶楽部」昭和21年8月号

あらゆるジャンルの月刊誌の中で、「少女倶楽部」が最も早かったのではないか。「文藝春秋」はこの年の一〇月号に、原爆に関する記事を載せているらしいが、残念ながら私は確認していない。

総合雑誌「世界」には、当然、それがらみの記事が掲載されているはずだが、恥ずかしながらこれもまた、読んでいない。

終戦から丸三年、昭和一九年から小学生には「少女倶楽部」、女学生は「少女の友」の二誌しか発行されておらず、戦後もその寡占状態が続いていた。惰眠を貪っていたわけではないだろうが、ようやく昭和二四年頃から競合誌が出始めて、受けて立つことになった「少女クラブ」は、その対策を少し誤ることになる。

戦後の「少女クラブ」小説陣は、従来の講談社の少女雑誌らしくない本格的な作家を投入してきた。例えば丹羽文雄、室生犀星、尾崎一雄、外村繁、それにアナトール・フランスの訳者に三好達治をあてるなど。

それらの挿絵は宮本三郎、向井潤吉、田村孝之介、猪熊弦一郎、脇田和といった錚々たる本格的な画家で占められていた。

「少女の友」昭和 21 年 4 月号

「少女クラブ」昭和 23 年 10 月号

「スマートに芸術性も高く」創られた誌面は、あまりにも高踏的で、次々と楽しく面白いライバル誌の出現で、改めて取った対策が、当時少女たちに人気の高かった挿絵画家の、辰巳まさ江や佐藤漾子の起用ではなく、戦前から縁の深い蕗谷虹児をメイン画家として迎えたことだった。

蕗谷虹児は戦前にパリ留学、現地から送って来る絵の一枚一枚が、最新のパリ・モードであって、少女雑誌に限らず婦人雑誌でも当時の先端を行く、挿絵画家の第一人者だった。

ところが戦後、昭和二三年には既に五〇歳という年齢になっていた。抒情画は若さとそこから湧きあふれる瑞々しいセンスがなかったら、それは敏感に絵に現れるシビアなものである。

そして、発表した時代にマッチしたものが望まれる。少女雑誌の中で巻頭の多色刷り折込口絵は、付録と共に重要なセールス・ポイントだ。その折込口絵は人気画家を入れ替わり起用して華やかな誌面作りに苦心していた。それを「少女クラブ」は蕗谷虹児一本に絞り、昭和二四年七月号から五年間、殆ど毎月という大変な量のスペースを、蕗谷虹児に提供する冒険に出た。

明治時代から始まって昭和のこの時代まで、挿絵画家にとっては巻頭の折込口絵を描くことは、表紙を担当することと共に最大の栄誉だったはずである。

明治時代では上村松園、池田蕉園、栗原玉葉、鏑木清方など錚々たる日本画家が表紙に口絵に足跡を残している。

✼辰巳まさ江✼

「少女クラブ」昭和 24 年 4 月号

「少女クラブ」昭和 24 年 8 月号

✼佐藤漾子✼

「少女クラブ」昭和 26 年 10 月号

「少女クラブ」昭和 26 年 1 月号

✼蕗谷虹児✼

「少女クラブ」昭和27年2月号

「少女クラブ」昭和27年6月号

「少女クラブ」昭和24年9月号

「少女クラブ」昭和24年11月号

それを独り占めした虹児は、この五年間、何故か現代少女を描くことをしなかった。常に時代物の、きもの姿の娘を描くことで通した。それは編集部の意向だったかも知れないが、変動の激しかった終戦直後の世相の中でも、例外ではなかった少女たちの生活からすると、その絵は夢を見るには、憧れるには、あまりにもかけ離れて美し過ぎる絵の連続は、現実とのギャップに、却ってアピールするものがなかったと思われる。

これだけの長期間に亘るスペースを与えられながら、画家・蕗谷虹児の新たな冒険が見られなかったのは残念なことだった。

昭和二四年頃、小学校では学級文庫が流行《はや》っていた。戦前の小学校のすべてに学校図書館が設置されていたかどうか知らないが、私が通った小学校は戦災で焼失して、軍隊の兵舎を移築して校舎として使っていた。

戦後は日本中が貧しくて、本も満足に買えなかったし、図書館の設置など、及びもつかない世の中だった。しかし、大人も子供も活字に飢えていた。

誰の知恵だろうか、自然発生的に自分たちのクラスも隣のクラスにも、みんなで家にある本を持ち寄って、教室の片隅にリンゴ箱を置いて（当時のりんご箱は荒削りの板で作った木箱だった）学級文庫が開かれた。

童話や世界名作の読み古しの急ごしらえの文庫だったが、「毎月の新刊雑誌も読みたい」という声があがった。何処からその購入の資金が出たのか記憶にないが、とにかく少年雑誌と少女雑誌を毎月購入することになった。

そして、購入する雑誌をどれにするかで問題になった。この頃は何でも皆で意見を出し合って決めごとをしていた。いつもの案件と違ってこの時ばかりは、皆が臆することなく自分の意見を述べて議論が沸騰した。

クラスの級長さえも、従来の学校側からの拝命ではなく、全員で討論して、場合によっては、投票で決めていた時代だった（この頃は級長という呼称はなくなって、クラス委員長・副委員長といっていた）。

少年雑誌では光文社の「少年」が、少女雑誌も光文社の「少女」が、圧倒的に支持されたが、結局のところ共に講談社の「少年クラブ」と「少女クラブ」に落ち着いた。その理由は大雑把だがふたつあった。

ひとつは持てる者のエゴだった。当時は月極めで（という言葉は今は死語かな?）雑誌を親から買って貰える子は少な

「少年クラブ」昭和24年8月号

「少年」昭和23年9月号

かった。買って貰える少女の中の多数が「少女」を選んでいた。だから学級文庫に「少女」を置くことに反対した。出来ることなら違うもう一冊の雑誌を読みたい――という思いからの反対だった。だったら自分が違う雑誌を買えば良いじゃないかと、思う人が居るだろうが、どっこい「少女」は本誌も付録も人気が高かったのだ。これは「少年クラブ」に対する「少年」も同じ構図だった。

もうひとつの理由は、子供らしい良識にあった。親から先生から何も言わずに与えられ、薦められていたのが講談社の「少年クラブ」であり、「少女クラブ」だったのだ。この二誌は誰もが認めるブランド品だったのである。

子供たちは、それを意識の底にしっかりと憶えていたのだ。学級文庫に置くのは「少年クラブ」と「少女クラブ」がふさわしいと。

こうして私たちの学級文庫にはこの二冊が置かれるようになった。

昭和二四年四月は「少女」が創刊されて、わずか半年目である。この時期すでに「少女クラブ」は「少女」に王座を奪われそうになっていたのだ。

長い歴史と伝統を持つ「少女クラブ」は、戦後も断然ナンバーワンの地位を確保していて当然のはずだった。が、戦中・戦後の長い独占状態が続く中で、読者第一の基本をおろそかにしたとは思いたくないが、「少女」創刊以後、少女たちの人気では常にナンバーツー、ナンバースリーの地位に甘んじなければならなかった。

ところで「少女クラブ」のイメージといえば、どんなものだったろうか。明るく健全で健康的で、クラスの真ん中くらいの成績で、父親は役職付きのサラリーマン家庭で、みんなから好かれる、要するにごく平均的な読者像があったように思う。

そんな誌面からの印象が、実は掲載されている漫画においては、かなりの冒険の歴史を持っていた。

戦前と昭和二〇年代は、生活漫画主流の時代で、その代表が少女雑誌掲載漫画ではないものの「サザエさん」だろうが、少女雑誌に限っても、長谷川町子は昭和二三年頃から「少女の友」に「わかめちゃん」を、少女雑誌「青空」に「うちのお兄さん」、「少女」に「仲よし手帖」の連載物を抱えていたし、どういう訳か連載の予告が一回

「少女」昭和24年8月号

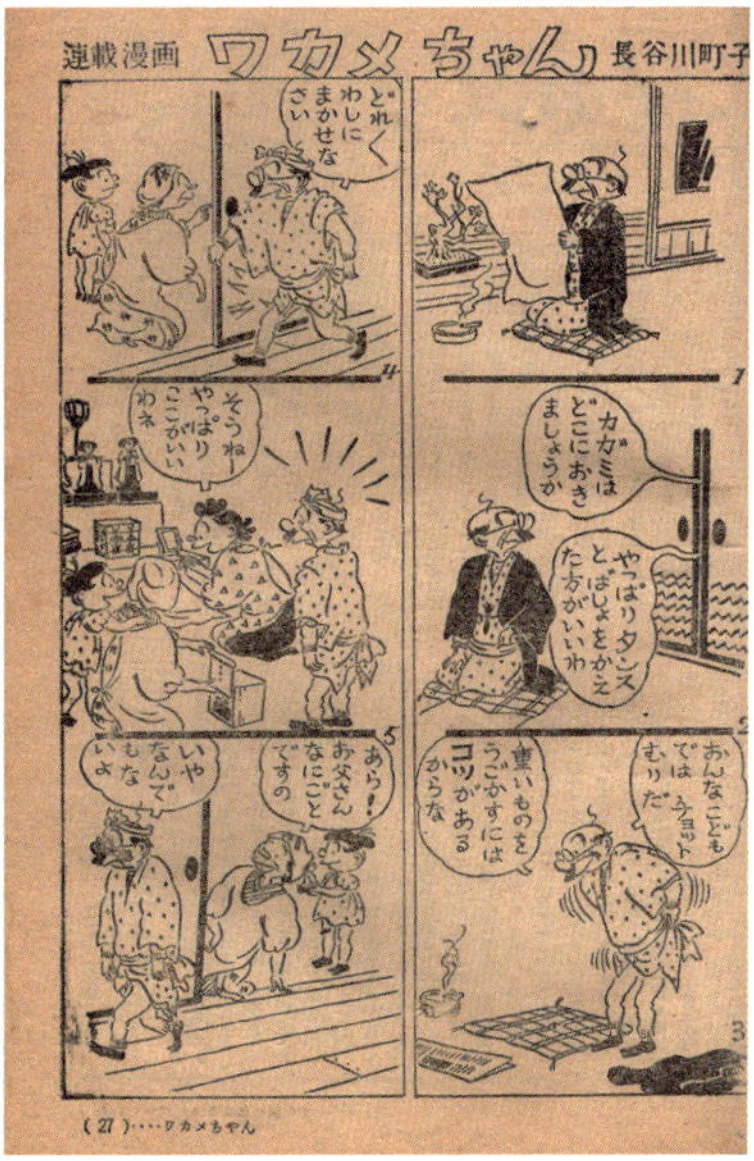

「少女の友」昭和24年3月号

限りになったが、「少女世界」に「サザエさん」を描いている。どの漫画も題名から判るように、内容はほのぼのした漫画ばかりである。そんな時代に「少女クラブ」昭和二三年一月号から一年間、松下井知夫の「銀目の女王さま」というストーリー漫画を連載した。

手塚治虫の「鉄腕アトム」が「アトム大使」として「少年」に連載される三年も前の話である。恐らく少年少女雑誌の中でのストーリー漫画の先駆けだろう。なお、「少年クラブ」に昭和二一年七月号から連載された横井福次郎の「冒険児プッチャー」は、漫画というより漫画絵入り物語ととらえたい。この「銀目の女王さま」が連載される前に、昭和二二年一二月号に、単発で同じ漫画家の松下井知夫の「悪魔ミゾレイと純ちゃん」が掲載された。題名から推測されるように、アンチ生活漫画のはしりである。

そして「銀目の女王さま」連載終了後、昭和二四年から同じく松下井知夫のメルヘンチックな冒険漫画「ねこのシロちゃん」シリーズが始まって延々六年間も続いた。少女雑誌で動物を主人公とした連載漫画も珍しかったが、これは時代は異なるが戦前の「少年倶楽部」の人気漫画「のらくろ」、あるいは吉本三平の「コグマノコロスケ」などに肩を並べる少女漫画になったと考える。

「少年クラブ」昭和23年4月号

「少年」昭和27年4月号

長《ちょう》篇《へん》科《か》学《がく》漫《まん》画《が》
アトム大使
さあ、学校へ いくじかんだ へんなことを 先生《せんせい》にしゃべった りしちゃあ だめだよ いっておいて
手《て》塚《づか》治《おさ》虫
おまえ ゆうべから のぼせて いるんだ きぶんがわ るかったら おかえりよ いいかい
タマちゃんはへんだわ 日本艦だのアトムだの へんなこといって……
なあに ゆめでも みたんだよ
おとうさんはのんき だからこまります おいしゃにみせなくては
いや だいじょ うぶ
あっ タマオっ どぅ した!
(29)

「少年」昭和26年8月号

「少女クラブ」では他にも三色カラーのアメリカ漫画の連載もあった。横山隆一の連載漫画「ムリちゃん」は主人公のムリちゃんよりも、わき役のガラ子の意地悪ぶりが面白かった。横山隆一は秘かに自分でも愉しんで書いてるように思われた。

しかし、何といっても「少女クラブ」は、手塚治虫の長編連載漫画を最初に手がけた少女雑誌であることを挙げなければならない。

不朽の名作漫画「リボンの騎士」の誕生だ。その一方で、島田啓三や宮尾しげをの漫画が同時に連載されているところに、講談社体質が窺える。反面、時代は飛ぶが上田とし子の「フイチンさん」という中国が舞台の人気漫画が連載されたり、「銀の花びら」で若い水野英子を売り出すなど、バラエティーに富んだ冒険を恐れない一面もあった。

「少女クラブ」昭和28年1月号

「少女クラブ」昭和30年7月

❇松下井知夫❇

「少女クラブ」昭和23年1月号

「少女クラブ」昭和25年5月号

昭和二〇年代の少女雑誌の中で、少女小説は依然その雑誌の核として、その雑誌の性格をも左右しかねない重要な存在だった。

「少女クラブ」はどこから採点しても、平均的な雑誌で、華美でもなく感傷的過ぎず、じめじめした雰囲気もなかった。連載小説もいわゆる少女小説らしい小説は少なかった。

ロマンチック過ぎる題名だが、船山馨の「白鳥は悲しからずや」、その続編の「わが歌に翼ありせば」は働く少女の健気な成長を描いた作品であるし、富沢有為男の連作「光と風」「ふたば日記」「山のさっちゃん」などは、児童文学と紹介した方がふさわしい力作だった。

翻訳もので吉田絃二郎の「アルプスの少女」も「ああ無情」も、共に蕗谷虹児の挿絵で異例の二年間ずつ連載された。この二作品は講談社の戦後第一期の「少年少女世界名作全集」に組み込まれて、永く子供たちに読み継がれた。このように「少女クラブ」の連載小説は、じっくりと書き込まれたものが多かった。

なかざわみちおの「日本のあゆみ」は、終戦直後の混乱期に、石器時代から明治までを、それぞれの時代を生きる少女の眼を通して見つめた力作だった。足かけ四年にわたって連載された。

長編名作小説 ああ無情
吉田絃二郎
蕗谷虹児・画
りんごぬすびと

「少女クラブ」昭和25年8月号

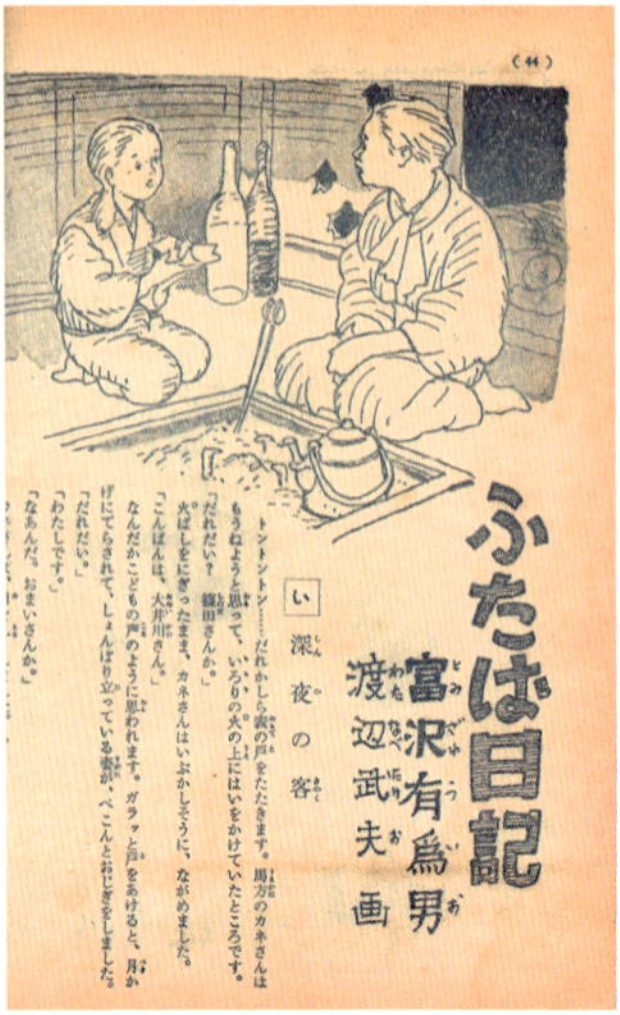

「少女クラブ」昭和25年8月号

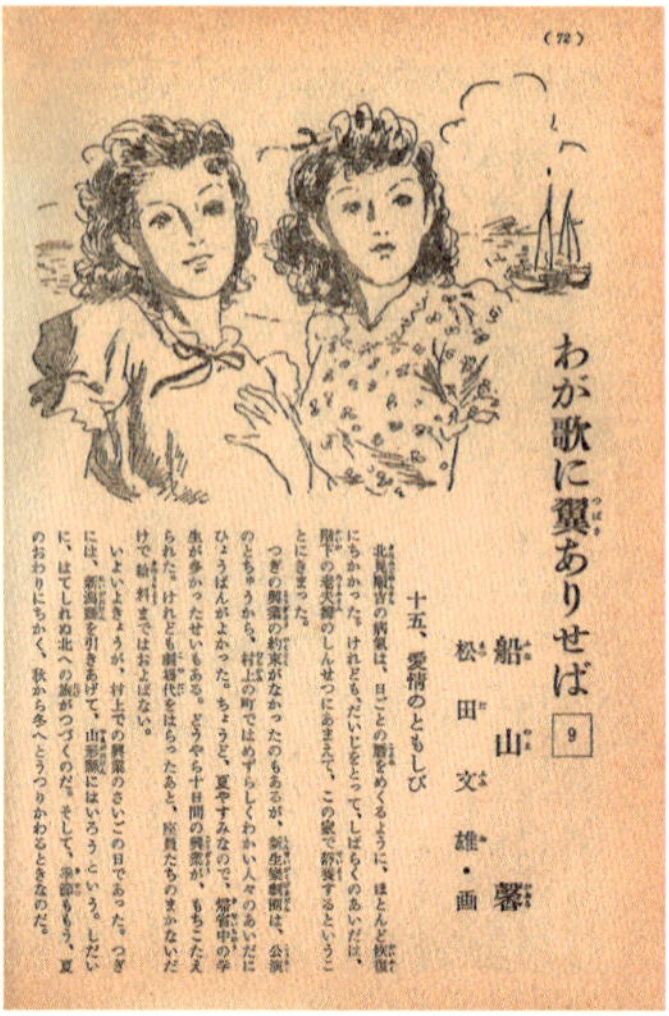

「少女クラブ」昭和24年9月号

「少女クラブ」昭和24年9月号

「少女クラブ」昭和22年2月号

少女クラブ

大日本雄弁会講談社のちに講談社
創刊 大正一二年一月号
休刊 昭和三七年一二月号

主な連載小説

船山馨 「白鳥は悲しからずや」「わが歌に翼ありせば」「嵐に咲く花」「嵐に光るつばさ」

吉田絃二郎 「アルプスの少女」「ああ無情」

中沢至夫 「日本のあゆみ」「観音笛」「金鈴草紙」「母恋山彦」

富沢有為男 「光と風」「ふたば日記」「星へ行く道」「山のさっちゃん」

佐々木邦 「友情の歯車」「あこがれの都」

「少女クラブ」昭和28年1月号

火野葦平　「虹を求めて」

西條八十　「青衣の怪人」「幽霊の塔」「人食いバラ」「流れ星の歌」「すみれの怪人」

山手樹一郎　「おとめ街道」「若殿天狗」

三木澄子　「くるみ割り人形」「さくら草物語」

小糸のぶ　「花いつの日に」「リラの花かげに」

江戸川乱歩　「魔法人形」「塔上の奇術師」

若杉慧　「三つの丘の物語」

津村節子　「ひまわりさん」

「少女クラブ」昭和 26 年 12 月号

「少女クラブ」昭和 26 年 3 月号

「少女クラブ」昭和 25 年 5 月号

「少女クラブ」昭和 26 年 1 月号

主な連載漫画

松下井知夫　「銀目の女王さま」「ねこのシロちゃん」「シロちゃんの冒険」
みなみよしろう「なかちゃんよっちゃん」「なかちゃんだより」「モモちゃんミミちゃん」
横山隆一　「ちぢれさん」「むりちゃん」
手塚治虫　「リボンの騎士」「火の鳥」
小野寺秋風　「お江戸のくりちゃん」「名探偵メイ子ちゃん」
うしおそうじ「しか笛の天使」「おセンチ小町」
倉金章介　「ピノキオ姫」
山内竜臣　「緑の舞扇」「マリアの鐘」
赤塚不二夫　「おハナちゃん」

「少女クラブ」昭和27年2月号

石森章太郎　「三つの珠」「にじの子」「幽霊少女」
ちばてつや　「ママのバイオリン」「ユカをよぶ海」「リナ」「123と45ロク」
東浦美津夫　「どこに青い鳥」「夕月の山びこ」
武内つなよし「わんウェイ通り」
水野英子　「銀の花びら」「星のたてごと」
上田とし子　「フイチンさん」
細川智栄子　「母の名呼べば」「ふたりの白鳥」

昭和 34 年 7 月号

昭和 36 年 4 月号

昭和 29 年 5 月号

各章文末の連載リストは概ね年代順になっています。

2　「白鳥」の章

「ひまわり」と時期を同じくして出発した雑誌に、大地書房の「白鳥」がある。

昭和二二年創刊号から、私の知る限りでは昭和二四年新年号までの短命に終わった。全部で二〇冊しか発行されなかったが、創刊当時は実に新鮮な魅力にあふれていた。

流れるような線描の、弾けるような動きのある西洋風少女の美しさを表現した長沢節の絵で表紙が飾られ、ファッションの頁を始めとして、詩や小説の頁も節のイラストがふんだんに使われて、「白鳥」のメイン画家だった。

創刊号はA5判一七六頁で、他を圧倒する厚みがあった。巻頭からいきなり四色オフセットが一六頁も続く豪華版だった。

「白鳥」昭和22年創刊2号

「白鳥」昭和22年1月号

連載小説は一本だけで、コレットの「青麦」。この掲載の数年後にはフランスで、映画化されたものが、日本でも上映された。その時流を読む編集者のセンスは見事だった。

それにジョルジュ・サンドの自叙伝と、川端康成の「文章読本――わが愛する文章」の連載があって、斬新さと編集者の意気込みが光った。

「青麦」は訳者の健康が優れず、回復次第連載を再開するとあった。

また、ジョルジュ・サンドの「自叙伝」は六ヵ月連載と予告があったにも関わらず、何故か「青麦」とともにこの二作品は一号だけの掲載で終わった。

青麥

（一）

コレット作

西田義郎譯

長澤節畫

「白鳥」昭和22年1月号

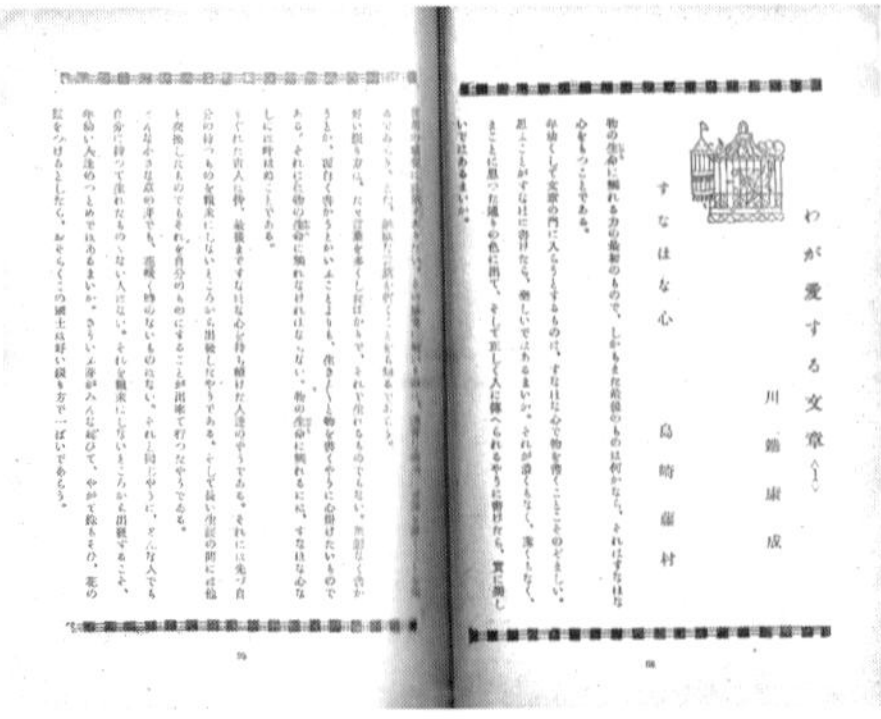

わが愛する文章〈1〉

川端康成

すなはな心

島崎藤村

「白鳥」昭和22年1月号

「白鳥」昭和23年5月号

巻頭の色刷り絵物語は毎月八頁建ての豪華版だった。内容はゲーテやドストエフスキーなどの名作版ダイジェストだった。訳者は変わっても当初は挿絵は松野一夫ひとりが担当した。

「白鳥」昭和23年1月号

「白鳥」昭和22年1月号

「藤村の思い出」を島崎静子に語らせ、「新憲法」を政治学界の大御所的存在の猪木正道に解説させた。「夕鶴」のつう役で有名な山本安英に「初舞台まで」の半世紀を書かせ、重複するが川端康成は「わが愛する文章」を一年にわたって執筆している。

河盛好蔵は「青春の正義」を説き、「女性論」を石川達三が展開している。なんと多彩で豪華な執筆陣ではないか。

全体的に趣味の良い教養雑誌の印象で、「ひまわり」よりもホンの少し上の年齢層を意識して、甘さと感傷を排除した編集だった。

第二号からは表紙に「女学生雑誌」のタイトルが打たれ、対象読者を明確に打ち出した。第四号から薄っぺらな姿になったのは、この時期どの雑誌も同様だったが、国の政策とは言え前月号の全一二八頁が全六四頁に、まさしく半減した雑誌を手にした時の読者のショックはどんなものだったろう。頁数が減ってせっかくの瑞々しい個性が萎んできた。少なくなった頁数の中で、貴重な一頁全部を使って、やむなく減頁対策でとった措置について、お詫びとお断りの説明がなされている。

「白鳥」昭和22年第3号

「白鳥」昭和22年第4号

続いて第五号の編集室だよりにも、「すべての雑誌が六四頁以上は許されない状態が暫く続きます。それは新しい日本が生まれるための不自由なのですから、みなさまも私たちも希望を持って紙の事情が良くなるまで、待たねばなりません」と再び訴えている。

第六号から編集スタッフが入れ替わり、内容もがらりと変わった。

今月号から「白鳥」の感じがいろいろな点で変わっていることにみなさんはお気づきでしょう。その変化が発展であることを私は願うのですが―後略―　編集室だより

結局、昭和二二年は合併号を繰り返して八冊しか発行されなかった。

編集スタッフが入れ替わった時点で、「白鳥」誌上から、長沢節の絵が暫く見られなくなった。「変化が発展であることを」願った編集部だったが、毎月毎月、目まぐるしく内容が変わり、一貫性がなく、現場の混乱が伝わってくるようだった。

色刷り口絵にも中原淳一や松本かつぢが登場す

「白鳥」昭和 24 年 1 月号 辰巳まさ江

るようになって、中断されていた「わが愛する文章」も再開された。

特筆すべきは、「もう少女小説は卒業するわ」と言っていた吉屋信子の戦後初の少女小説「青いノート」の連載が始まったことだ。新しい陣容で編集も軌道に乗りつつあったが、しかし創刊直後に匹敵する「白鳥」らしさは、まだまだ見えてこなかった。

表紙の隅に「編集顧問　林芙美子」の文字が二号続けて出されたが、同誌が廃刊になるまでの間、読者投稿の「作文」欄の選者は務めていたが、それ以外にどういう形であれ、ただの一度も林芙美子が寄稿したことはなかったし、どういう提言があり、その意見がどんな風に反映されたか伝わって来なかった。

「白鳥」昭和23年1月号

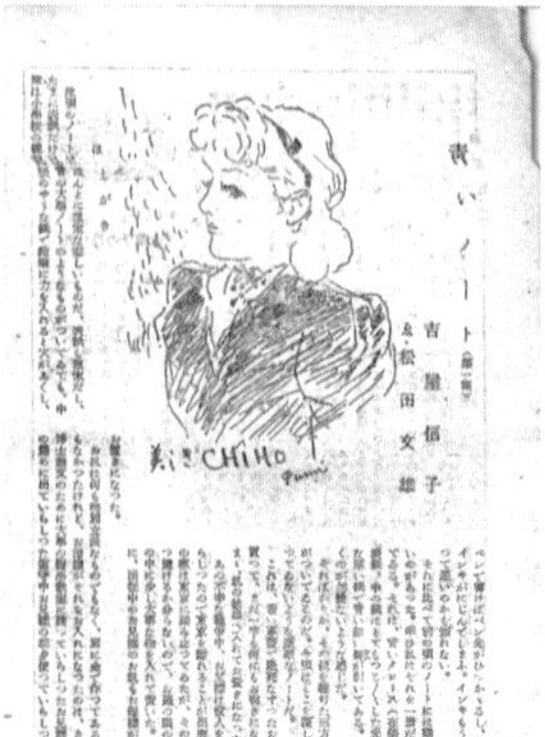
青いノート
吉屋信子
松田文雄
「白鳥」昭和23年11月号

小雑誌といえども一般商業雑誌で、有名作家が編集顧問となった例は極めて稀で、のちに「蝋人形の章」で述べるが、詩人・西條八十は少女雑誌「蝋人形」の編集に深く関わっていたのとは対照的だった。

「ひまわりの章」で述べるが、「白鳥」創刊号から連載された北條誠の「花日記」の挿絵は、中原淳一から長沢節に第三号からバトンタッチされた。しかし、それも束の間、第六号からの編集者入れ替えの時点で、小説そのものの連載が打ち切られた。

この「花日記」は、淳一と北條誠の最初のコンビ作品だが、翌年昭和二三年からそのまま「ひまわり」に引き継がれた。「ひまわり」では口絵小説と銘打って、挿絵が大きく扱われ、少女たちの評判を呼んだ。

「白鳥」と「ひまわり」、どこかで何かしらの接点があったらしい。両誌には他にもいくつかの珍しい縁があった。

そのひとつは、「花日記」とは逆のパターンで「ひまわり」創刊第三号に掲載された北畠八穂の小説「火か水か」は、「カヅ」という少女の眼から見た医学生の従姉と、その友人たちの人間模様を綴った短編だが、その四ヵ月後の昭和二三年、「白鳥」第四号から「火あり」の題で連載が始まっている。この場合は主人公ではなく、「カヅ」も少女たちの人間関係の中のひとりとして、扱ってあった。

もうひとつは、「白鳥」の昭和二四年新年号から連載が開始されたウェザレル原作・村岡花子翻訳の「広い広い世の中」だ。

本邦初訳のこの小説も「白鳥」がこの号限りで突然廃刊となったので、ただ一回だけの連載となった。この小説が同年の四月号から「ひまわり」に、題名も変えて「エレン物語」となって再登場する。この「エレン物語」は、両誌における第一回目は殆ど同じ文章だったが、訳者・村岡花子のこの小説に光を当てたいとの熱意があったのだろうか、結局一七回におよぶ長期連載となった。「エレン物語」

は松本かつぢの二色刷り口絵入りの美しい挿絵もあって読者に喜ばれた。

この時代は他誌の企画を取り入れることが、さほど抵抗もなく容認されていたのだろうか。

終戦直後の混乱した時代背景があったのも、影響していたのかもしれない。

「白鳥」昭和23年2月号
高井貞二

創刊八号目で三人目の画家として表紙絵を担当した高井貞二は、ほぼ同時期に描いていた「婦人画報」の表紙絵の大胆な表現とは異なる、成人前の少女の持つ初々しさを描いて、品のある少女雑誌の雰囲気を伝えていた。

娯楽と教養、その娯楽部分の小説も、いわゆる少女小説に終わらず、全体的に程よくバランスが取れていたが、用紙事情が一向に好転せず、限られた頁では思うような編集が出来ないもどかしさを抱えていたように思う。

創刊号で大々的に募集した、読者からの応募による文芸絵画の「白鳥コンクール」は、学校単位の応募などもあって、多数の作品が集まったらしい。折からの用紙事情の逼迫と重なって、結果発表は延び延びになった。

予告から一年も経った昭和二三年三月号から、二号に亘って当選の結果発表があった。その三月号は全六四頁の薄い雑誌ながら、一五頁も割いて詩、短歌、作文などの入選作品を掲載発表したのは立派だった。

新しい日本の女学生育成のために試みた小出版社の心意気が感じ取れた。翌四月号では入選作品の発表と同時に、早くも第二回目の「白鳥コンクール」の募集があった。そして、その年の一一月号には、第二回目の入選発表があった。

作文の選者は川端康成と林芙美子。詩の選者は草野心平と深尾須磨子。絵画の選者は猪熊弦一郎と中西利雄。なんと豪華な選者陣だろう。現在では考えられない布陣である。この頃は大人も子供も、新生日本を創るために頑張っていたのだ。

因みに、この「作文」の二等に入選したのは、「人生劇場」の作家・尾崎士郎のお嬢さん、尾崎一枝だった。

「白鳥コンクール」に際しての挨拶の中で「美しく、清潔な日本！　もう一度、私たちの前に、私たちの手で世界の国々と肩を並べて恥ずかしくない国を生み出すために、あなたたちの力を注いで下さい。私たちが、新しい雑誌「白鳥」を贈りたいのも、この願い、この希望を、もっぱらあなたたちにかけていたためです」と訴えていた。

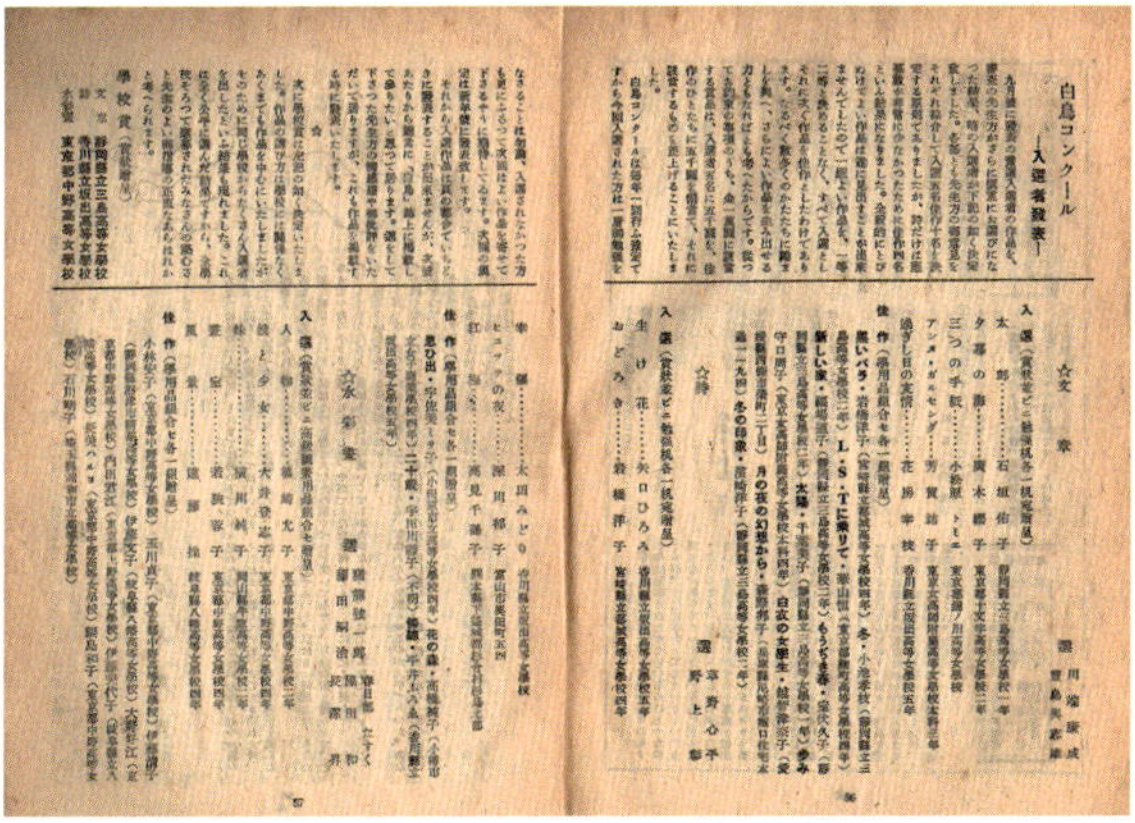
白鳥コンクール
—入選者發表—
☆文章
☆詩
☆水彩畫
學校賞

白鳥コンクール入選者発表
「白鳥」昭和22年10月号

この創刊当時の編集方針で通していたら、今までにない新しいタイプの少女雑誌が育ったのではないか、と残念に思う。

そして、昭和二三年一二月号が、予告もなく休刊になった。次の号、昭和二四年新年号は装いも新たに、頁数も一〇〇頁を超える厚さで登場した。表紙は変わらず高井貞二の絵で飾られていたが、タイトルの「白鳥」のロゴが変わり、その横に小さく「少女雑誌」と入っていた。

読者対象年齢を少し下げたようで、気楽に読める頁が増えた。創刊以来僅か二年で、誌名のロゴが四回も変わり、「女学生雑誌」から「少女雑誌」に衣替えしたり、雑誌存続のための試行錯誤が大変だったようだ。

しかし、そんな努力の甲斐もなく、翌二月号からは刊行されることはなかった。新しい日本の少女たちのために、理想を高く掲げて、今までにない雑誌を創るための努力が報われることなく、満二年間、二〇羽の個性的な白鳥を大空に放って、静かに消えていった。

「白鳥」昭和 24 年 1 月号
最終号

白鳥

大地書房
創刊 昭和二三年一月号
廃刊 昭和二四年一・二月合併号

主な連載小説

川端康成 「文章読本―わが愛する文章」
コレット原作・西田義郎訳「青麦」 但し一回のみの掲載で終わる
ジョルジュ・サンド自叙伝「私の少女時代」（杉捷夫訳）この連載も一号のみの掲載
北條誠 「花日記」
野上彰文 「ギリシャ神話」
北畠八穂 「火あり」
吉屋信子 「青いノート」
ウェザレル原作・村岡花子訳「広い広い世の中」この号限りで廃刊のため一号のみの掲載
吉田弦二郎 随筆「月々の言葉」
長谷川町子「漫画 フクヨちゃん」

コレクション・エピソード　1

少女雑誌を蒐集するようになった動機、これは今までに何度聞かれたことか。その度に少々うんざりしながらも、答えるのは決して嫌じゃないのです。答える言葉を選んでいる短い間に、ふっと昔の自分を思い出しているからです。

もともと本を読むのは大好きで、小学校にあがる前から講談社の絵本とか、ふたりの兄の「少年倶楽部」とか、「幼年倶楽部」とかを、繰り返し見ていました。でも、読んではいなかったのです。

昭和二二年、父の転勤で、鹿児島市の小学校に転校しました。まだまだ戦争の傷跡が生々しい市の中心部は焼け野原でした。その中で、ひと際目立つ大きな立派な建物がありました。

それが現在の照国神社の前に建つ、鹿児島県立博物館で、当時は県立の図書館でした。小学四年生で初めて知った図書館の存在。その中には読み

たい本が無尽蔵にあって（と、思った）、いくらでもタダで読める夢の世界でした。それを知ってからは日曜日になると、おにぎりを自分で握っては持参。終日入り浸っていました。

時期的にはその少し後ですが、決定的に本好きになることが起こったのです。その頃の私は、光文社の「少年」という雑誌を毎月買って貰っていました。そして、私たちの学級文庫にある「少年クラブ」も読んでいました。


その「少年」にちょうどそのころ、あの名作動物小説「片耳の大鹿」や「森の王者」など、次々に発表していたのが椋鳩十先生でした。

その先生が、この鹿児島県立図書館長であることを知った時の驚き！

それ以来、私の本好きが決定的になったのでした。

その椋鳩十先生が館長をなさっていたからかどうか分かりませんが、県立図書館には「一般大衆少年誌」も置いてあったのです。

その頃は組織が出来たばかりのＰＴＡの力が強くて、しきりに悪書追放運動をしていました。雑誌に漫画が載っているだけで悪書扱いされかねな

い時代だったのです。

後で知ったことですが、一般的に公共図書館に、「良心的児童誌」といわれていた新潮社の「銀河」や実業之日本社の「赤とんぼ」、中央公論社の「少年少女」などは置いてあっても、「少年クラブ」や「少女の友」は置いてなかったらしいのです。

図書館だけではなく、友達から借りたりしていろんな「一般大衆少年雑誌」を読むことが出来ました。竹山道雄の「ビルマの竪琴」が、ちょうどその頃「赤とんぼ」に連載されていたはずですが「赤とんぼ」（良心的児童誌）など図書館に置いてあっても、手に取ることさえなかったと思います。

それ以来、図書館で読むもの、友達と交換しあって読む雑誌は、毎月少年雑誌が一、二、三誌、少女雑誌も五誌は読んでいました。

リアルタイムで読んでいた雑誌が、忘れ難くて懐かしくて、目についたものをポツポツと集め始めたのが、大人になってからの本格的なコレクションの始まりでした。

私が集めているのが、少年雑誌ではなく、なぜ少女雑誌かというと、自

分も少女雑誌に掲載されているような挿絵画家になりたいという、果たせなかった夢があったからでした。

と言いながらも、「少年」と「少年クラブ」だけは、リアルタイムで読んだ昭和二二年頃から二七年頃まで、自分が読んだ時代のものは、今でもしっかりと持っています。

前置きが長くなってしまいました。これからエピソードのあれこれの、やっと本題にはいります。鹿児島時代から熊本へまた転校して来た中学二年生当時、熊本市内には沢山の貸本屋がありました。

新刊の雑誌は一泊二日で一〇円とかで借りられるのですが、次の新刊の雑誌が出ると、それまでの雑誌は「月遅れ」の古雑誌となって、一冊一〇円とか二〇円とかで売りに出される訳です。こうして収集の始まりは、月遅れのものを貸本屋で買うことからスタートしました。昭和二六年春のことでした。

動物小説 森の王者 椋鳩十 沢田重隆画

「森の王者」
椋鳩十　沢田重隆画
（「少年」昭和 25 年 8 月号）

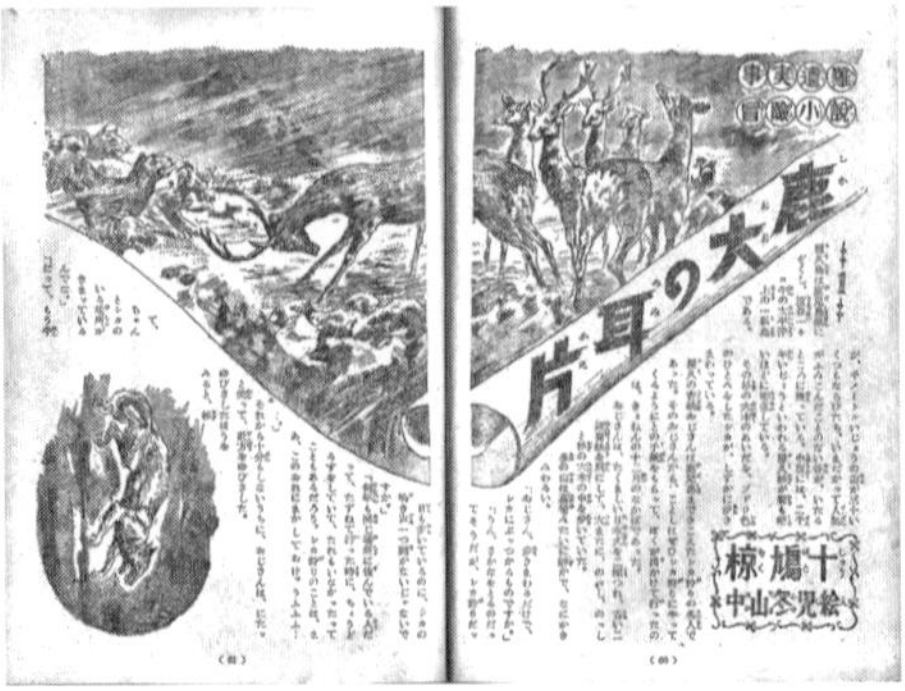
片耳の大鹿
椋鳩十
中山冬児絵

「片耳の大鹿」椋鳩十　中山冬児絵
（「少年」昭和 25 年 10 月号）

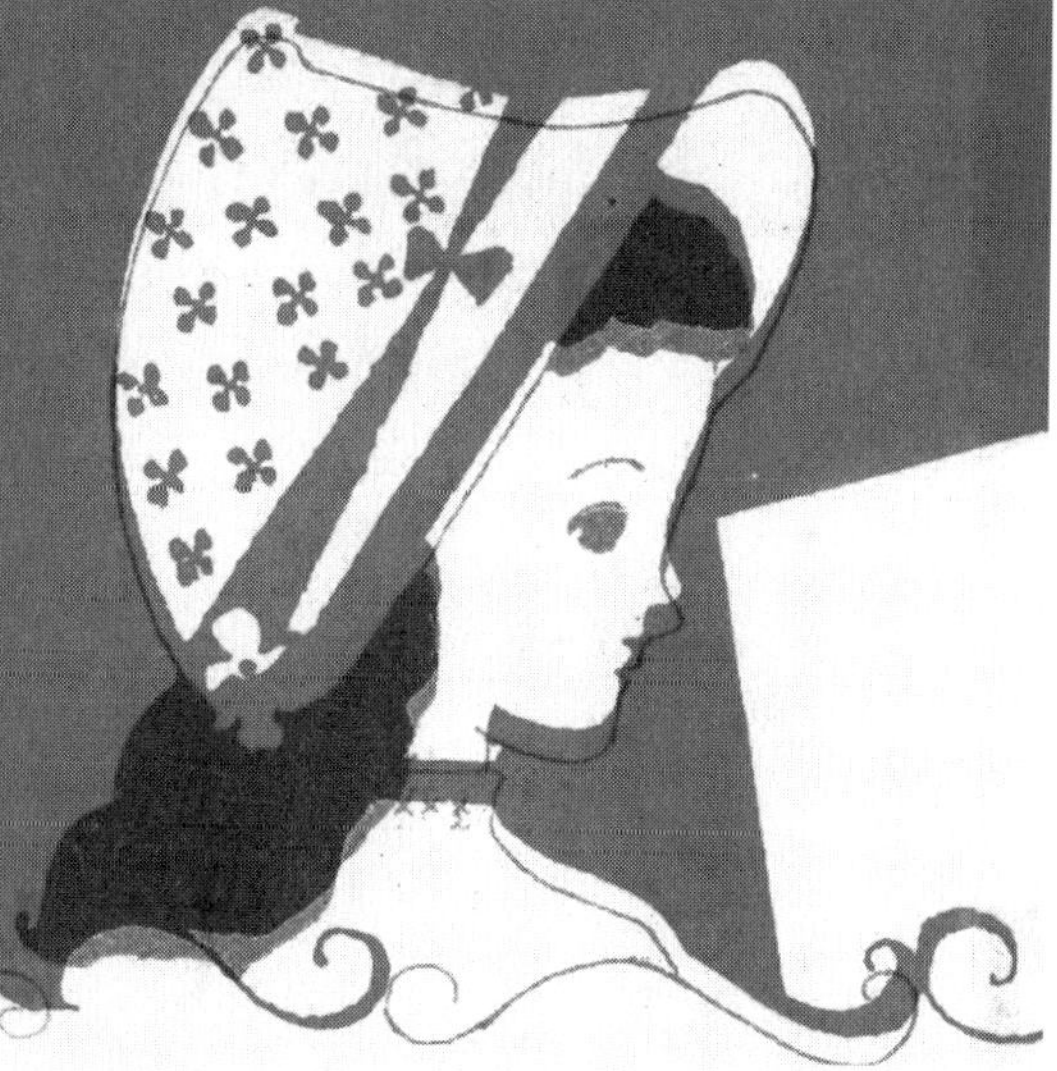

✻松本かつぢ✻

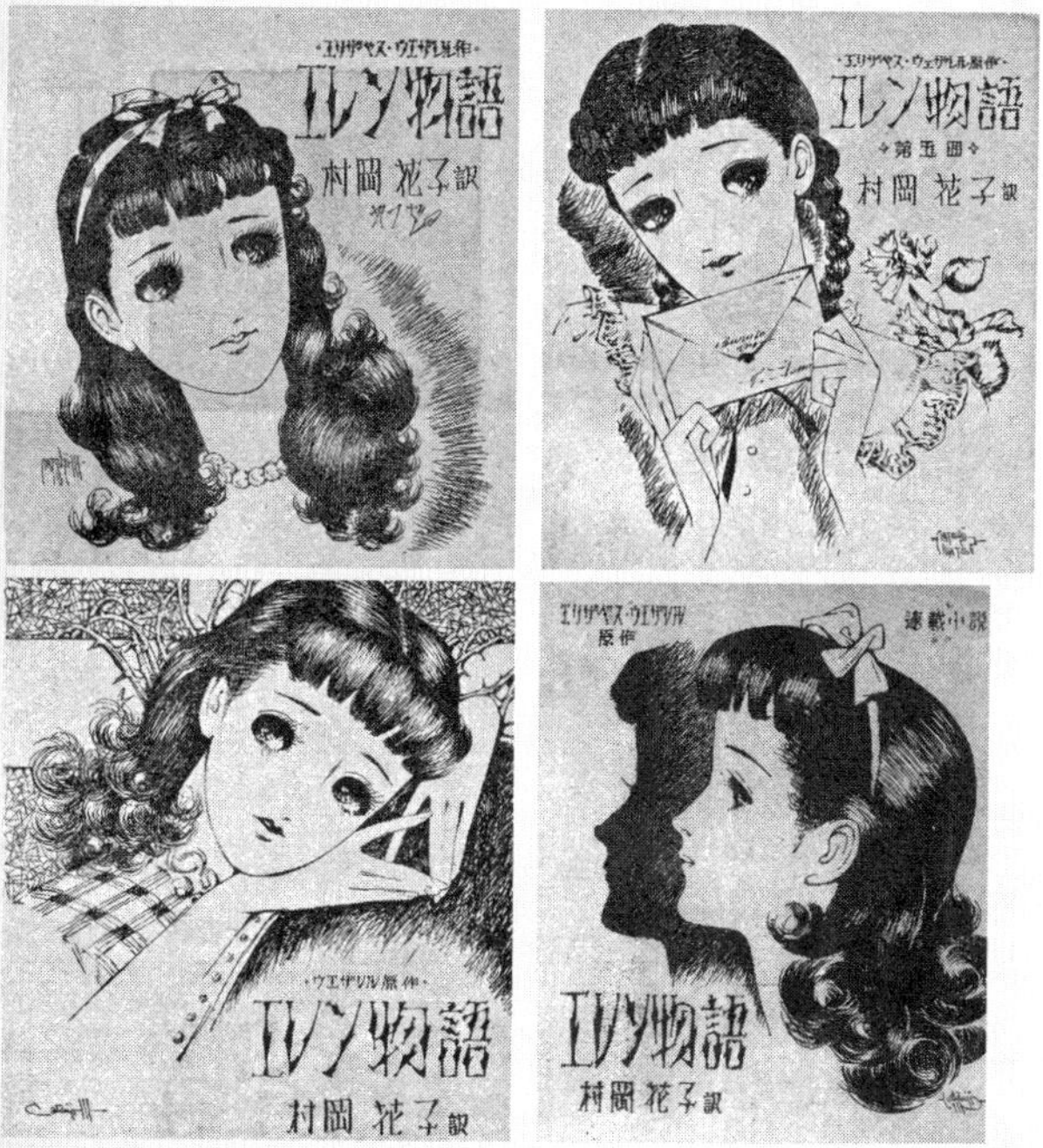

「エレン物語」
(「ひまわり」昭和24年、25年)

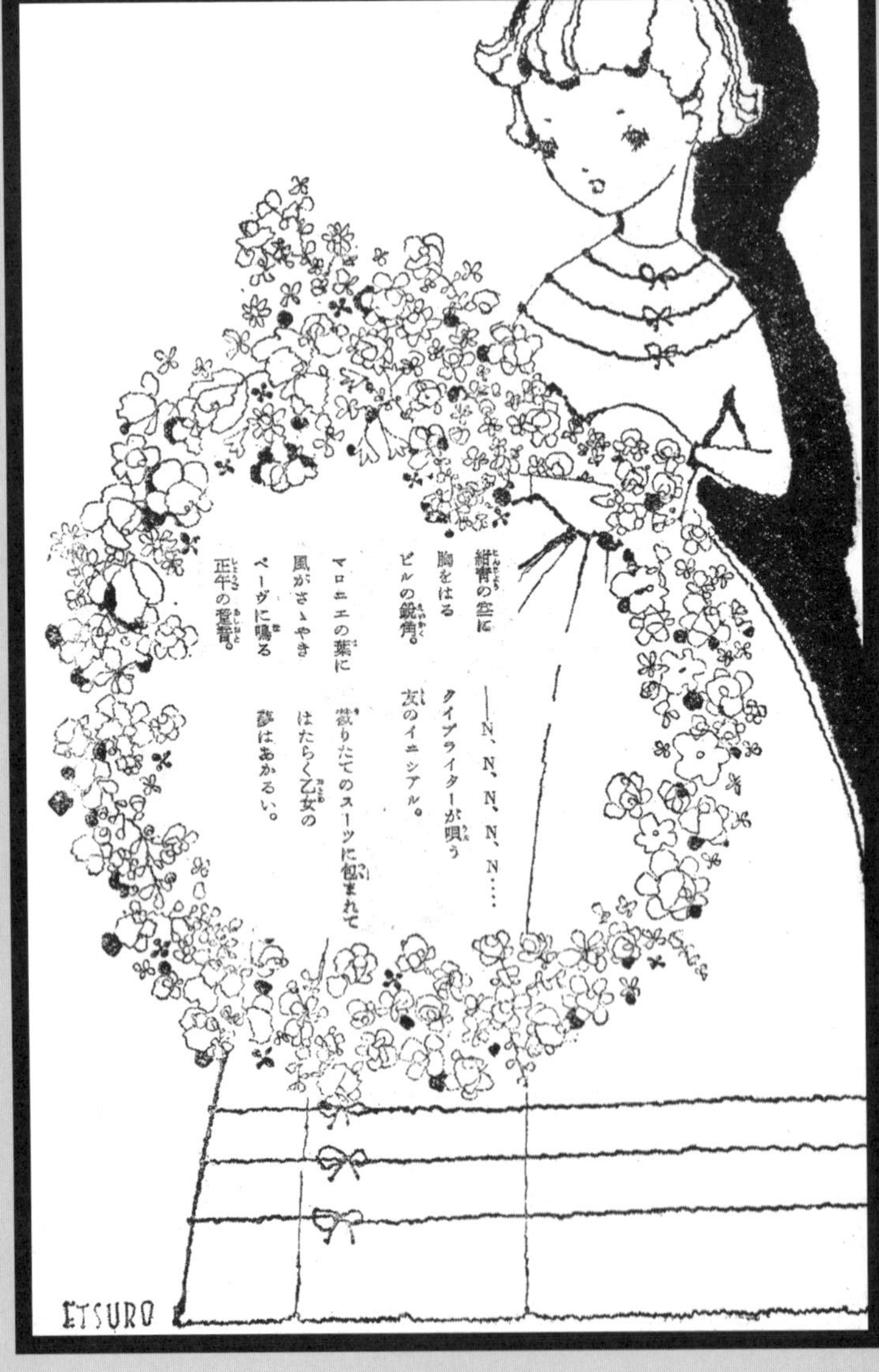

紺青の空に
胸をはる
ビルの鋭角《えいかく》。
マロニエの葉《は》に
風がさゝやき
ペーヴに鳴《な》る
正午《しょうご》の跫音《あしおと》。
——N、N、N、N……
タイプライターが唄《うた》う
友《とも》のイニシアル。
裁りたてのスーツに包まれて
はたらく乙女《おとめ》の
夢はあかるい。
ETSURO

3　「ひまわり」の章

「ひまわり」は、戦中戦後の逼迫した紙不足の間の、どうしたことか一時的に状況が好転した時に創刊された。従来の少女雑誌にはなかった大型のB5判でのスタートだった。同型の「少女ロマンス」よりも二年はやく、戦後に刊行された初めての大判の少女雑誌だったと思う。

挿絵画家であり、ファッション・デザイナーで人形作家でもあった中原淳一の稀有の美意識とセンスで統一された「ひまわり」は、種々制約の多かった時代に、見事に完璧な少女雑誌のひとつのスタイルを創り上げた。中原淳一は優れた編集者でもあった。

その当時の読者が〝私は「ひまわり」の読者です〟と名乗るのは、少々憚れることだったらしい。何故か？　それは中原淳一が関わっているというだけで、世の中は甘いセンチメンタルな雑誌と決めつけていて、敗戦の痛手から立ち直り、貧乏と疲弊の中で日本復興に国を挙げて新生日本の再建に燃えていた時代である。世間の目は物思いにふけるよりも、行動する少女を期待した。

「ひまわり」を読むような少女は、健全ではないとの偏見の眼で見られる部分があったらしい。それにしても漫画追放、悪書追放と、ことあるごとに教師も含めた大人たちの、子供に対する干渉のなんと多かったことか。終戦直後のエロ雑誌の氾濫に対する警戒もあっただろうが、振り返って現代をみると、今の世の中のお母さんは、どれだけ子供を見守り干渉しているだろうか。

現在、コンビニで簡単に手に取れる雑誌には、目を覆いたくなるようなものもある。この日本のどこに今、PTAが立ち上がって、エロ漫画の追放運動を始めたというニュースは聞いたことがない。閑話休題、話を本筋に戻そう。

今になって〝これでも昔は「ひまわり」の読者だったのよ〟とおっしゃるご婦人に出会うことがたまにある。その「これでも」という言葉の意味は、現在の自分はさておき、「遠い昔は夢みる少女だったのよ」と言いたげだった。

「ひまわり」と共に成長して良かったという、懐かしさと誇りみたいなものも感じ取れて、その意味では「ひまわり」は、終戦直後の少女たちの情操教育の役目も果たしていたのかもしれない。

先にも述べたが、昭和二二年の新年号からは、どの雑誌も思いがけず、分厚い新年号を送り出している。分厚いといっても比較の問題で、今までよりも頁数が増えただけのことで、総頁数が一〇〇頁前後でしかなかったが――。ともあれその分厚さは、雑誌によって二月号までだったり、三月号まで続いたりまちまちだったが、それ以降の雑誌は今まで以上に情けないほど薄い姿になってしまった。

幸運なことに「ひまわり」は、ちょうどその一月号からスタートした。大判で全八八頁の「ひまわり」は他の少女雑誌が小さいA5判で、頁数はあまり変わらなかったから他を圧倒していた。

早春に咲く梅の花をバックに、肩まで届くロングヘアの、総絞りの着物を着て、大きな赤いリボンを髪につけた少女の表紙は、書店の中で華やかに辺りを圧するほど、目立ったに違いない。

最初の一年間は八冊発行の変則的な刊行だった。当時の諸般の事情から予告通りの発行は中々難しいと予想していたのか、淳一は何月号ではなく一号・二号の表示の下に、一月号、二・三月号合併号と表記して、読む者の混乱を避けた。第二号の表紙は赤いガーベラの花をバックに、赤いセーターの少女。第三号は薔薇とセーラー服の少女、といった風に、この一年は花シリーズで、華やかに彩られていて美しかった。

出来るだけたくさんの記事を盛り込むために、活字の大きさも6ポイントの通常よりも小さめの活字を用いながら、レイアウトはすっきりと、ゆとりのある組み方をしてあった。

ちょっとした小さなカットまで淳一が描き、隅々まで神経を行き届かせてあった。第四号以降の最悪だった用紙事情の頃は、翌年の昭和二三年三月号まで、その中身は二八頁、表紙に裏表紙まで加えても全三二頁という薄さだった。だから広告は一切なく、裏表紙まで手芸の頁などの記事で埋めてあった。

ひと頃、どの新聞もカラーの日曜版を付けるのが流行っていた。誰もが毎週、当然のようにあの八頁建ての日曜版を愉しんでいたが、その日曜版を試みに、週刊誌の大きさになるまで畳んで見れば判るのだが、それがちょうどB5判の大きさの三二頁になる。

✼玉井徳太郎✼

名作の少女

三木澄子・文

玉井徳太郎・画

ハイヂ

（アルプスの山の少女）

ヂューディ

（あしながおじさん）

「名作の少女」（「ひまわり」昭和27年8月号）

名作物語

オルコット

四人の姉妹（二）

安藤一郎述

松野一夫畫

四　ロレンスの馬車

「ひまわり」昭和22年1号

連載小説

天使（二）

森三千代作

蕗谷虹兒畫

「ひまわり」昭和22年1号

「ひまわり」昭和23年7月号

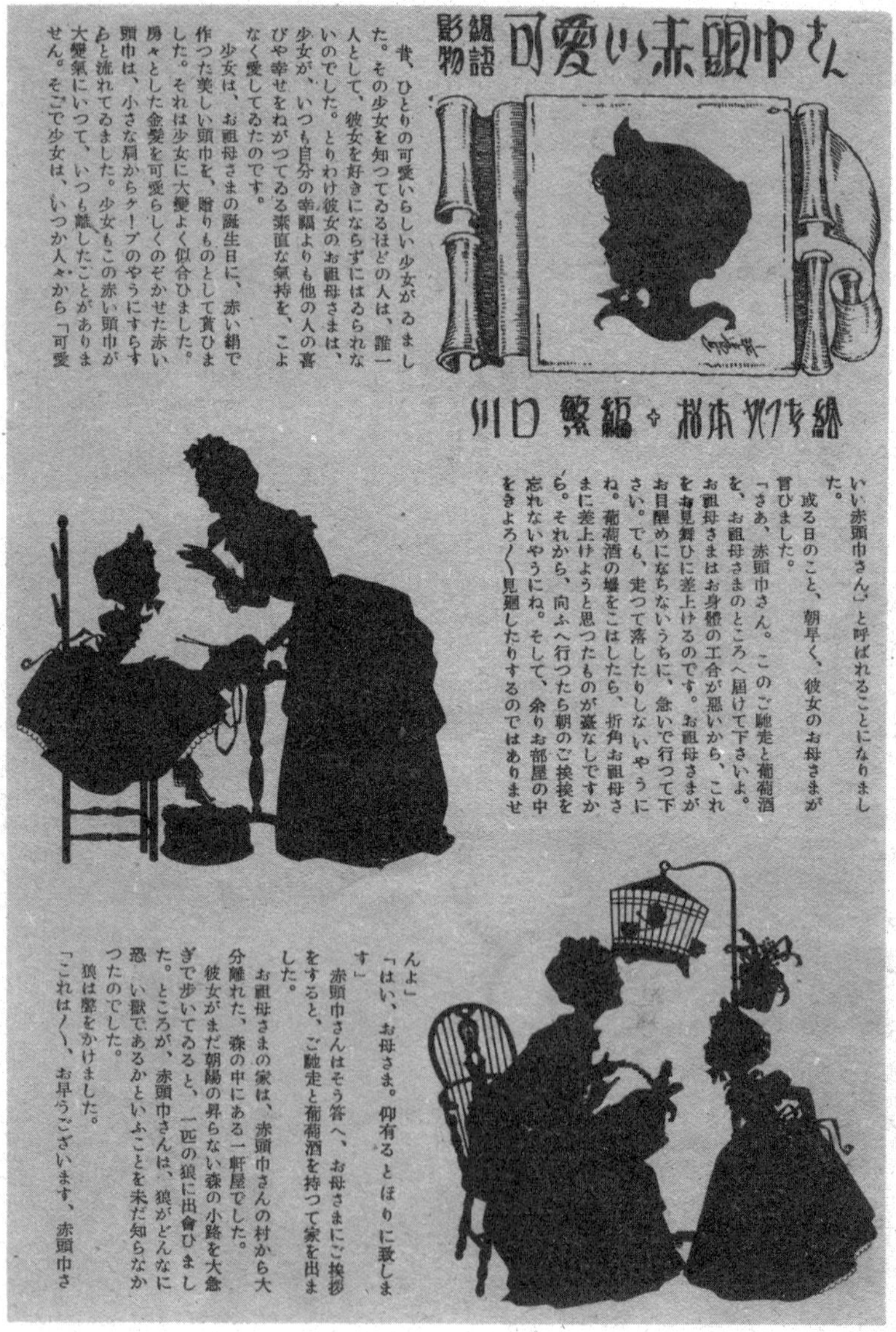

影繪物語 可愛い赤頭巾さん

川口繁 編 ✦ 松本かつぢ 繪

昔、ひとりの可愛いらしい少女がゐました。その少女を知つてゐるほどの人は、誰一人として、彼女を好きにならずにはゐられないのでした。とりわけ彼女のお祖母さまは、少女が、いつも自分の幸福よりも他の人の喜びや幸せをねがつてゐる素直な氣持を、こよなく愛してゐたのです。

少女は、お祖母さまの誕生日に、赤い絹で作つた美しい頭巾を、贈りものとして貰ひました。それは少女に大變よく似合ひました。房々とした金髪を可愛らしくのぞかせた赤い頭巾は、小さな肩からケ！プのやうにすらすらと流れてゐました。少女もこの赤い頭巾が大變氣にいつて、いつも離したことがありません。そこで少女は、いつか人々から「可愛いい赤頭巾さん」と呼ばれることになりました。

或る日のこと、朝早く、彼女のお母さまが言ひました。

「さあ、赤頭巾さん。このご馳走と葡萄酒を、お祖母さまのところへ届けて下さいよ。お祖母さまはお身體の工合が悪いから、これをお見舞ひに差上げるのです。お祖母さまがお目醒めにならないうちに、急いで行つて下さい。でも、走つて落したりしないやうにね。葡萄酒の壜をこはしたら、折角お祖母さまに差上げようと思つたものが臺なしですから。それから、向ふへ行つたら朝のご挨拶を忘れないやうにね。そして、余りお部屋の中をきよろ〳〵見廻したりするのではありませんよ」

「はい、お母さま。仰有るとほりに致します」

赤頭巾さんはそう答へ、お母さまにご挨拶をすると、ご馳走と葡萄酒を持つて家を出ました。

お祖母さまの家は、赤頭巾さんの村から大分離れた、森の中にある一軒屋でした。

彼女がまだ朝陽の昇らない森の小路を大急ぎで歩いてゐると、一匹の狼に出會ひました。ところが、赤頭巾さんは、狼がどんなに恐い獸であるかといふことを未だ知らなかつたのでした。

狼は聲をかけました。

「これは〳〵、お早うございます、赤頭巾さ

「ひまわり」昭和22年3号

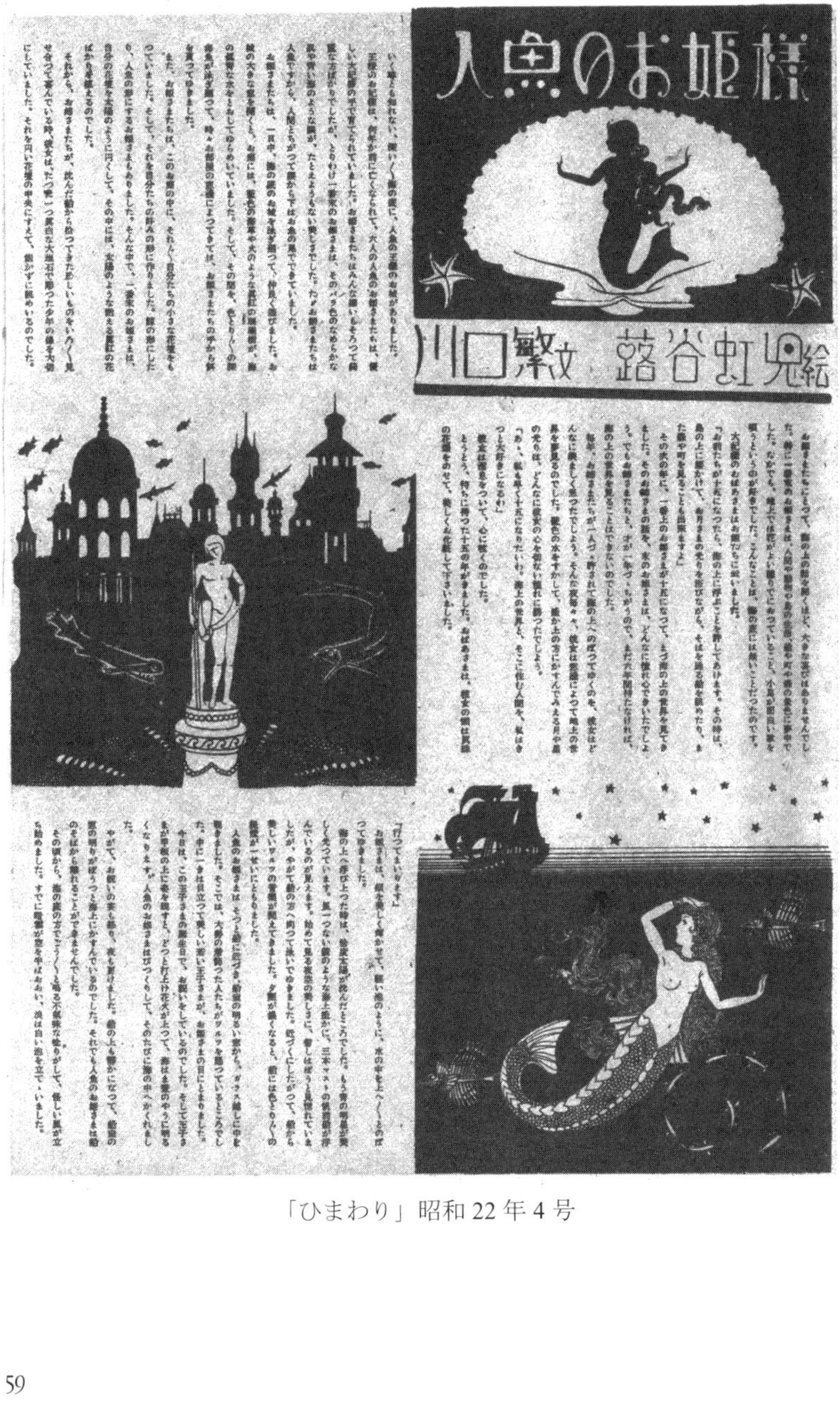

「ひまわり」昭和22年4号

その僅か三二頁の中に、連載小説を数本、色刷りの口絵、二色刷りの絵物語、随筆や書評欄もあり、音楽やほかの教養の頁もあり、料理やファッションの記事もあった。少女たちには欠かせない宝塚や映画の頁も、コントも四コマだが漫画もあった。

少ない頁ながらこまごまと、盛り沢山に少女の夢が詰まっていた有様を今、新聞日曜版八頁を見ながら想像して頂けるだろうか。この八頁だけで一冊の夢のある月刊誌が作られていたのだ。

「ひまわり」には、創刊に至る経緯は掲載されているが、創刊の言葉はない。その代わり表紙裏の最初の見開き二頁に、淳一のカットが添えられて、吉屋信子の「青春に贈る」の巻頭のエッセイは、ジイドの「白い手記」から引用された次のような短章から書き出されている。

待つがいい
お前の悲しみがもう少し静まるやうに
憐れな魂よ、昨日の戦ひがお前を
こんなに疲らせたのだ。

待つがいい
涙が流された時に

最愛の希望は花咲くだらう
今お前はまどろんでいる（原文のまま）

淳一もこの短章の中に、自分の言いたいことを託したのではないか。

ザラ紙の薄い誌面を少しでも楽しく美しく、可愛い心和む優しい本にしたいと、ある号は一冊丸ごと二色刷りの絵本のような試みもなされたりした。現在では全頁カラーの雑誌も珍しくないが、この試みは当時では破天荒な試みだった。

創刊当時は連載小説が、オルコットの「四人の姉妹」だけで、ようやく一年後からディケンズの「少女ネル」や松田瓊子の「人形の歌」など既成の作品で凌いでいる感もあったが、それは終戦直後の混乱で、執筆者不足の所為もあったかも知れない。

事実、挿絵画家の佐藤漾子は、地方に疎開していて、出版社が新聞広告で自分を探していることを知って、名乗りを上

「ひまわり」昭和22年4号

「ひまわり」昭和23年1月号

げたと話してくれたことがあった。

昭和二三年一月号から、菊田一夫初めての少女小説「駒鳥のランタン」が連載開始された。作者はこう語っている。

　どの少女雑誌を見ても、女学校生活の楽しさ、哀愁を書いた小説が多いようです。しかし、幼い時に両親を亡くして孤児になった私は学校生活を知りません。ですからこの小説の主人公もやがて学校をやめて働くようになります。そうしなければ私は書けないのです。
　この不幸な、しかしいつも明るさを失わない主人公たちの、一三歳から一八歳になるまでの、生きていった道を、我慢して見届けてやって下さい。

駒鳥のランタン
菊田一夫

「ひまわり」昭和23年1月号

作者・菊田一夫が心配した通り、ありきたりの少女小説ではなく、戦後の混乱した世相を背景に翻弄される少女を書いて、読者の反応もさまざまだった。
「「駒鳥のランタン」は幸福はみずから戦って得るものと教えていますが、作者が余りにも日本人みずからを軽蔑する観念が深いようで、読んでいて時々不愉快になることがあります」といった投書もあった。一方的に押し付けられるだけではなく、みずから考える少女も育っていたのだ。

菊田は続ける。「私は、少女たちの読む物にも、いまの社会の混乱状態を背景にした、生活的なものがあってもいいではないかと、そのように書いたこの「駒鳥のランタン」も、大人の読む小説に比しては、まだ夢のようなところが多過ぎます。私にもやはり、大人の世界の醜悪なありさまを、少女たちに聞かせるだけの勇気が、まだたりませんでした」と真剣に対峙している。当時は作家とその読者がこんなにも近かったのが羨ましい。

この小説は、同氏が書くNHKの「鐘の鳴る丘」の放送と重なり合っていた時期で、少女雑誌に書き下ろす小説とはいえ、甘い小説を書く気にはなれなかったのだろう。こういう真摯な態度で作品を生み出す作家に巡り会うことが出来た少女たちは幸せだ。また、こんな小説を掲載出来、賛美ばかりではない感想を書いてくる読者を持った「ひまわり」の読者のレベルの高さをわかって頂けると思う。前にも述べたが、センチメンタルで感傷に流されるだけの少女雑誌では無かったのだ。

同時期に始まり、同時に終わった連載小説に「駒鳥のランタン」とは対照的な北條誠の「花日記」がある。二ヵ月で完結の、花に寄せた小説だった。北條誠が師事した川端康成よりも、吉屋信子の代表作「花物語」に近い世界で、二色刷りの淳一の挿絵にも助けられてか、この小説だけは世間が抱いていた一般的な「ひまわり」の印象そのままの甘いロマンチックな世界が繰り広げられて、少女たちの人気を集めた。

実はこのコンビによる「花日記」は、「ひまわり」と同時期に誕生した「白鳥」に創刊号から連載されたものだった。それが何か訳があって打ち切りになっていたのを、多分淳一が働きかけて、「ひまわり」に連載するようになったものと思われる。

花をテーマにした小説は、少女たちにいつの時代にも歓迎された。作家にとっては取り組み易いテーマだったのか、何人もの作家が取り組んでいる。北條誠はその後も「青空」や「少女の友」などに、場所を変えながらも単発で書き続けている。

そして一年、間を置いた昭和二五年から、同じコンビによる「病める薔薇」の連載が始まった。北條誠の人気は一気にブレークした。

この小説は「二色刷り口絵小説」と称して、毎号、淳一の挿絵とともに巻頭を飾った。

北條誠は「白鳥」に「花日記」を執筆する前は、一篇も少女小説は発表していないはずで、「少女クラブ」に「浅草」という生活感あふれる短編を発表しただけだった。

師と仰いだ川端康成の「花日記」に触発されて書き始めたのか、康成に勧められて書くようになったのか不明だが、以後、北條誠は少女雑誌界の大変な流行作家となる。

「少女クラブ」昭和22年11月号

意外なことだが「ひまわり」には、いわゆる既成の少女小説作家の起用は極めて少なかった。連載小説を発表した主だった作家を列挙すると、「原爆作家」の大田洋子、東北の土の匂いを漂わせながら、理知的な表現で異色だった北畠八穂。

ラジオの「エリ子と共に」で当時、人気の高かった内村直也（ご存知なければ「雪の降る街を」の作詞家）など、世間の思い込みの「ひまわり」とはうらはらに、むしろ堅実な内容の小説がほとんどだった。

高井貞二（「ひまわり」昭和 26 年 2 月号）

蕗谷虹児（「ひまわり」昭和 27 年 10 月号）

蕗谷虹児（「ひまわり」昭和 27 年 11 月号）

しかし、忘れてはならないのが、戦前「少女の友」に連載された「乙女の港」「花日記」「美しい旅」を書いた川端康成で、戦後は「ひまわり」に「歌劇学校」「万葉姉妹」「花と小鈴」とたて続けに三本も執筆したことである。

「歌劇学校」は作者の要望で、挿絵を淳一が担当して、戦前の「少女の友」時代を再現して、昔を知る読者を喜ばせた。続く二編は淳一がパリ遊学の前後のことでもあり、代わって挿絵を細密な描写で定評のある玉井徳太郎が受け持った。淳一とは違った透明感のある絵を描く徳太郎は、今までにない澄明な少女の世界を創り上げて、川端康成を喜ばせた。

後年、「女学生の友」に「親友」を連載することになった康成は、挿絵を自ら玉井徳太郎を指名したとのことだった。更に後年、康成は自分の肖像画を徳太郎に依頼している。

「ひまわり」全冊を見て不審に思うのは、吉屋信子との関わりである。先に述べたように「ひまわり」創刊号の巻頭の言葉は、吉屋信子の「青春に贈る」と題した文章で飾られている。そして、創刊時からの一年間は、読者文芸欄の作文の選者を務めている。

以上が「ひまわり」と吉屋信子の関わりのすべてで、「ひまわり」には一篇の小説の寄稿もない。

少女小説といえば吉屋信子、その挿絵といえば中原淳一という図式を思い浮かべる人も多いと思う。

事実、戦前・戦後を通して信子の単行本二〇冊ほどを、淳一が全て装丁し、挿絵を手掛けている。

しかし、それらの雑誌連載時の挿絵は、何故か他の画家が描いていた。このコンビによるものは、ただ一本だけ「少女の友」昭和一〇年連載の「小さき花々」だけだった。

「ひまわり」昭和26年8月号

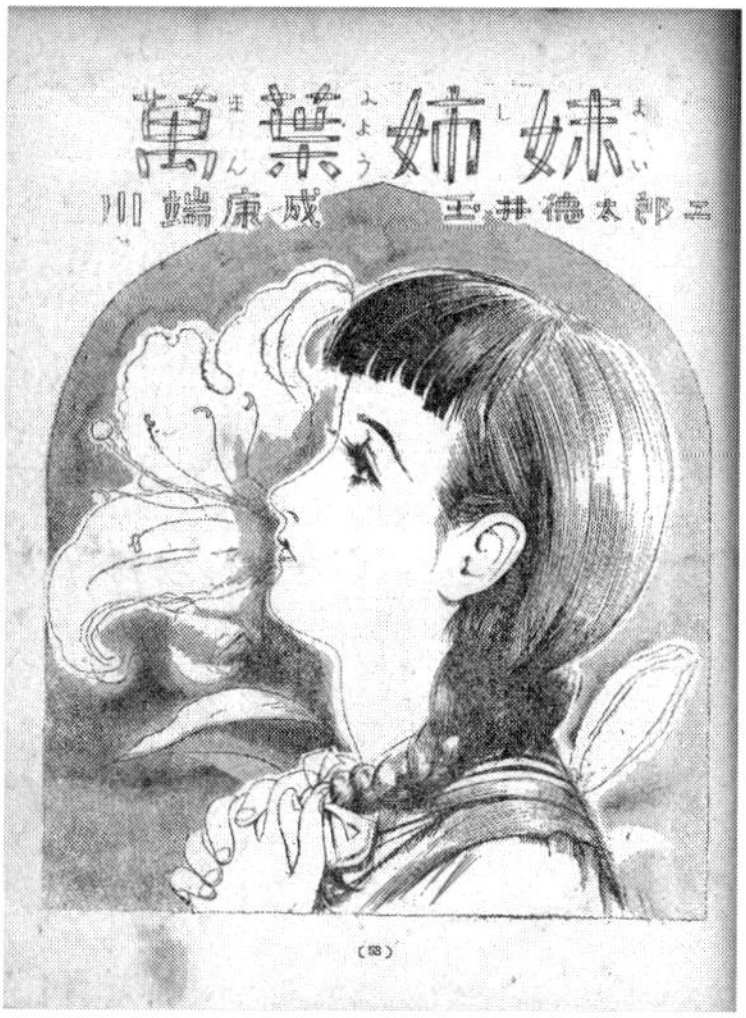

「ひまわり」昭和26年11月号

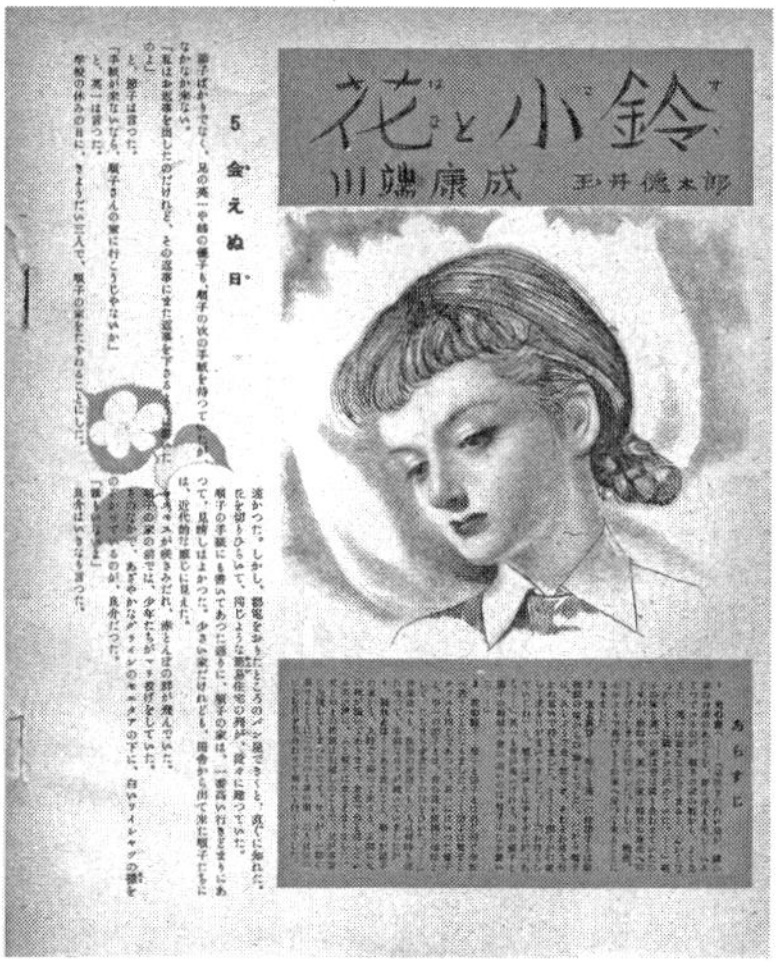

「ひまわり」昭和27年4月号

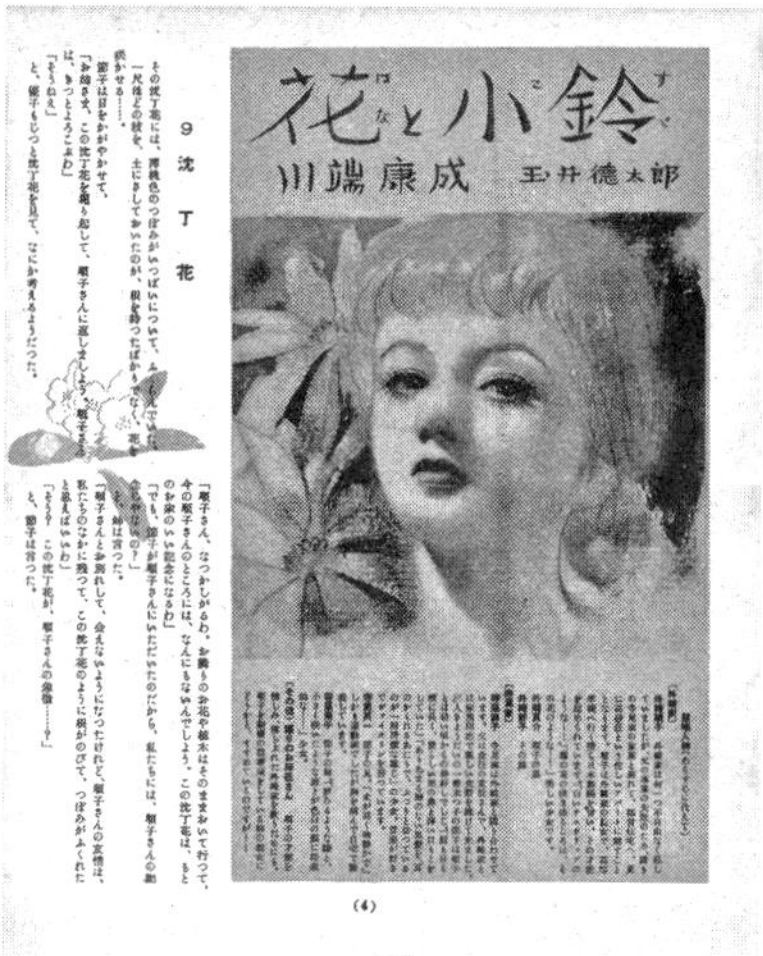

「ひまわり」昭和27年6月号

あとは昭和一五年に散発的に発表された「花物語」の数編と、信子の小説の再録版の附録挿絵と信子翻訳・オルコット原作の「四人姉妹」の、いずれも「少女の友」附録の小型本のみだった。雑誌上では淳一と信子は、意外に縁が薄かったのである。

「ひまわり」の特色のひとつに、読者文芸欄が挙げられる。詩、作文、短歌など、作家の北畠八穂ほかが選評を受け持った。投稿する少女たちも熱心だったが、それに応える選者もがっちりと受け止めていた。投稿してもなかなか入選出来ない多くの少女たちが、それらの熱心な読者であり、支持者でもあった。

この読者文芸欄は創刊四号からはじまった。極端な用紙不足の時代だったので、文芸欄を本誌に組み込むことが難しかったのか、本誌も上等の紙ではなかったが、さらに劣悪なザラ紙を使って、別刷りの挟み込み附録とする苦肉の策がとられた。A3判の紙一枚の表裏に、それを四つ折りにした時の頁の向きを考えて印刷された。それを畳んだだけの状態で「ひまわり」本誌に挟み込まれて店頭に並んだ。買った少女たちは、それに鋏を入れて冊子状に

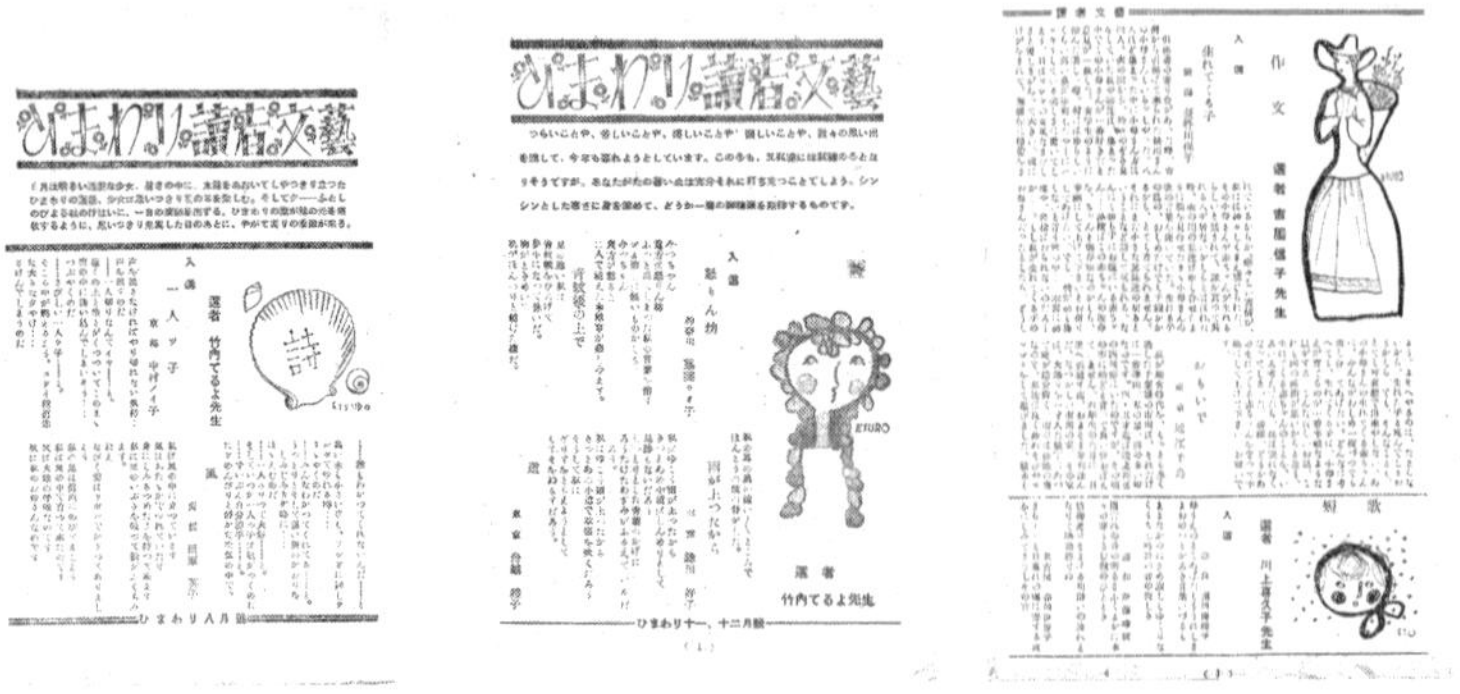

「ひまわり」昭和22年度　挟み込み　読者文芸欄

して、糊付けしたり、こよりで綴じたりした。

四つ折りにして僅か八頁の薄い冊子だから、散逸を心配した編集部は数年後に淳一の装丁の美しい専用のファイルを、付録として付けた。その心配りが読者を喜ばせた。

この挟み込み文芸欄は、昭和二五年五月合併号まで続いた。幸い私の手元には全部揃っているが、なかなか揃ったのを見ることは出来ないための誤解も生まれたが、それは今は取り上げない。

少女の頃の中村メイコが、投稿で大活躍したことは、既に知れ渡った有名な話だが、もうひとりのここだけの有名人、詩、作文で活躍した松葉杖の少女、藤間ヨウ子を取り上げたい。中村メイコよりほんの少し前から、誌上に名前が出るようになった彼女は、一、二年後には、中村メイコと共に名前を見ない号はないほどの常連になる。

病気がちで不自由な身体にもめげず、不自由だからこそ見えてくる感情を、繊細に歌いあげた詩、作文には、多くのファンが付いた。

ある時期、ふたりの名前が期せずしてぷっつりと出なくなった。すると読者のひとりから直ぐ投書があった。

「最近、藤間ヨウ子さんと、中村メイコさんの名前が見えないのが淋しい、頑張ってね」というものだった。その二、三ヵ月後から、また、中村メイコの投稿は見られるようになった。今までの京都住まいから、神奈川へと住所が変わっていて、転居で暫くは投稿から遠ざかっていたことが分かったが、藤間ヨウ子の名前は二度と誌上に出ることはなかった。

昭和二六年一二月号の一年間を締めくくる詩欄の総評の中で、選者の北畠八穂はさりげなく藤間ヨウ子の死を悼んでいた。

戦前はともかくとして、戦後の混乱期もようやく収まりつつあったとはいえ、社会的にも無名の一読者の死が、誌上に報じられるとは、今考えられるだろうか。このひとつの例をもって、少女たちと「ひまわり」の固い結びつきを分って貰えたら嬉しい。

「少女」が、かの黒崎勇編集長のもとで、読者との結びつきを大切にし、驚異的に部数を伸ばした話はつとに有名だが、その場合の読者参加とは、例えば読者自身の顔写真を投稿して「少女」に載せて貰うという、単純なものだった。

それに対して「ひまわり」は、少女たちの創作意欲をかきたてながら、ややもすれば賛美に終わりがちな「ひまわり」に寄せる読者の感想を、毎号数多く載せて帰属意識を強めていった。

この「ひまわり」と同様の行き方をした雑誌に、「少女の友」があって、むしろこちらの方が本家なのであるが、それはまた「少女の友」の章で言及したい。

「ひまわり」はまた、後継誌である「ジュニアそれいゆ」も含めて、幾多の若い才能を育んだ場としての功績も見逃せない。

小説を手慣れた、いわゆる少女小説作家に委ねることが少なかったように、詩、手芸、ファッション、挿絵、音楽、あるいは後年のタレントと呼ばれる芸能人まで広範囲の新人を育て上げた道場でもあった。

パリに日本人として初めてオートクチュールを開いたファッション・デザイナーの水野正夫、芦田淳、第一回装苑賞を受賞した佐藤昌彦、伊藤幸雄、イラストの内藤ルネ、ペーパー・クラフト作家のエキグチ・クニオ、人形作家の松島啓介、安田はるみ、版画の大島哲以、装丁での活躍も目立つ村上芳正、言わずもがなのシャンソン歌手・高英男、料理研究家の牧野哲郎、女優の水野久美、今や大女優の浅丘ルリ子などなど。多くの人材を輩出している。

ひとつの少女雑誌から、これだけ多彩な若い才能が花開いた例が他にもあるだろうか。

こうしたいわば日の当たる場所で活躍した若者たちの蔭で、といっては大変失礼になるが、「ひまわり」の誌面の片隅に、あるいは見開き二頁のイラストを描いていても、小さな名もない野の花のように、いつも慎ましく咲き乱れていた画家がいる。

それが鈴木悦郎。この人抜きで「ひまわり」「ジュニアそれいゆ」を語るのは、片手落ちというものだろう。すこ

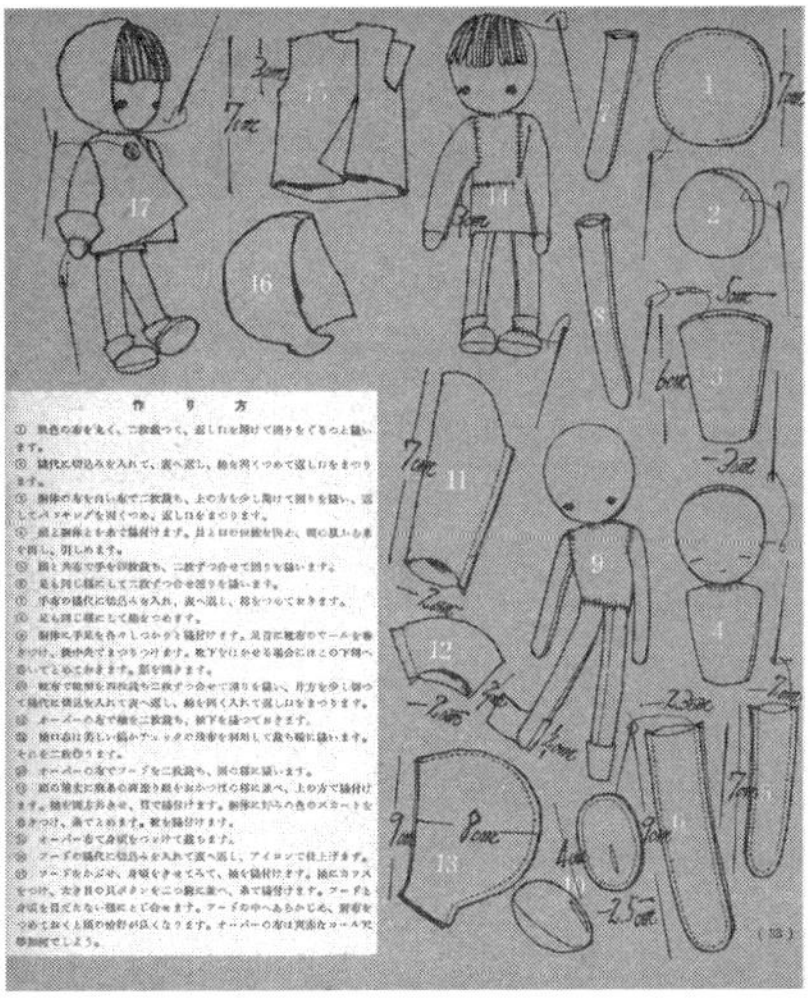

人形の作り方　水野正夫
（「ひまわり」昭和27年12月号）

し震えが残ったような線描で、誌面の余白や目次や読者欄のカット。あるいは小説の挿絵とかエッセイの挿画に、気が付けば常に悦郎の絵が「ひまわり」にはあふれていた。

無頓着な人の眼には気付かれることもないような絵である。淳一とは対照的な画風でありながら、「ひまわり」「ジュニアそれいゆ」を、しっとりと潤いのあるものにする、不思議な力を持っていた。「ひまわり」のお姉さん雑誌「それいゆ」の創刊から最後の号まで、およそ一三年間、六三冊全てに、見開き二頁の二色刷り目次・カットは、揺るぎない鈴木悦郎の足跡である。中原淳一が本業以外にラジオテレビ、ミュージカルの演出、ファッション・ショー、デパートへの「それいゆ」の店の出店など、外での仕事で多忙を極めた時期、後に女優・岸恵子、有馬稲子、久我美子の三人がプロダクション「にんじんくらぶ」を結成した時の代表になった若槻繁を、「ひまわり」編集長として鎌倉文庫から迎えた。よそから編集長を招くことは、その分「ひまわり」から淳一が遠ざかることとなる。多忙な淳一にとってそれは、自ら望んだことだろうが、若槻繁が編集長に就任した翌月から、「ひまわり」は一挙に三〇頁もの増頁がなされて新しい挿絵画家たちも登場した。

相対的に淳一の絵と、どうしたことか鈴木悦郎の絵まで少なくなってしまった。その結果、今までの淳一調の色合いが薄くなって、索漠とした雑誌になってしまったのだ。悦郎の絵は淳一の絵とは異質に見えながら、実は、「ひまわり」には欠かせない情緒あふれる絵だったことを改めて思い知らされた。その誌面の変化に淳一も危機感を覚えたのだろうか、昭和二六年新年号より、淳一の絵が再び多くの誌面を飾った。

鈴木悦郎

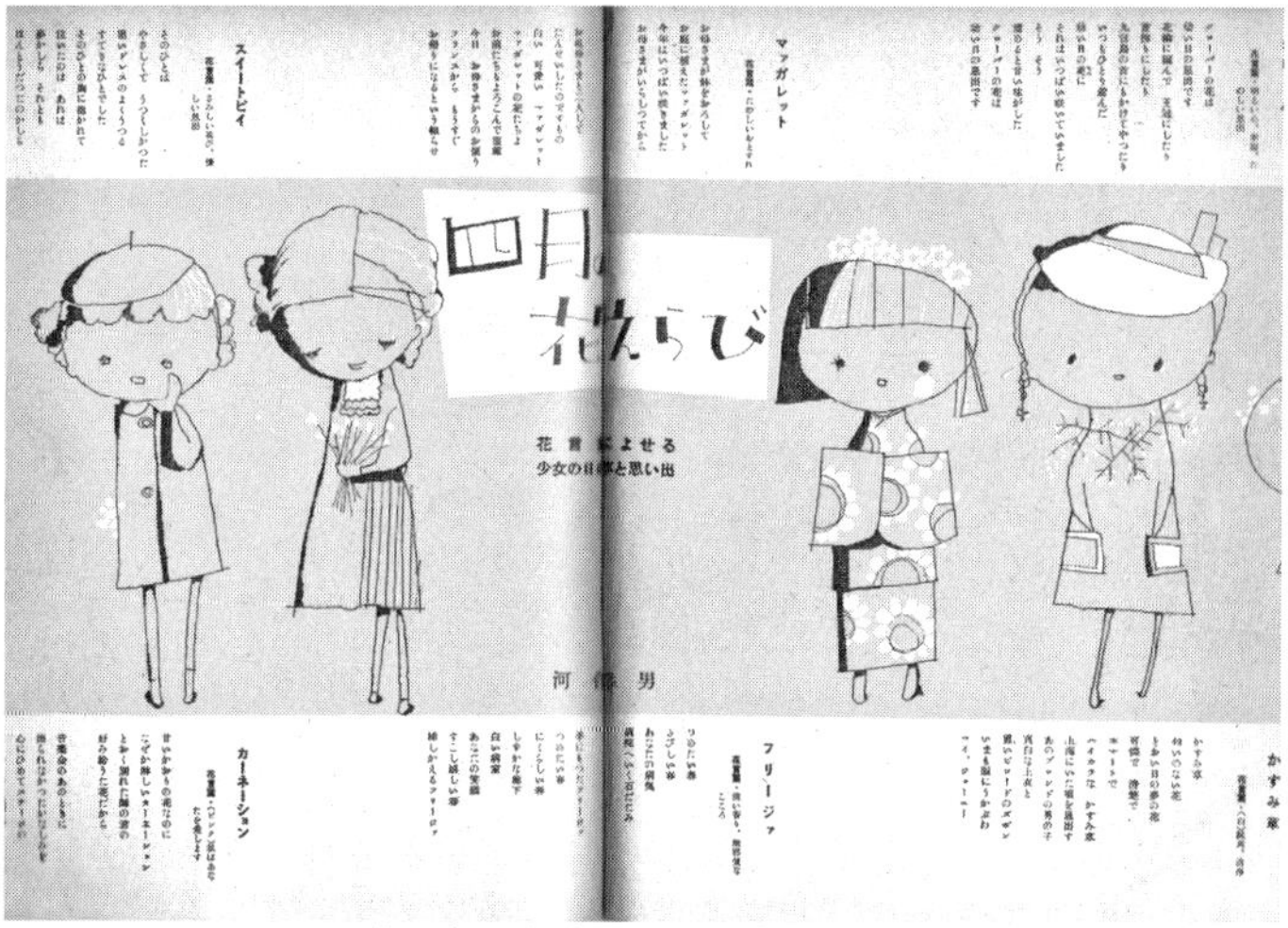

「ひまわり」昭和27年4月号

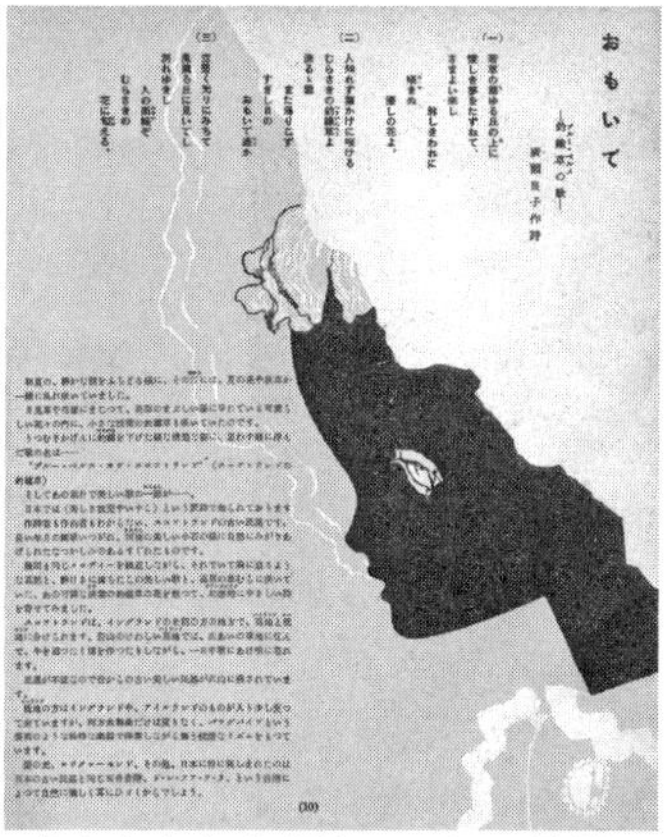

「ひまわり」昭和27年6月号

「ひまわり」昭和27年8月号

「ひまわり」昭和26年6月号

「ひまわり」昭和27年10月号

✼鈴木悦郎✼「それいゆ」目次

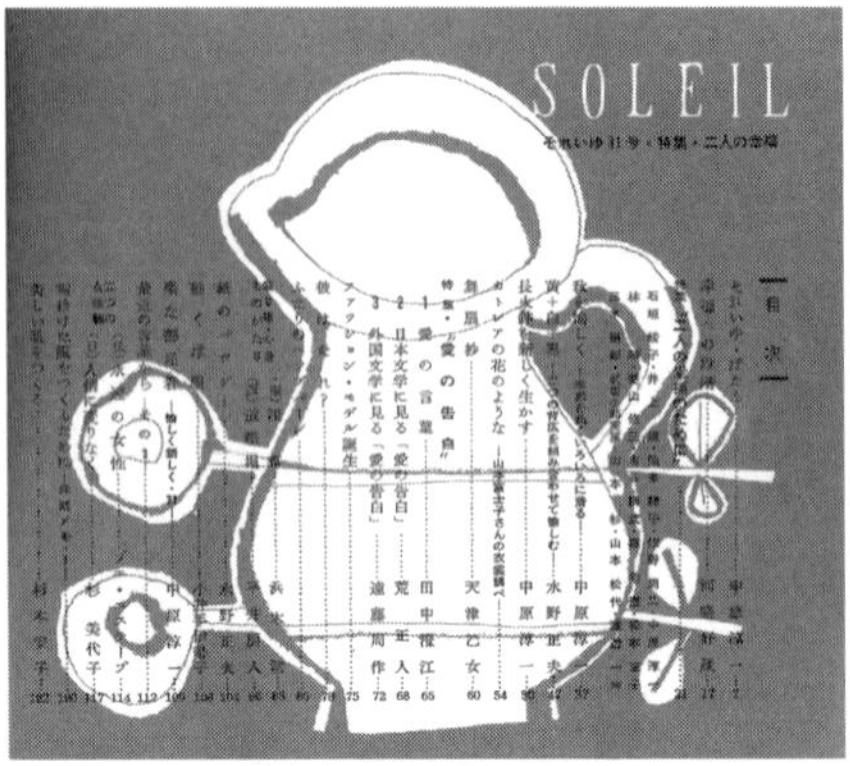

「それいゆ」No.31
昭和29年

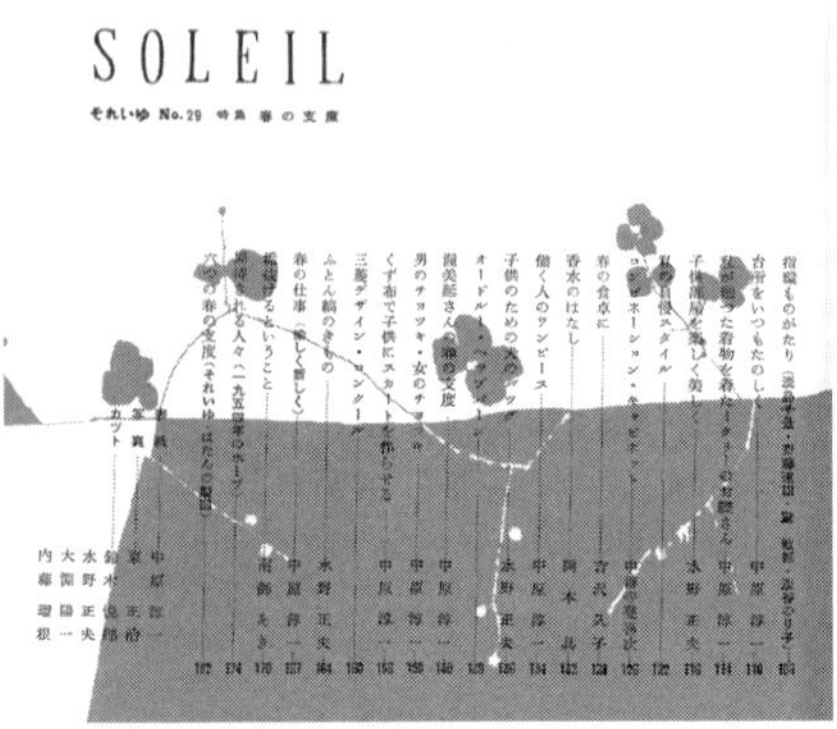

「それいゆ」No.29
昭和29年

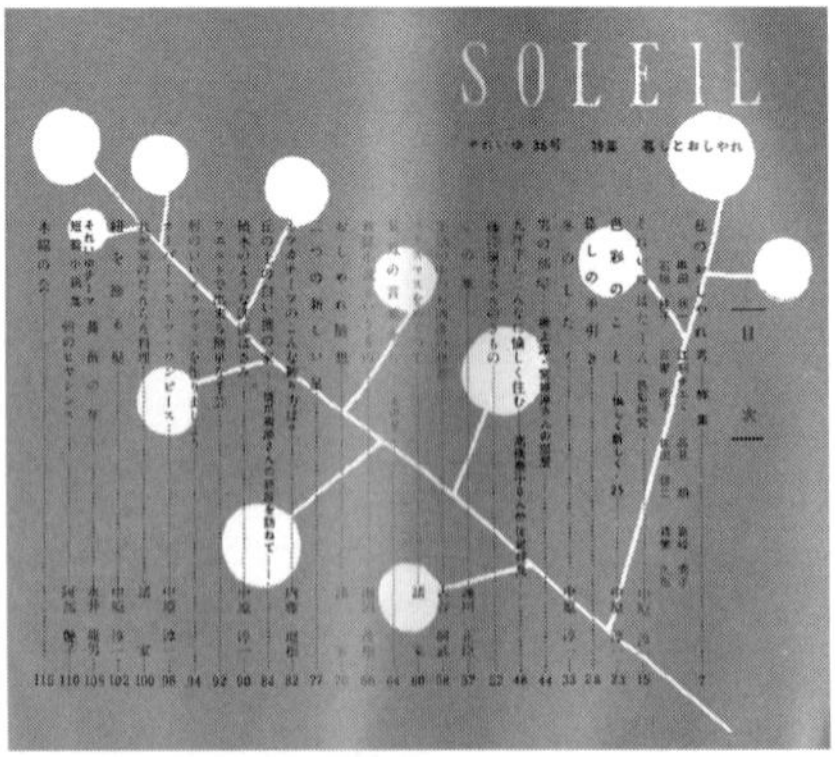

「それいゆ」No.36
昭和30年

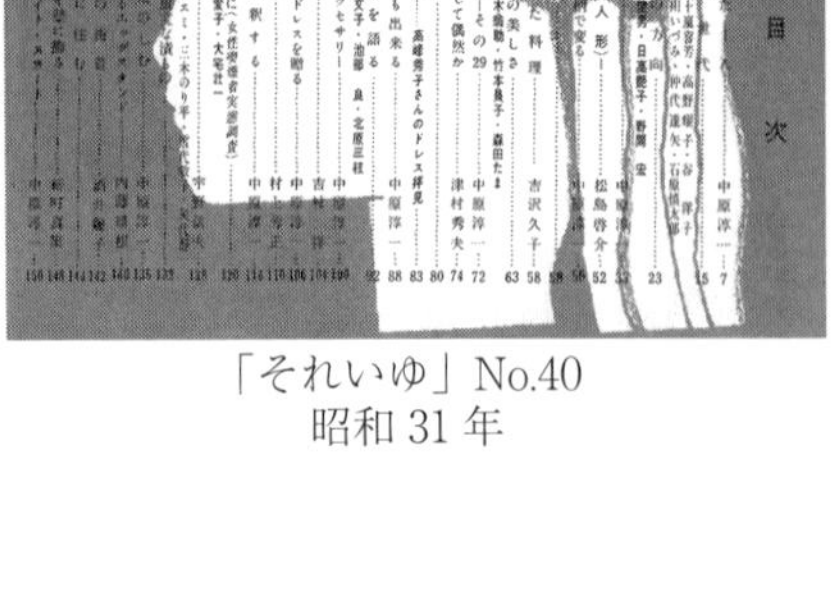

「それいゆ」No.40
昭和31年

一時つぎ込んだ挿絵画家たちが消えて、従来の「ひまわり」に戻った。

その後、直ぐ淳一はパリに遊学することになる。同時に「ひまわり」の判型が、やや小さめの正方形に近い形に変わる。

淳一の不在と新しい判型と、以後附録を付けない方針が、どれほど読者に影響を与えたか判らないが、「ひまわり」は戦後の少女雑誌で、最も早く附録を付けて少女たちを喜ばせていただけに、少なからぬ影響を及ぼしたと想像する。

> 雑誌はひとりの人間の、作品のようなもので、いいにつけ悪いにつけ、編集者の考えとか好みがはっきりとあらわれてくるものです。だから残った人たちが作る時は、今までの「ひまわり」調というものがあっても、それを受け継ごうとは思わず、残った人たちで自由にやってほしい…

と言い残して、淳一はパリへ旅だった。

が、息をつく間も無く部数の減少という事態を前に、パリ滞在三年の予定を一年半で切り上げざるを得なくなる。

淳一が帰国すると、時期はちょうどテレビ創世期だった。テレビ実験放送時から、テレビ局の淳一への出演要請も多く、テ

「ひまわり」昭和27年8月号

レビで知り得た見聞で、淳一は従来通りの少女雑誌の在り方に疑問を持ち始める。

淳一の決断は素早く、「ひまわり」を廃刊にする決意を固めることになる。

こうして昭和二七年一二月号をもって、六年間、合計六八冊の大輪の花「ひまわり」を少女達に届けて散ってしまった。


最終号の社告に、新雑誌の予告がのっていた。一年間の時間を掛けて、二冊のテスト版を出して、来るであろうテレビ時代の生活に相応しい、雑誌の行方を探り出し、「ひまわり」廃刊から二年後の昭和二九年七月、ビジュアル中心の新雑誌「ジュニアそれいゆ」として生まれ変わった。

ちなみに「それいゆ」とは、フランス語でひまわりである。

昭和三一年、その年の「経済白書」には、「もはや戦後ではない」と宣言されたが、その二年前のことだった。

口絵「銀世界」松本かつぢ
(「ひまわり」昭和26年2月号)

詩「春の海」勝山ひろし画
(「ひまわり」昭和26年4月号)

ひまわり

ひまわり社
創刊 昭和二二年一月号
廃刊 昭和二七年一二月号

主な連載小説ほか

オルコット原作・安藤一郎訳「四人姉妹」
ディッケンズ原作・安藤一郎訳「少女ネル」
北條誠「花日記」「病める薔薇」
菊田一夫「駒鳥のランタン」
大田洋子「ホテル白孔雀」「黄なるくちなし」
北畠八穂「ささやかな滴も」「美しき少女への巡礼」「秘信」
エリザベス・ウェザレル原作・村岡花子訳「エレン物語」
バーネット原作・村岡花子訳「秘密の花園」

口絵「雛の宵」 蕗谷虹児
(「ひまわり」昭和26年3月号)

川端康成　「歌劇学校」「万葉姉妹」「花と小鈴」
川上喜久子　「虹を描く少女」
内村直也　「あざみの抗議」
杉浦幸雄　「ひまわりマリちゃん（漫画）」
松田智雄　「生活する智慧の歴史」
浦松佐美太郎　「今月の話題」
安藤一郎　「やさしい英詩教室」
街夕記子　「ひまわり女学生新用語辞典」

「郵便馬車」池田かずお画
（「ひまわり」昭和 27 年 2 月号）

「組曲・舞踏会のかげに」池田かずお画
（「ひまわり」昭和 27 年 3 月号）

4　「青空」の章

「ひまわり」「白鳥」より少し遅れて広島図書から、昭和二三年四月一日発行を以って創刊号とした「青空」が誕生した。回りくどい言い方だが、同社の別の雑誌を衣がえしての雑誌だったから、巻号は継続されていて、創刊号とは名乗り辛いので「飛翔号」と銘打って少女雑誌として再出発したのだった。

広島図書の前身は印刷会社だった。原爆の被害に遭いながらも、幸い焼け残った大量の紙を活かす手段の一つとして、雑誌発行に踏み切ったのだろうか。

地方都市なりのハンディを負いながら、「銀の鈴」という小学生向けの学年別雑誌を全国的に学校ルートで販売する異色の出版社を立ち上げたのだった。

「青空」は、学年別雑誌の最上級にあたる女学生を対象とした雑誌だ。同社の「青空」に賭ける意気込みは大変なものだったらしい。

「青空」昭和23年飛翔号

「ぎんのすず」1 年生
昭和 24 年 10 月号

「ぎんのすず」2 年生
昭和 24 年 9 月号

「ぎんのすず」3 年生
昭和 24 年 10 月号

「銀の鈴」4 年生
昭和 23 年 7 月号

「銀の鈴」5 年生
昭和 25 年 2 月号

「銀の鈴」6 年生
昭和 25 年 8-9 月号

「青空」に依頼されて一年間の連載小説を引き受けると、その原稿料で家が建つとまで囁かれていたらしい。「銀の鈴」各誌もそうだが、広島という地方の出版物とは、俄かに信じがたいほど垢抜けておしゃれな、頁数は少ないが豪華な雑誌だった。

判型は「ひまわり」と同様のB５判の大きさだった。他のどの少女雑誌よりも、大人の雑誌と比較しても遜色のない、上質の用紙を使っていた。

しかも、著名な一流の執筆陣を投入した。例えば作家では芹沢光治良、佐々木邦、大田洋子、池田宣政、サトウ・ハチロー、阿部知二など。

詩人では堀口大学、深尾須磨子、大木惇夫。教養面では十返肇、坂西志保、谷崎精二、伊東茂平、田中千代など豪華なライン・アップだった。

これは「ひまわり」が小説・詩・随筆以外の執筆を子飼いの藤田櫻、水野正夫、中島光子（のちの推理作家・新章文子）、街夕記子など、当時は無名に近い新人を起用していたのとは、対照的だった。

一流の執筆陣で固めても、けっして堅苦しい内容ではな

「青空」昭和24年9月号

「青空」昭和24年10月号

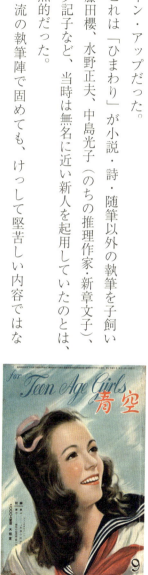

かった。元々前身が印刷会社だったから、誌面作りも上手だったし、活字を黒インクに固定することもなかった。緑色の文字を使ったり、青い文字で誌面を埋めたりして、見た目の美しさにも気を配ってあった。

メイン画家として、戦前の「少女の友」で中原淳一と人気を二分していた松本かつぢを、「ひまわり」を意識して起用した。表紙絵こそ別の画家が描いていたが、色刷り口絵、絵物語、挿絵にカットに附録にと、ひとり松本かつぢは大活躍した。

誌面の主要部分を一人の画家に委ねて統一された美しさで仕立ててあるのは、「ひまわり」と共通したところでもあった。

雑誌に個性を持たせるために、または他の雑誌との差別化のために、比較的取り組み易いのか、一人の人気画家を重用して雑誌の雰囲気を作り、一目でわかる雑誌作りをする。

このスター・システムを取ることは、戦前から行なわれてきたことだった。古くは大正時代に婦人之友社が「新少女」を創刊する際に、竹久夢二を編集にも参加して貰い、絵は殆どすべてを夢二に任せた。それほどではなくても「令女界」と蕗谷虹児、「少女画報」と高畠華宵、戦前の「少女の友」と中原淳一の組み合わせは際立っていた。

戦後もその傾向はあり、多くの少女雑誌が、一人のスター画家を抱えて競いあったのも、この頃の特徴かもしれない。ちなみに戦後は「ひまわり」と淳一、「少女ロマンス」と池田かずお、「少女の友」と藤井千秋など、それぞれの雑誌が看板画家として専属ないし準専属の形で抱えた。

①

大正5年3月号

③

大正13年4月号

②

昭和5年11月号

④

昭和9年12月号

⑤

昭和25年10月号

メイン画家

1. 竹久夢二
2. 高畠華宵
3. 蕗谷虹児
4. 深谷美保子
5. 池田かずお

ただそれは、念書を取り交わすような事務的なものではなかった。例えば藤井千秋は編集部から、「他誌へは描かないで」と、雑談の中でさりげなくクギを刺されるというほどのことだった。

以上の各誌よりもその度合いは薄くなるが、「少女世界」と佐藤春樹、創刊当時の「女学生の友」は勝山ひろしを、その後は藤田ミラノが同誌のスター画家として華やかに活躍した。「少女サロン」は花房英樹と、創刊当時の「白鳥」は長沢節となど、スター・システムを取らない雑誌を数える方が早いくらい、競い合っていた。

「青空」のセールス・ポイントのひとつに、巻頭の多色刷り世界名作絵物語があった。この手の企画はどの雑誌も同様のものを持っていた。しかし、「青空」は、他社が挿絵画家を月ごとに替えていたのに対して、月によって岩田専太郎や蕗谷虹児を交えながらも、殆どを松本かつぢの明るく軽やかな洗練されたタッチの絵で飾って、最後まで通した。

「青空」昭和 24 年 1 月号

「青空」昭和 23 年 7 月号

「青空」昭和 24 年 1 月号

「青空」昭和 24 年 5 月号

同様の世界名作絵物語のダイジェスト版であっても、他誌との違いは作家の選び方にあった。トルストイの「復活」の翻訳は昇曙夢が、デュマの「モンテ・クリスト伯」は大宅壮一が、シェークスピアの「ロミオとジュリエット」は本多顕彰が受け持ったように、少女雑誌の執筆者としては異色だった。

この傾向は他の面でも同様で、ロマン・ロランの作品は片山敏彦に、音楽の話題は堀内敬三に、少女雑誌なのに野球のことは鈴木惣太郎に解説させ、ランボオについては堀口大学を、ゲーテに関しては高橋健二に、という具合にその当時のその道の第一人者に執筆を依頼することに徹底していた。なんともため息の出るような、豪華な顔ぶれだった。

一流のものを子供たちに与えたいと、こんな贅沢が現在の雑誌に出来るだろうか?

「青空」は毎号僅か六〇頁に満たない厚さながら、そのほぼ三割は色刷り頁とグラビアに充てられた。本文頁も二色刷りにしたり、先に述べたように活字の色を変えたりして、執筆陣の豪華さも含めて、いわば原価の高い雑誌をつくり続けた。

各誌とも表紙の裏表まで頁数に数えた。当時はどの雑誌も殆ど裏表紙まで何かの記事で埋めてあることが多く、広告は少なかった。

もちろん、発行部数によっても単価が違ってくるはずなので、原価を単純に割り出すことは出来ないが、それでも一応の目安としてみると、「青空」が飛び抜けて高かった。「少女クラブ」の実に一・五倍だった。

「ひまわり」が情緒に重きを置いて、誌名通りの花のような雑誌だとすれば、「青空」は、知と情をバランス良く配分して、多方面からカットして磨きをかけた宝石のような雑誌だった。だから難をいえば隙のない、少しばかり冷たさを感じさせる所もあった。

「青空」の販売方法は、少女雑誌としては異例の、取次も書店も通さない直接販売で、それは兄弟雑誌の「銀の鈴」と同じ販売ルートだった。読者に届くまでが少しどころか、大いに異なっていた。まず学校単位に数十冊ずつ届けられ、これが学校側からの要請による注文数なのか、「銀の鈴社」からの割り当てだったのか分からない。

実際にこの雑誌の頒布を見ていた当時の少女の話によると、クラス担任の先生から「誰さんと誰さんと誰さんが買いなさい」と指名される。それぞれの父兄がそれを受け入れて初めて「青空」の購入が出来る訳で、学業の成績が良くて余裕のある家庭の子が対象になっていたようだ。「だから成績の良くない子は、読みたくても買えなかったのよ」とのことだった。

「青空」昭和24年11・12月号合併号

「青空」の母体である銀の鈴社は、もともと広島児童文化振興会が発行した「歌の新聞」を引き継いで発展したものだった。原爆と敗戦で打ちのめされていた広島の人たちに、日本に、元気と生きる喜びを歌声でという願いで全国を縦断して「青空コンサート」が開かれたのも意義深い。

その思いも引き継いで、「青空」には毎月の附録に楽譜が付けられた。当時の経済事情からすると、一少女雑誌には荷が重すぎるくらい立派な楽譜だった。

終戦直後のその時代に、どんな体裁の、どれほどの楽譜が製作販売されていたか知る由もないが、この付録の楽譜はA４判の四頁または六頁建てで、楽器店で市販されていても遜色のない、立派なものだった。

この楽譜は二色擦り表紙で一貫して松本かつぢの絵で飾られ、楽譜「ミュージカル・ノート」と銘打って、後に本誌に組み込まれて、形式は幾分変わりながらも、廃刊になるまで続けられた。

この企画の凄さは、それらの楽譜は全てが毎月、新作・新曲だったことだろう。これに関わった人々を列挙すると、またそのメンバーの顔触れに驚かされる。高木東六、西條八十、藤浦洸、野村俊夫、サトウ・ハチロー、八十島稔、弘田龍太郎、古関裕而、大谷冽子などなど。成人用の雑誌でも取り上げ難い企画を押し進めたのは、東京の武蔵野音楽学校（現・武蔵野音楽大学の前身）を卒業して、広島図書の若き重役、文化部長として活躍した姓田徳一だった。オペラ歌手の大谷冽子とは同期生でもあった。

その人たちを懐に大きく包み込んで、自在に活動させた太っ腹の経営者・松井富一の名も決して忘れることは出来ない。

風が…呼んでる
野村俊夫 詩
古関裕而 曲
世界名曲二部合唱
希望のささやき
ホーソン曲
オルゴールの歌
誰も知らない
サトウハチロー・詩
高木東六・曲
世界名曲二部合唱
嗚呼！
咲けよ紅薔薇
木陰の椅子

「青空」昭和 24 年度付録

「青空」の文芸欄は、学校販売ルートに頼っていたにしては低調だったが、それは頁数の関係で文芸欄に多くの頁を割けなかった事情も絡んでいるのかも知れない。その少ない文芸欄から後に作家となる岩橋邦枝が、詩に作文に短歌にと活躍しているのが目立った。

彼女は「逆光線」ほかの作品で一躍世の注目を浴び、芥川賞をはじめ女流文学賞、紫式部文学賞、平林たい子文学賞などを受賞した作家である。

創刊三年目にあたる昭和二五年新年号から、「青空」は判型を変えた。少女雑誌に限ったことではないと思うが、判型を変えたりした時は大抵、経営が行き詰ったりしたからで、その後は尻すぼみになってしまう例も多い。

「青空」は従来のB5判の横軸を、ほぼ正方形にした形に変身したが、形は小さくなった分、頁数が増えればまた違った印象で、少女たちを惹きつけることが出来たかもしれない。

現実は小ぶりになった上に頁数も減った。その代わり従来の本誌の大きさの「あおぞら別冊コンパニオン」という付録を付けた。

「あおぞら」昭和25年1月号

「あおぞら」昭和25年2月号

この別冊付録は、小説と絵物語、漫画以外の種々の記事と、グラビア、読者文芸欄で構成されていた。本誌はさらに上質の用紙を使ってカラフルに、別冊付録はザラ紙で活字中心の構成だったが、要するに今までの本誌を分冊にしただけであり、両方を合わせても今まで以上のボリュームはなかった。

折角の刷新もあまり効果はなかったのだろうか、その翌月の二月号までは確認しているが、三月号は見ていない。「青空」も学年別雑誌「銀の鈴」系統の雑誌だから、春四月号から始まって、その年度の最後の三月号まで発行されたと思いたいが、今以って三月号の確認は出来ていない。

大地書房の「白鳥」同様、足掛け三年の間、休刊や合併号を繰り返しながら、二〇冊に満たない号を重ね、星の煌きにも似た一瞬の光芒を放って「青空」は消えた。

原爆の荒廃の地で、不死鳥の如く立ち上がって、印刷業から始まった広島図書は、戦後出遅れた老舗の学年別雑誌の「小学館」を抑えて、一時は学童雑誌の頂点に君臨しながら、戦後の混乱期を乗り切ることが出来なかったのは何故か？

昭和二六年二月、倒産した第一次「銀の鈴」は静かに消え去った。

「あしながおじさん」（「あおぞら」昭和25年）

青空

広島図書
創刊　昭和二三年四月「飛翔号」
廃刊　昭和二五年三月号（未確認）

主な連載小説ほか

佐々木邦　「スズランの会」
太田洋子　「春の泉」
芹沢光治良　「わが胸に薔薇の咲けば」「美しき旅路」
池田宣政　「歌なき雲雀」
サトウ・ハチロー「青いセレナーデ」
長谷川町子　「うちの兄さん」（漫画）
伊東茂平　「新しいデザイン」

わが胸に薔薇の咲けば
芹澤光治良

「青空」昭和23年8月号

歌なき雲雀
池田宣政

「青空」昭和24年4月号

美しき旅路
芹沢光治良

「青空」昭和24年4月号

青いセレナーデ
サトウ・ハチロー

「青空」昭和24年5月号

コレクション・エピソード　2

父の転勤で、熊本市へ戻って来たのは中学二年の一学期が始まったばかりの時でした。それまでの鹿児島の社宅は屋敷町の一軒家でしたが、今度の社宅は会社と棟続きの裏の家で、市の中心部にありました。

熊本市内が戦災で焼けたのは鹿児島に較べると少なかったので、本屋さんも古本屋さんも沢山ありました。それで、少ない小遣い銭をやりくりして、中学生なのに毎日学校帰りに古本屋通いを始めるようになり、本屋さん・古本屋さんよりもっと多い貸本屋さんにも行くようになって、月遅れの少女雑誌を一冊、二冊と買い集めるようになりました。

それがおよそ六〇冊も溜まった頃でしょうか、ある日、学校から帰って来たら、本箱にぎっしり詰め込んであるはずの少女雑誌が、全部なくなっていたのです。

犯人は母でした。「何かい？　あんたは来年は高校受験だろうが！　こがん雑誌ば読んでる場合じゃなかろうもん」と。ハハハーッ！　と正座して「仰る通り、ごもっとも」。明治生まれの母の熊本弁での叱責は迫力があります。武田鉄矢さんのお母さんと同類です。

もう今はないでしょうが、チリガミ交換の小母さんに、私に無断でゴソッと渡してしまっていたのでした。こっちは何にも言えずに引き下がりました。それで、クソッ！　とばかりに受験勉強に精を出し、お蔭様で希望する進学校に入学することが出来ました。

高校に入学して驚いたのは、何につけても校則が緩やかで、勉強・勉強と尻引っ叩かれることもなく、授業は午前中が一〇〇分授業二時限だけ。午後はそれが一時限だけで、毎日三時前には下校出来るのです。熊本市内の高校でも恐らく一番早く終わる高校だったろうと思います。すべてが生徒の自主性に委ねる教育方針だったのでしょう。

その余暇を勉強の時間に充てればいうことなしでしょうが、実際、殆どの生徒が勉強時間に充てていたと思います。ところが私は、その時間をナント！　建て場巡りに明け暮れる雑誌漁りの毎日になってしまったのです。

建て場とは、今はリサイクルセンターとでもいうのかな。廃品回収の集荷場ですね。新聞・雑誌などを、キロ幾らで引き取ってくれる所です。

その建て場は、敷地をトタンと羽目板で仕切って、新聞、雑誌、ダンボール、古着など区分けして山積みにしてあります。その中の雑誌の山を片っ端から崩して、欲しい雑誌だけを選り分けて事務所に持って行くのです。

当時は一キロ幾らではなく、一貫目幾らで売ってくれました。雑誌の量り売りですから、古本屋よりも貸本屋よりも破格なお安い値段です。こうして高校へ入学してから、母に捨てられた少女雑誌を改めて買い集め、収集に精を出すようになったのでした。

そんな建て場が、熊本市内に何ヵ所かありましたから、下校すると直ぐカバンだけを家に放り込んで、学生服のまま自転車で四、五ヵ所の建て場巡りが日課となりました。

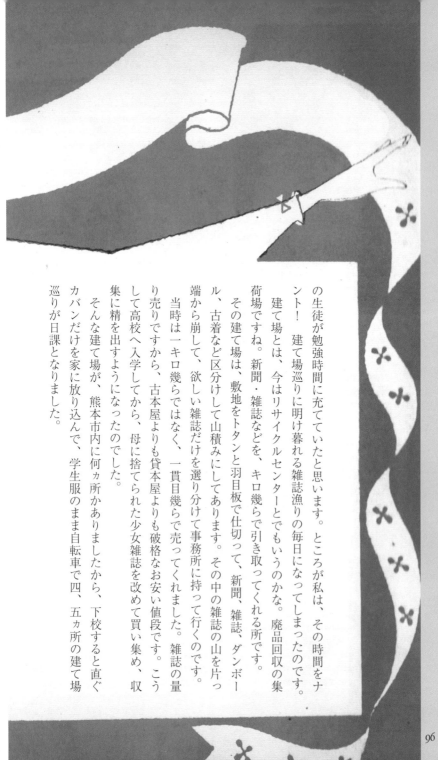

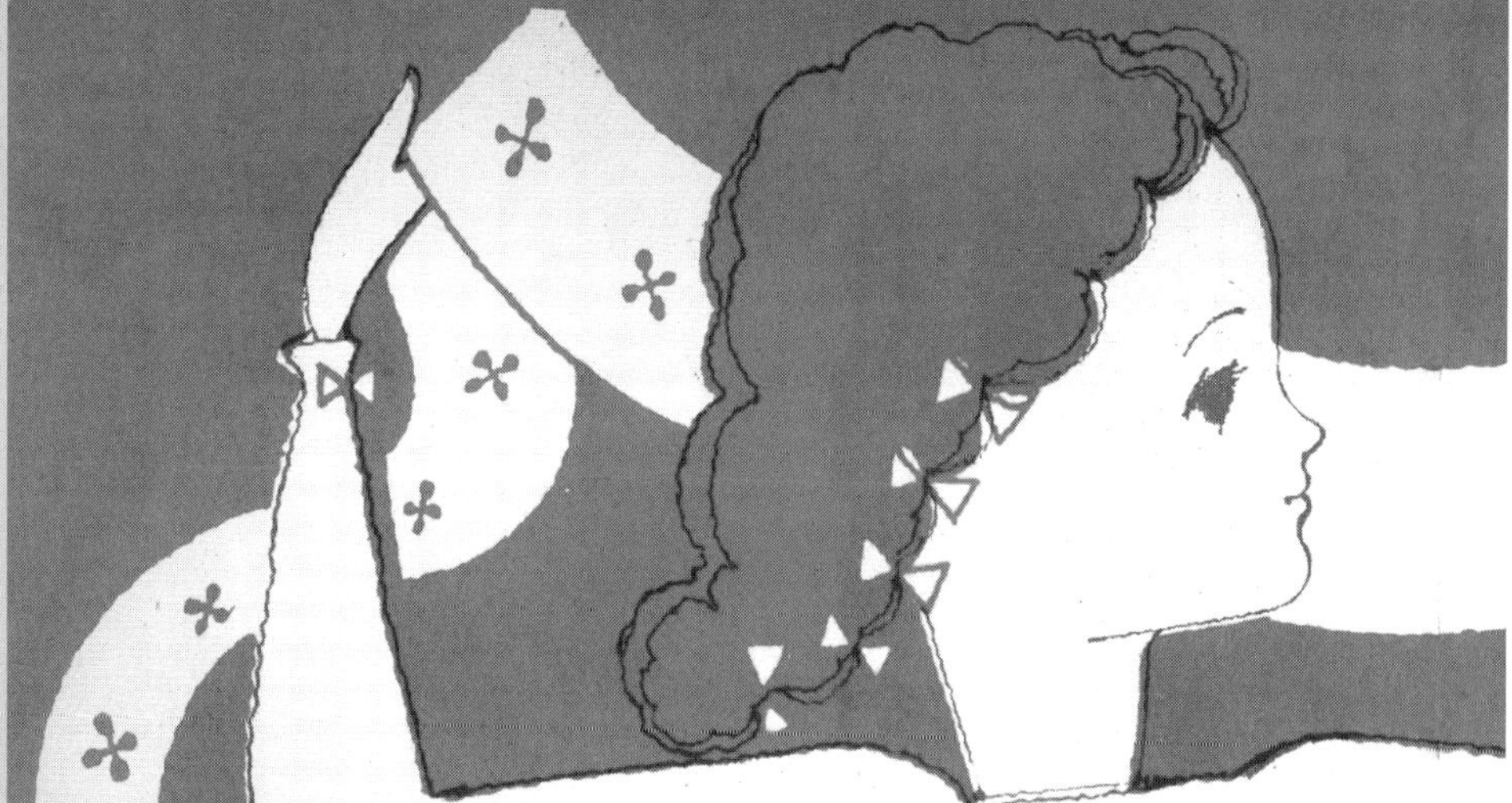

何十年も後になって知ったことですが、建て場には普通、素人は入れないんだそうです。
それが一目で判る進学校の制服を着たままの坊主頭の少年が、雑誌を焦りに来る、それも日参するってことで、変わった子供がいるなあと、大目に見てくれていたのでしょう。
まだのんびりした昭和も三〇年になろうとする、世の中も戦争が終わってようやく落ち着き始めた頃でした。

里ごころ

北原白秋

笛《ふえ》や太鼓《たいこ》に　さそわれて
山の祭《まつり》に来てみたが
日暮れはいやいや　里恋《こい》し
風吹きゃ木の葉の音ばかり
母さま恋しと　泣いたれば
どうでもねんねよ　お泊《とま》りよ

しくしくお背戸《せど》に
出てみれば
空には寒い　茜雲《あかねぐも》
雁《かり》　雁《かり》　棹《さお》になれ　前《さき》になれ
お迎いたのむというておくれ

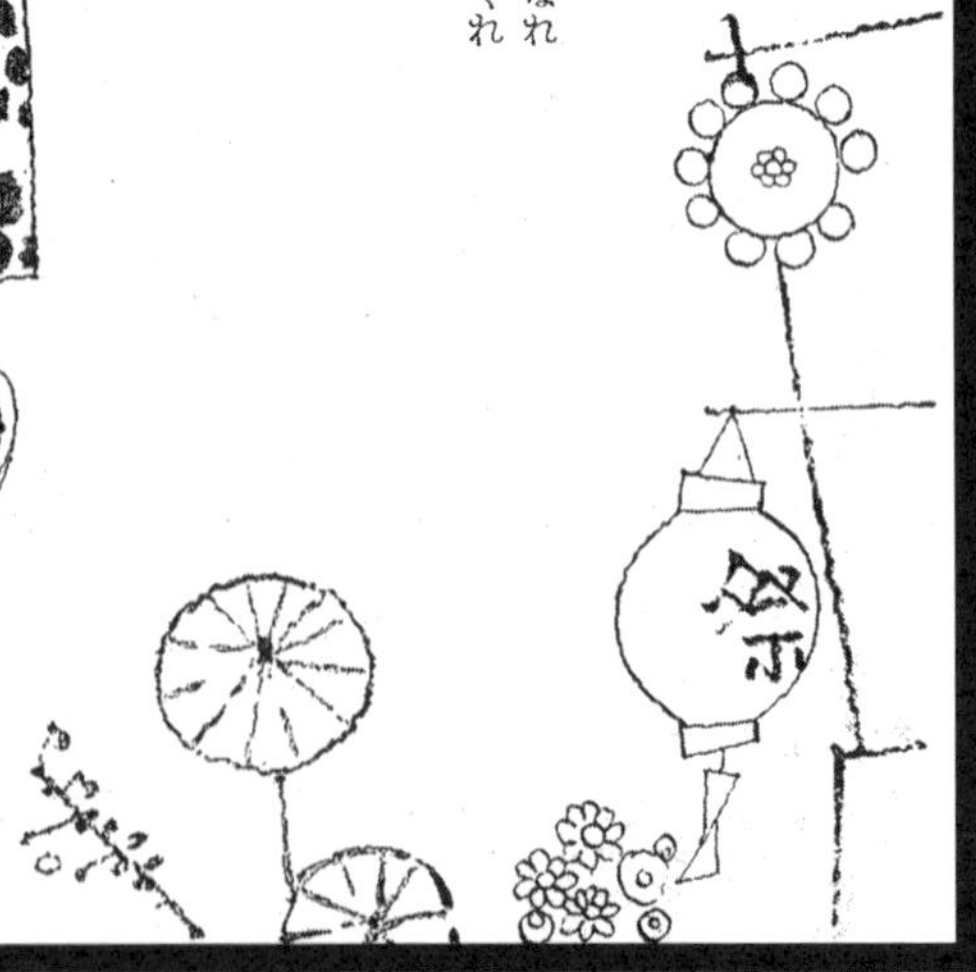

鈴木悦郎画

戦時脱却　新時代への胎動

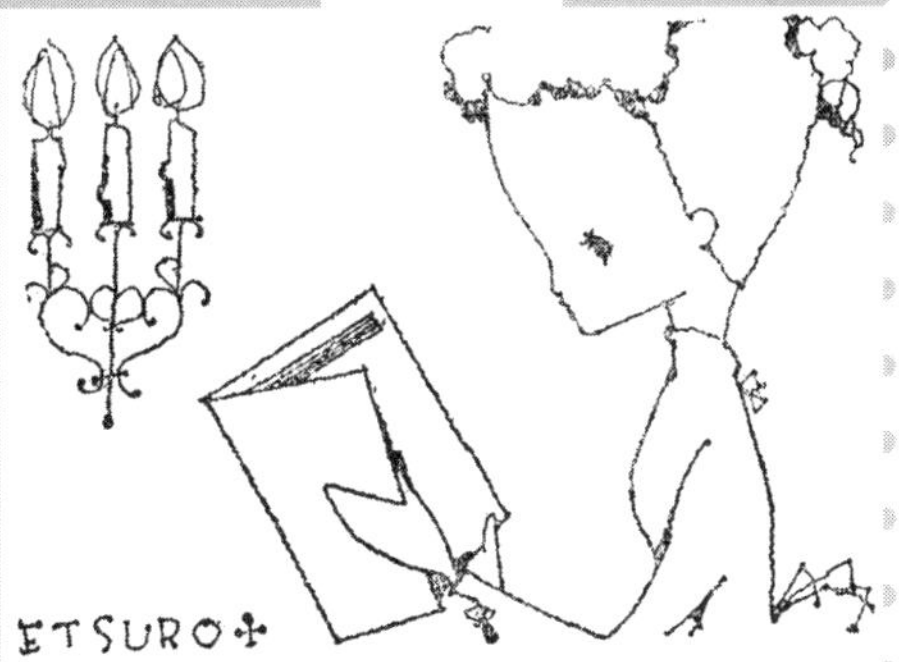

南の風の
北原　白秋
南の風の吹くころは
ザボンの花がにおいます
ザボンの花の咲《さ》く夜さは
空には白い天《あま》の河《がわ》
三つ星、四つ星、七つ星
數えていたれば、つい、ねむて
つい〳〵とろりとねんねした
そのまゝ朝までねんねした
南の風のふくころは
ザボンの花がにおいます
鈴木悦郎画

5　遅ればせながらの「始めに」

美少女が微笑みかける表紙、世界名作のダイジェスト版が絵物語になって巻頭を飾り、古今の名詩や短歌が挿絵つきで紹介され、世界の有名な作曲家の伝記が甘美な物語となり、可憐で悲運に泣く少女の物語が連載され、もちろん漫画もあって、映画や宝塚の記事も掲載された。ファッションの紹介、お人形の作り方も丁寧な製図入りの頁があった。少女自身の悩みごと相談の頁、創作意欲を充たすための詩や作文、イラスト投稿の欄もあった。今でいう掲示板も。簡単なクッキングやケーキの作り方、美容と身だしなみの頁もあった。

要するに少女の生活と夢を、欲張っていっぱい詰め込んである。かつてそんな少女のための月刊雑誌があった。

芸能、コミック、ホラー、ファンタジー、占い、そしてファッション誌など、それらクラスマガジン化されたものに吸収されてしまって、跡形もない少女雑誌の末裔たち。あからさまにセックスを取り上げても、現代の大人たちは声を上げることもしない。ＰＴＡが一斉に指弾することもない。大人が少女たちに干渉することを諦めたのか、それとも少女そのものが現世には存在しなくなったのか。

昭和も三〇年代に入ろうとする頃、私のリアルタイムでの少年・少女雑誌の愛読者生活は終わろうとしていた。アメリカに於ける雑誌の歴史と現状は全く知らないが、この頃アメリカには少年・少女雑誌と呼べるものは「ボーイズ・ライフ」や「セブンティーン」くらいしかないことを知って（自分が単に無知だったのかも知れないが）奇異に思ったことがある。

アメリカの子供たちは雑誌を読まないのだろうか、と。しかし、その答えは現代の日本に転がっていた。

第二次大戦が終わって、日本でいち早く発行された少女雑誌は、戦前から続く「少女の友」と「少女倶楽部」の二誌だった。「少女倶楽部」の戦後第一号は、八・九月合併号で、ザラ紙の表紙のない折り畳んで裁断しただけで耳のカットも無く、ホッチキスで綴じてもない、新聞と同じ体裁の全三二頁だった。

いかにも慌ただしく印刷・製本されたかが、うかがえるような造本だった。

色刷りの頁は一頁もない簡素な体裁だったが、見開きの全頁に必ず挿絵かカットが添えられていて、編集者の気配りが素晴らしい。

だから、それほど貧相な感じはしなかった。

この号の発行日が九月一日になってはいたが、終戦直後のことだから実際の発売日はもう少し後だったとしても、驚いたのはここに掲載されていた壷井榮の小説「石臼の歌」の中に、八月六日の広島原爆投下のことが、ストーリーの展開の中で出てくることである。

これについては「少女倶楽部」の章で詳しく触れた。そして、昭和二一年新年号の読者の投書には「本屋さんの前を通ったら、「少倶」の一〇月号がありましたので、大急ぎで買い求めました。久し振りの美しい色刷りの表紙も嬉しく…」とあるから、それ以前の数号は墨一色の表紙だったことが窺える。次に一一月号を休刊して昭和二一年も二二年も一一冊ずつの発行になったが、以後、昭和二三年からは休刊も合併号もなかった。

新時代に向けて「少女倶楽部」は、昭和二一年新年号誌上に於いて、「社告」として次のような囲み記事を掲載した。

本社は終戦後の時局を鑑みるところあり、今回取締役社長野間左衛氏、（略）他全役員が一斉に辞職し、（略）一新せる役員陣を構成、以って新時代に適合せる経営に着手することになり―中略―斯くて本社は時代の進運に伴ひ、その捨つべきは勇敢に捨て、その採るべきは躊躇するところなく採用し、全社を挙げて平和日本建設のため、読者各位と共に、その使命に邁進い

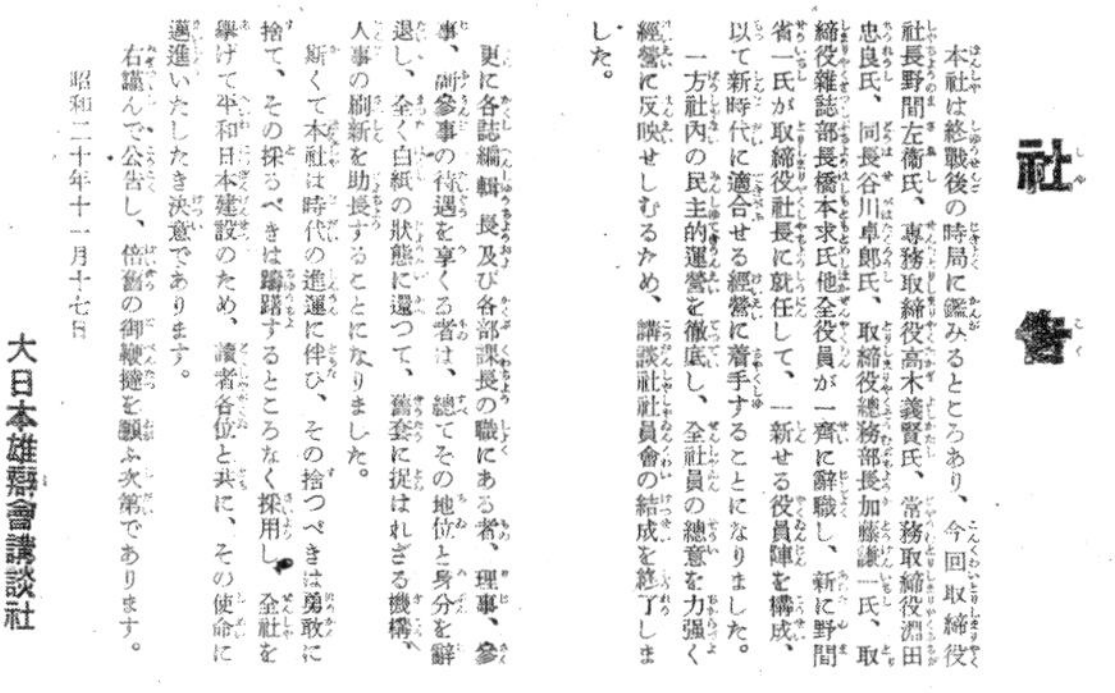

社《しゃ》告《こく》

本社は終戦後の時局に鑑みるところあり、今回取締役社長野間左衛氏、専務取締役高木義賢氏、常務取締役淵田忠良氏、同長谷川卓郎氏、取締役總務部長加藤謙一氏、取締役雑誌部長橋本求氏他全役員が一齊に辭職し、新に野間省一氏が取締役社長に就任して、一新せる役員陣を構成、以て新時代に適合せる經營に着手することになりました。

一方社内の民主的運營を徹底し、全社員の總意を力強く經營に反映せしむるため、講談社社員會の結成を終了しました。

更に各誌編輯長及び各部課長の職にある者、理事、參事、副參事の待遇を享くる者は、總てその地位と身分を辭退し、全く白紙の狀態に還つて、因襲に捉はれざる機構、人事の刷新を助長することになりました。

斯くて本社は時代の進運に伴ひ、その捨つべきは勇敢に捨て、その採るべきは躊躇するところなく採用し、全社を擧げて平和日本建設のため、讀者各位と共に、その使命に邁進いたしたき決意であります。

右謹んで公告し、倍舊の御鞭撻を願ふ次第であります。

昭和二十年十一月十七日

大日本雄辯會講談社

「少女倶楽部」昭和21年新年号

たしたき決意であります。

右謹んで公告し倍旧の御鞭撻を願ふ次第であります。

昭和二十年十一月十七日　　大日本雄弁会講談社（原文のママ）

小学生の少女読者相手に、この決意文はなかろうと思うが、恐らく当時発行されていた講談社の八大雑誌すべてに掲載された共通の社告だろうし、その父兄に宛てた決意であったと思う。

しかし、このような社告を出しながらも、「少女の友」も含めてこの二誌の内容は、相変わらず戦時下の編集方針の中から「大日本帝国」の文字だけを取り払ったに過ぎないような、戦時中とさして変化のない硬い誌面のまま過ごしている。

戦時中は月を追うごとに戦時色が濃くなり、誌面を目で追うだけでも逼迫した状況が伝わってくるようだったが、戦後はどうしたことか一年経っても二年経っても、新生日本を喜ぶような溌溂とした雰囲気はなかなか伝わって来なかった。

例えば戦時中は○○中佐の手記、△△少将の寄稿文が、戦後はマッカーサー総司令部の××大佐の特別メッセージに変わっただけであり、戦時中の同盟国ドイツの少女たちの団体生活が、満州の風俗、南洋の風景がグラビアを飾り、口絵にもなった。

戦後はもっぱらアメリカの少女たちの生活レポートであり、西欧の童話の紹介だったりした。人心を一新し、編集部も決意を新たにしたものの、新生日本を背負って立つこれからの少女たちに、どう対応すれば良いのか。敗戦という未経験の戸惑いと当惑の中で暗中模索の時期だったのかもしれない。

雑誌を大別して、幼年誌、少年誌、婦人誌、成人誌とした場合、婦人誌・成人誌はその需要が多種多様なため、雑誌もバラエティに富んでいるのは判るが、その当時の人気雑誌「ロマンス」や「スタイル」に代表される、欧米志向の今までの日本では考えられなかった、開放的な青春を謳歌した雑誌、いわば軟弱でお洒落な大人の雑誌が次々に刊行された。

この場合、少年誌に属する「少女の友」も「少女倶楽部」も、それが戦争協力した戦犯出版社として批判された会社から発行されたにしても、およそ少女雑誌らしくない硬い姿勢のまま、戦後の数年間を過してきたのは何故だろうか。「少女の友」に較べると、「少女倶楽部」はまだ取り付きやすい内容だったが、その執筆陣のなんという豪華さ。

例えばA・フランスの作品を三好達治が翻訳し、小磯良平が表紙も挿絵も描き、室生犀星が書き下ろしの詩を寄せている。これで主に小中学生を対象にした雑誌だから驚く。それに漫画は一頁もない。

「ロマンス」
昭和21年8月号

「スタイル」
昭和24年8月号

この時代は、今で言えばマスコミ先導の造語だと思うが、「大衆的少年雑誌」と「良心的児童雑誌」に区分けされていた。区分けされていたと言うより差別されていたと、私は思っている。もしかしたら「大衆的通俗少年雑誌」といっていたかも知れない。

その当時、私は熱烈な「少年」「少年クラブ」の愛読者だったので、新聞の紙面でもその区別があったのに憤慨していた。

子供の雑誌の分野で、良心的児童雑誌は先に挙げた四誌（「銀河」「赤とんぼ」「少年少女」「少年読売」）のほかに、「子供の広場」（新世界社）、「少年文庫」（鳳文書林）など、決して少なくない数の雑誌が発行されていた。

一方、「少年クラブ」（講談社）を筆頭に「少年」（光文社）、「冒険活劇文庫」（明々社）、「野球少年」（尚文社）など、少女誌で言うと「少女クラブ」（講談社）、「少女」（光文社）、「少女世界」（富国出版社）、「少女ロマンス」（明々社）などが、しきりに通俗誌とか一般大衆誌とかに差別されていて、組織されたばかりのＰＴＡが、漫画狩り、俗悪子供雑誌追放を叫んで意気盛んな頃だった。

その通俗少女雑誌といわれながらも、「少女の友」と「少女クラブ」が硬い誌面だったのは、少年・少女雑誌には戦時中から学校で使う教科書の副読本的性格を多分に持たせてあったのも確かである。

事実、それは戦後もまだ尾を引いていて「少女倶楽部」昭和二〇年八・九月合併号発売の新聞広告に「新日本小国民諸君の副読本」と謳ってあった。

昭和 26 年 1 月号

昭和 24 年 12 月号

昭和 25 年 11 月号

昭和 26 年 1 月号

昭和 26 年 1 月号

そして、もうひとつ見逃せない理由に、終戦から四年間競争誌が現れなかった点も挙げられる。女学生及びその少し上の年代の雑誌は「令女界」（宝文館）、「白鳥」（大地書房）、「ひまわり」（ヒマワリ社）、「紺青」（雄鶏社）など、創刊が相次いだ。

小学生から中学生向けの少女雑誌は、昭和二三年一一月創刊の「少女世界」（富国出版社）、昭和二四年二月創刊の「少女」（光文社）が出るまでの丸々三年間は「少女の友」と「少女クラブ」二誌だけの寡占状態が続いていた。「少女の友」は主に読者を小学生中心に、「少女クラブ」は主に中学生を対象にして作ってあった。

戦時中の軍の統制下に続き、戦後は占領軍の検閲があった。だから敢えて変身、冒険をしなくても極端な言い方をすれば、

昭和22年6月号

昭和22年1月号

昭和22年8月号

如何なる内容の雑誌であっても検閲さえパスすれば、当時は大人も子供もひとしく活字に飢え、情報に飢えていたから、売れ残る心配はなかった。

少しずつ世の中が落ち着きを取り戻した。昭和二三年、編集長が交替して「少女の友」もようやく変身してゆくことになる。

「少女の友」の七代目編集長・森田淳二郎は次のような「編集日記」でその間の経緯を語っている。

皆さんは雑誌と云うものを如何お考えになっているか知りませんが、僕は雑誌の雑誌である最大の特徴は、皆さんが学校で教科書や先生方から学んだり教わったりされる内容とは違うところを、愉しく面白く頭や胸の中に沁み込こませる点にあると思います。つまり学校と雑誌では教育分野もその方法も、もともと違っているのです。

この頃中学の先生方から、「少女の友」ももっと教育的な内容にして欲しい、というご希望をきくことがあります。けれども僕は、雑誌が学校の教育内容や教育態度に近づくことは、雑誌の雑誌である特長が失われますし、さしずめ僕なぞは雑誌の編集長であるにも拘わらず、教育者みたいになってしまって先生のお株を奪うことになってしまうので、その点はあくまで雑誌の独自性と編集者としての分を守ることにしたいと思っています。もりた　後略　（昭和二四年五月号）

つまり、この時代の少女雑誌は、純粋に娯楽のためだけ、楽しみのためだけの雑誌では済まされなかったのが、戦後もまだ尾を引いていたのだった。

何故そうなったのか。それは話を戦時中まで遡らねばならない。

福島鑄郎著『戦後雑誌発掘』によると、

> 絶対必勝の戦時下にあって絶対必需書のみが存在をゆるされ、決戦体制に即応すべく出版界の姿勢を急速に改革し、不急不用の出版社はその用紙割当量を（紙弾）として生かすべくより効果的な出版社へと吸収されていった。その結果いくつもの出版社が廃刊を余儀なくされ—中略—軍部の干渉は厳しさを増し、子供たちは月を追うごとに大日本帝国の少国民として教育され洗脳され、銃後の一員として守りに備えなければならなかった

日本エディタースクール出版部
昭和47年

昭和一九年になると出版統制は一段と厳しさを増し、あらゆる分野の雑誌がそれぞれ一誌のみが発行を認められるという暴挙にあう。少女雑誌では「少女倶楽部」が発行を許された。しかし、その一誌のみで日本全部の少女たちを満足させるのは無理なことで、主に小学生を対象にした「少女倶楽部」は「少女雑誌」という分野でのお墨付きとなり、女学生を対象として「少女の友」は「青年雑誌」と

のタイトルを表紙に刷り込んで発行されるという苦肉の策がとられた。

「少女の友」は今度、青年雑誌として国民学校を出た少女たちの唯一の雑誌に選定されました。多くの歴史ある雑誌が廃刊されている中に、この年齢の人々の唯一のものとして存続を認められたことは「少女の友」の大いに光栄とするところです。後略　内山基（「少女の友」昭和一九年五月号）

こうして軍政下の雑誌は否応なしに、国策に沿った、あるいは国策に沿うような行き方をしなければ生き残れなかった。

では読者である少女たちは急激に変化してゆく世の中を、どう受け止めていたのだろうか。昭和一四・五年頃までは、月を追うごとに変貌してゆく誌面を見て、情感あふれる昔の雑誌をいとおしむ声も多かったが、その声は少しずつ辺

「少女の友」昭和19年6月号、10月号

りを憚るような投書に変わった。やがて諦めたのか、自分の気持ちも切り替えた様子が見え始め、時局に慣れ、あるいは馴らされて、次のような投書をするほどになって来る。

読者投稿欄の短歌の頁に掲載された、ある少女の一首を読んで、
　私は十二月号を読んで、しみじみ生き甲斐のある、この大御代を有難く尊く思いました。今まで私は女というものの生き甲斐を強く知りませんでしたが、短歌欄の「をみなとて、おのこに勝る生き甲斐を下し給へる御代の尊さ　富山よしこ」といふのがあり、これを何度もくり返してさうだ、本当にさうだ、をみなとておのこに劣りはしないのだ、何といふ有難いことか、一生懸命至誠を持って、動員令が来たときは大いに働こうと覚悟しました。作者に深く感謝しております。東京　すみれ（原文のまま）

見事に銃後の教育はなされた。このように戦時下の軍による統制が編集の独自性を奪い、大日本帝国のプロパガンダ誌に成り果てたところからの、森田淳二郎の「編集日記」は終戦後四年も経ってか

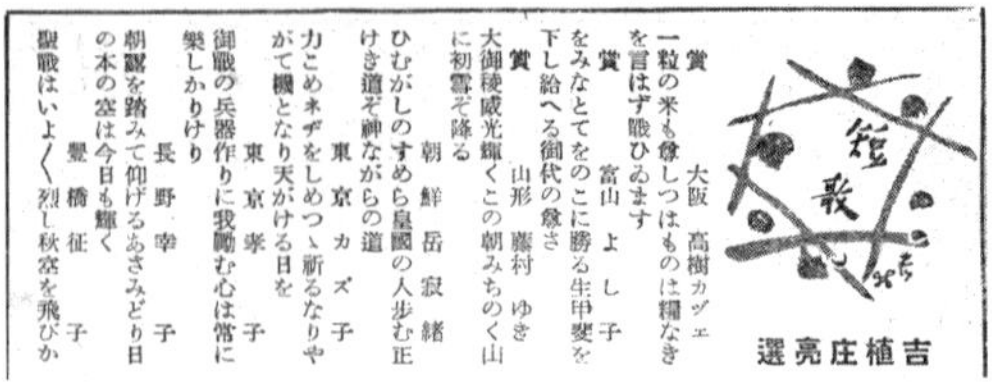

短歌　吉植庄亮選

賞
一粒の米も餘しつはものは糧なきを言はず戰ひゐます　大阪　高樹カヅヱ

賞
をみなとてをのこに勝る生甲斐を下し給へる御代の尊さ　富山　よし子

賞
大御稜威光輝くこの朝みちのく山に初霜ぞ降る　山形　藤村ゆき

ひむがしのすめら皇國の人歩む正けき道ぞ神ながらの道　朝鮮　岳寂緒

力こめネヂをしめつゝ祈るなりやがて機となり天がける日を　東京　カズ子

御戰の兵器作りに我働む心は常に樂しかりけり　東京　孝子

朝靄を踏みて仰げるあさみどり日の本の空は今日も輝く　長野　幸子

聖戰はいよ〳〵烈し秋空を飛びか　豐橋　征子

「少女の友」昭和19年12月号
短歌の頁

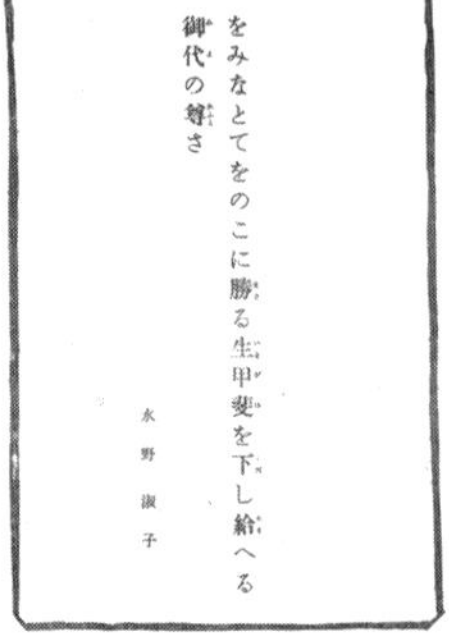

をみなとてをのこに勝る生甲斐を下し給へる
御代の尊さ
永野淑子

2号後の「少女の友」昭和20年2月号に表紙裏を使って1頁に拡大掲載された

らの遅まきながらの独立宣言ではなかったろうか。

昭和二四年六月号から用紙の割り当てがゆるやかになった。同時に付録の制限もなくなる。各誌は待ちかねたように一斉に賑やかになって来るが、戦時中からの長い間我慢を強いられてきた少女たちにとって、それは目まぐるしいほどの変化だった。

先の「編集日記」のわずか半年後に、編集長の森田は今度は次のように訴えている。

編集室から皆さんへ―前文略―ところでいまだに「少女の友」が課外教科書の役割を果たしていないから良くない、という不満の声を読者の間からきくことがあります。少数の方からですが編集している僕には、どうしてそういう不満がもらされるのか、と心外な感じにうたれます。―後略―（昭和二四年一二月号）

森田にすれば、やっと本来の少女雑誌らしい編集がなされ始めたところでの、思わぬ読者からの反響だったのかもしれない。この頃になると作家や画家たちも、復員して来たり、疎開先から帰京して来たりして、雑誌の内容も活気を帯びてきた。

昭和二五年、新年号を出したのは「少女の友」ほか、七誌にのぼった。わずか一年前とは比較にならないほど、美しく賑やかに装っている。

少女
新年特大号
第一附録 美しいかべかけ
少女クラブ
三大付録
少女・新手芸集
新案花ことば双六
卓上ベビーカレンダー
新年特大号
少女世界
新年特大号
別冊附録
少女世界スタイルブック
少女愛唱曲
少女の友
附録
特製年賀状
新年特大號

昭和 25 年新年号

「少女」新年号、今日買いました。目の覚めるような壁掛け、美しい表紙、私は思わずうれしい！って飛び上ってしまいました。だからこれからはむだづかいもだんぜんやめて「少女」を買おうときめましたの。皆さんはいかが？

小学生の読者の率直な感想だ。

本来の―といって良いのか、頁数は少なく薄っぺらで紙質も悪かったが、その匂いだけでもかつての少女雑誌らしさを取り戻すのに、終戦から実に五度目の正月を迎えるまで、待たなければならなかったのだ。

その一方で、戦後直ぐに創刊されてこの時期、昭和二五年には早くも姿を消した雑誌も多い。その多くが女学生から上の年齢層を対象にしていた雑誌だった。

この頃から少女雑誌は（幼年誌・少年誌も含めて）早くなり過ぎた発売日に悩まされてもいた。用紙事情の好転による増頁、付録合戦の果ての販売競争の激化が、一〇月の終わりにはもう新年号が出る、やっと暦は一二月に入ったかと思う間もなく、本屋さんの店頭には二月号が並んでいる状態になっていた。

これを解消するために、自主的に出版社は協定を結び、発売日を調整することになる。

その方法は昭和二六年の新年号を二度出すという前代未聞の打開策だった。初めの新年号の発売から一ヵ月後、二冊目の特別正月号（各誌によってその名称はまちまちだった）を出すことで決着した。

新年号が二冊出るの？　オヤ、あんまりびっくりなさらないでください。今まで二ヶ月も前に雑誌の出る方がよほどオカシイものだったのですから―それで今度新年号を二度出して二月号から一ヶ月前に雑誌が出るようになったのです。（「女学生の友」昭和二六年新年号　誌上折込み広告より　原文のまま）

昭和26年新年号

「ひまわり」を除いた少女雑誌各誌は、一斉に右と同じようなお知らせを載せて、発売日調整号を発行した。そのお正月号の内容は、すべて前月号に続き、来月号に続く連続性のある平常号として刊行された。

昭和二六年の児童雑誌分野では、月刊誌が一年間で一三冊発行されたのだった。

発売月の調整など前代未聞のようだが、実は戦前にも発売月の調整が行なわれたことがある。昭和一六年の、これも年末に近い時期のことだった。その時の理由も実際の月日と発売日がかけ離れ過ぎて、好ましくないということだった。昭和二六年の発売月調整は出版社側からの自主的な調整だったが、戦時中の調整は、上からの行政指導だった。

実態は一一月九日に一二月号が発売されていて、それほど掛け離れているとは思えないが、都内は一一月二九日発売、地方は三〇日に発売するとのことだった。その翌日はもう一二月である。だから、一一月九日発売日に一二月号を買ったとすると、次の新年号の発売は一二月二九日となるため、五〇日間は待たねばならなかった。

実質、ひと月の休刊であった。なにやら胡散臭い発売月調整だったが、内実は戦時下の物資節約、この場合は用紙の原料となるパルプの節約が大きな理由だったらしい。

思えばちょうど一〇年の年月を隔て、雑誌一冊のことでも戦前の子供たちは、お国のために我慢を強いられ、戦後の子供たちは平和な世の中で、お正月気分を二度味わうことが出来た。

終戦からの四〜五年間「少女の友」と「少女倶楽部」だけの寡占状態は前に述べた。その終戦直後の頃の「少女倶楽部」では、あの中国の「紅楼夢」がなんと色刷り絵物語として掲載されたり、難解なキーツの詩を載せたりしていて、何か好き勝手な編集を楽しんでいる節がある。

その隙でもないだろうが、「少女」（光文社）は、用紙割り当ての制限が解除されると、黒崎勇編集長の許で従来の少女雑誌らしさの枠を超えた編集で、急激に発行部数を伸ばしていった。

当時は一〇万部発行していれば、まず上々とされていて「少女クラブ」が一歩先んじていた。その他の少女誌が一〇万部前後で肩を並べているなかで、ひとり「少女」は三〇万部近い部数を発行して「例外的存在」といわれたらしい。最盛期には四〇万部を超えたように思う。

しかし、その勢いのある「少女」が勢い余ってか、ひとつの大きな罪を犯すことになる。

それは目次の抹殺だった。終戦後の数年間は少女雑誌に限らずどの雑誌も、目次は必要最小限度のスペースで抑えていたが、それなりにキチッと目次の役割は果たしていた。

「少女」がまともに目次らしい体裁を備えていたのは、創刊から僅か三〜四年までのこと、雑誌の大判化の時点で目次の扱いもいろいろ工夫されたが「少女」は全二〇〇頁ちかい厚さの中で、一頁の四分の一しか目次には当てられなかった。

その目次は、連載小説と連載漫画の題名と頁を示すだけのものになり、作家の名も挿絵画家の名も省略された。そしてついに昭和三二年、「少女」から目次が消えた。表紙をめくるといきなり見開き二頁いっぱい使って、時には折込み頁も使って派手な色彩で印刷された来月号の予告と付録のお知らせをしながら、買わせてしまえば当月号の何処に何が載っているか、読者はほったらかしにされたのだ。「今日は異端であってもいいじゃないか。明日になればそれが当たり前になる」と、創刊当時の編集長・黒崎勇は言ったとか。これは勿論、目次だけのことではないだろうが…。

目次をなくすということは、自ら雑誌を消耗品とみなしていたのか。たとえ少女のための雑誌といえども、今日の日本を形成している文化の一端ではなかったか。出版文化の一翼を担っているその自負も、プライドも捨ててまで、売上げレースに奔走して悔いはなかったのか。創刊後、時を経ずして少女雑誌界のトップに立ち、以後君臨し続けた者の驕りがそこには無かったのだろうか。

それにしても執筆陣の誰かが、目次をなくしたことに文句を言う者はいなかったのだろうか。彼らもまた稼ぐために書きなぐっていたのだろうか？　それとも目次にタイトルもなく、執筆者の名前がなくても、こと荒立てるほどの価値もない「少女」だったのか。

終戦直後の僅か数十頁しかない薄っぺらな、殆ど黒一色の雑誌から振り返れば、あふれかえる色彩が氾濫する大判化された「少女」に寒々とした秋を感じた。

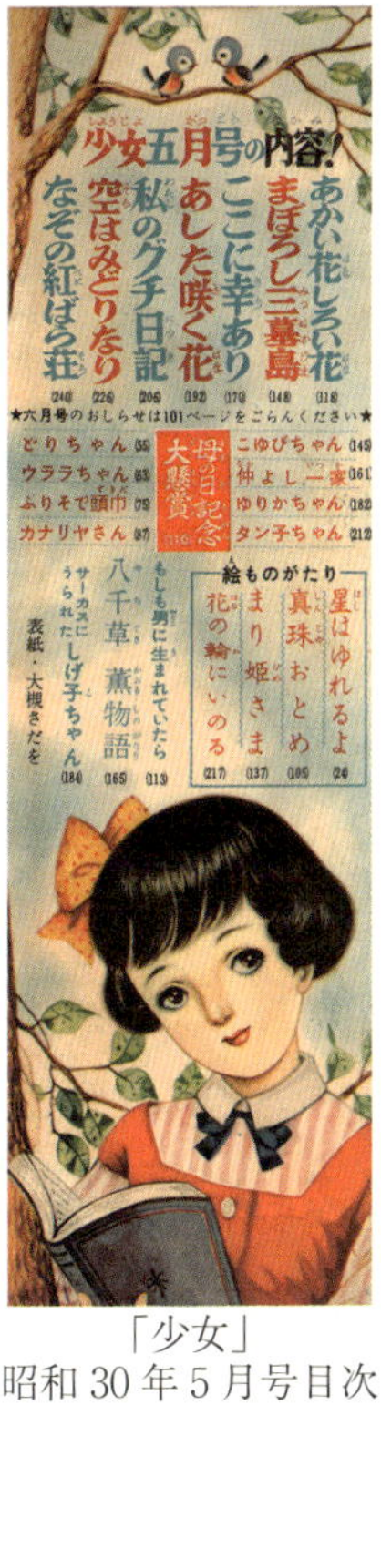

「少女」
昭和 30 年 5 月号目次

ちなみに、少女雑誌に限らず、その後に続く今日まで数多い月刊誌・週刊誌で、雑誌の最後の頁を目次に当てているものは数多いが、自分が知る限り目次のない雑誌は見たことがない。

昭和30年1月号

「少女」が目次を片隅に追いやり始めた昭和三〇年、講談社の「なかよし」と集英社の「りぼん」が、さらにその三年後、秋田書店から「ひとみ」が、いずれもB5の大判で創刊された。「ひとみ」は創刊当時から「少女雑誌」を標榜していたが、前の二誌は表紙の誌名の上に「幼女雑誌」と角書きを付けた。

これは「少女クラブ」も「少女ブック」も、新雑誌をその妹雑誌と位置付けて、思い切った誌面のビジュアル化で、漫画を主流へと導き始めていた。こうして少女雑誌の主役が挿絵から漫画へ移ろうとしていた。

昭和34年10月号

昭和31年9月号

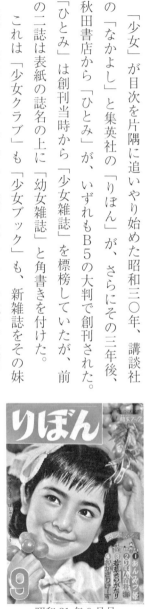

現実には会う機会もない少女たちの、遥か遠くから熱い眼差しを送っていた少女歌劇のスターたちから、映画の子役や童謡歌手へとアイドルが替わっていった。高嶺の花が身近な存在になって来たのだった。

永く少女雑誌の巻頭を飾った名作絵物語が、そのアイドルたちが演ずる「総天然色絵巻」と変化していって、その分、ストーリーは簡略化された。連載小説のあるものは、写真入り（アイドル主演の）物語となった。

漫画では、今までの生活漫画、四コマ漫画が、ストーリー性のある漫画が主流を占めるようになって、小説の立ち位置が霞み始めた。

また、誌面の視覚効果上良かったのか、読者が熱望したのか、夢を誘うのに格好の展開が期待されたのか、少女バレリーナ物語が突出してもてはやされたのも、この時期からだった。この昭和三〇年は少女雑誌にとって、まさに生き残りを賭けた分岐点でもあった。

戦前からの手法による編集に固執するか、新しい道を探り当てることが出来るか、迷いと選択と決断の時期に来ていた。殆どの雑誌が大判化し、ビジュアル化に雪崩をうった。それは少女雑誌のミニ「平凡」・「明星」化でもあった。

その先鞭をきったのが、既に二年前に大判化していた「少女」だった。これが時流となり、乗り遅れた雑誌は姿を消して行くよりなかった。「少女の友」は四八年の長い歴史を、この昭和三〇年六月号限りで突然閉じた。「少女クラブ」は辛うじて七月号から大判化して生き残りに賭けた。「少女サロン」は七月号を休刊の後、これまでのA5判から一挙に倍の大きさのA4判に変身した。再スタートの八月号は誌面の大きさを活かしきれていなかった。大きくなった分、頁数が減って付録も付いていないのが少女たちを惹きつけることが出来なかったのか、その号限りで姿を消した。

昭和三〇年一二月号を発行したのは、「少女クラブ」「少女」「少女ブック」と、この年創刊の「なかよし」「りぼん」。「ひまわり」から衣替えしていた「ジュニアそれいゆ」に、ただ一誌従来のA5判を守っていた「女学生の友」の七誌になった。

小学生中心と中学・高校生を対象とした雑誌に、明確に区分けされた。小学生中心の五誌は揃ってB5判になって同じ土俵に上がったことになる。この揺れ動いた年に、大判では先輩格の「少女ブック」はどう動いたか？

「「少女ブック」は明るく健康な、見て楽しく読んで面白い健全な少女雑誌を目標に編集されています」との冒頭の書き出しから始まり、要するに少女期の成長にいかに寄与するかを念頭に置いていることを強調したお知らせだった。創刊以来、「編集日記」などは一切ない雑誌だったから、初めての異例の、読者とその父兄へのメッセージだった。生き残った雑誌も危機感をいっぱい抱いていた年だった。

そして、テレビのカラー放送が本格化したのが昭和三四年。それ以前にラジオ時代から続く子供向け放送劇が、絵物語になって少女雑誌を賑わしていた。テレビの上ではアニメの台頭が著しく、雑誌にもテレビのアニメが掲載されるようになるが、不思議なことに少女雑誌にこのアニメが登場することは殆どなかった。しかも、少年雑誌連載漫画のテレビアニメ化は多かったが、少女雑誌の連載漫画がテレビアニメ化されることは、まずなかった。

　少女漫画がアニメ化されるのは、昭和三八年に週刊誌が創刊された以後のことである。

　少女雑誌も芸能娯楽関連頁では、ミニ「平凡」・「明星」化しつつも、少女雑誌ならではの独自性を、漫画の分野で辛うじて保った。テレビの普及は日本人の生活態度を、週単位に更に明確にした。少女たちの行動も例外ではなかったから、月刊誌の存在が危ういものになりかけていた。

　昭和三四年三月、「週刊少年マガジン」（講談社）創刊。同四月に「週刊少年サンデー」（小学館）が創刊された。それから四年後、昭和三七年一二月号をもって「少女クラブ」は四〇年の歴史の幕を降ろして休刊。

「平凡」昭和30年代

「明星」昭和30年代

翌月、昭和三八年一月から「少女クラブ」の後継誌として「週刊少女フレンド」を創刊。同年三月「少女」が休刊、この時点で戦後の少女雑誌界をリードしてきた光文社は、週刊誌化することなく少女雑誌から手を引いた。続いて四月「少女ブック」休刊、五月に後継誌「週刊マーガレット」を創刊した。

昭和三〇年、従来通りのA５判ただ一誌になった「女学生の友」は、生き残る道をあえて時流に逆らった形で模索していた。

その時の編集長・桜田正樹は、将来の指針を、今なお語り継がれる昭和一〇年代に黄金時代を築き上げた「少女の友」の中に求めた。ちょうど同じ時期に休刊に追い込まれていた「少女の友」にとっては、皮肉な巡り合わせだった。

編集長に就任して間もない若い桜田は、じっくりと時間をかけて、徹底的に「少女の友」を分析した。結局、読者対象を更に明確にして、中学上級、高校生に絞ることにした。そうして今日的状況にマッチするものとして、「ジュニア小説」というジャンルを開拓した。今を流行りのライト・ノベルの源流である。

結果は大成功だった。以後、一〇年間「女学生の友」は、多い時は年間に四冊も増刊号を出した。別冊を定期化して「ジュニア文芸」となった。さらに、ファッション分野を特化して「デラックス女学生の友」まで創刊した。

さらに、「女学生の友」が掴んだ読者を離さないために「マドモアゼル」という未婚の若い女性向けの雑誌も創刊した。桜田はその初代編集長も兼任した。

これは「女学生の友」再生のために桜田が参考にした昭和一〇年代の「少女の友」と、その時の編集長・内山基が「少女の友」のお姉さん雑誌「新女苑」を創刊するまでと、同じような軌跡を描いた。「女学生の友」のその勢いは昭和三四年、Ｂ５判「美しい十代」（学習研究社、現・学研）という新たなライバルを誕生させた。いつも二番手に甘んじていた集英社が、ほぼ小説だけの独創的な小型雑誌「小説ジュニア」（Ｂ６判）を創刊する。

対抗して学習研究社からも「小説女学生コース」が創刊され、この読物雑誌に富島健夫、佐伯千秋、三木澄子などの青春小説が人気を呼んでジュニア小説全盛時代が来る。しかし、ひたひたと打ち寄せてくる漫画、コミックの波は堰き止めることは出来なかった。そして、少女雑誌誌上、最後のアイドル・スターとなったグループサウンズの台頭と歩調を合わせて「女学生の友」は思い切った路線変更をした。

「平凡」・「明星」化し、誌名も「ＪＯＴＯＭＯ」に改題して、内容とのギャップを埋めようとしたが、やがてグループサウンズの退潮と歩調を合わせるように力尽きてしまった。

昭和 36 年 2 月号

昭和 37 年 5 月号

昭和 41 年 6 月号

昭和 43 年 1 月号

昭和 44 年 1 月号

昭和 50 年 1 月号

6　「蝋人形」の章

戦前発行の「蝋人形」を第一次とすると、第二次は昭和二一年六月号から双葉書店で発行された。もちろん主宰は西條八十だった。

それが昭和二四年新年号から、東光出版社発行の「少女雑誌　蝋人形」として再登場した。いわば第三次ということになる。

その新年号の「編集室から」に「発行所の移転、蝋人形の新装やらで、十二月号は止むを得ず休刊しました」と書いてあるから第二次「蝋人形」は昭和二三年一一月号までは発行されていたようだ。

昭和五年、詩を中心の総合文芸誌として同誌は創刊された。その当時から終戦後暫くの間は、青年男女の別なく詩作に人気があったようで、この「蝋人形」の読者投稿欄に

昭和 24 年 4 月号

も、かなり高い割合いで男性の投稿があった。その中に「茨城新川和江」の名を見つけたりした。主宰者が人気の高かった西條八十だったからか一五年も続いた。

そして戦後、西條八十は「蝋人形」の主催者からは離れはしたが「少女雑誌　蝋人形」では詩ばかりではなく、小説も絵物語も執筆していたし、読者投稿作品の選評もしていた。「「蝋人形」の姿は変わったが、あいかわらずここに諸君の詩を見ることはたのしい。ますますご精進を祈る」とエールを送った。

西條八十の肩入れもあったせいか、安藤一郎、吉田絃二郎、中河与一、寺崎浩、森田たま、堀口大学、春山行夫など、一流作家の執筆が目立った。

初の別冊付録も西條八十の「花詩集」だった。そして、いよいよ西條八十「潮風よ涙あらば」の連載小説が始まったが、残念なことにこの号限りで、唐突に廃刊になってしまった。

中の挿絵の柱となっていたのは、加藤まさをのお弟子さんの渡辺郁子が、色刷り口絵に挿絵にカットにひとり活躍した。

振り返れば合併を繰り返しての四号だけの短命に終わった。

「蝋人形」昭和24年5月号

「蝋人形」昭和24年5月号付録

❇渡辺郁子❇

「蝋人形」昭和 24 年 1 月号

「蝋人形」昭和 24 年 4 月号

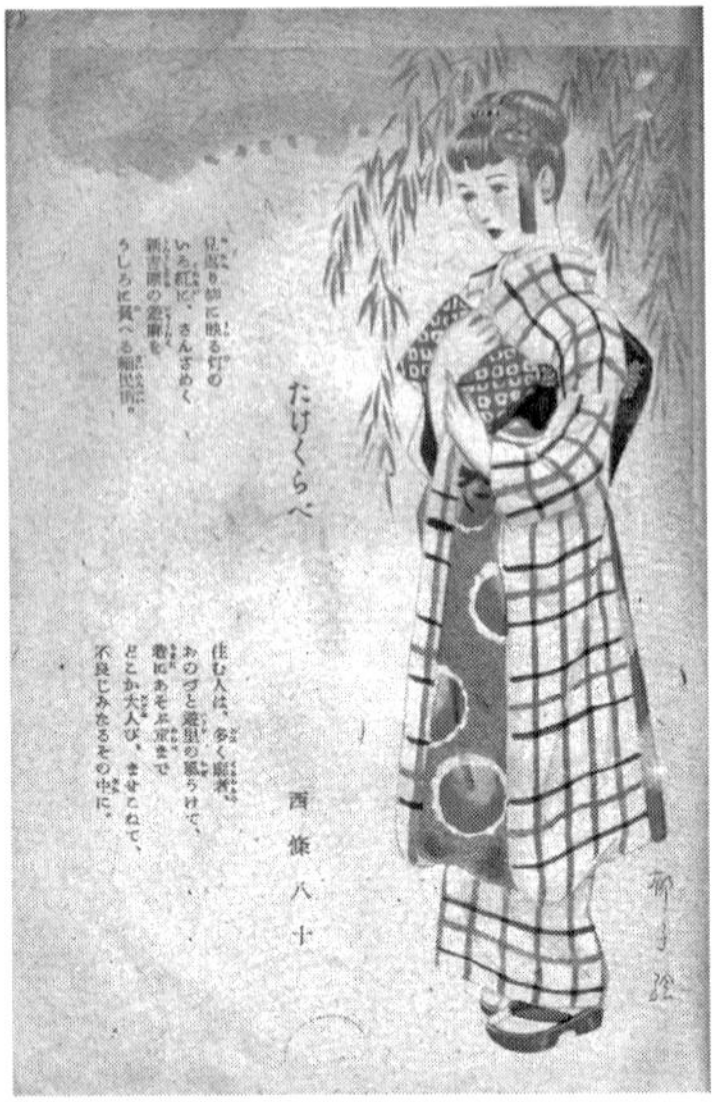

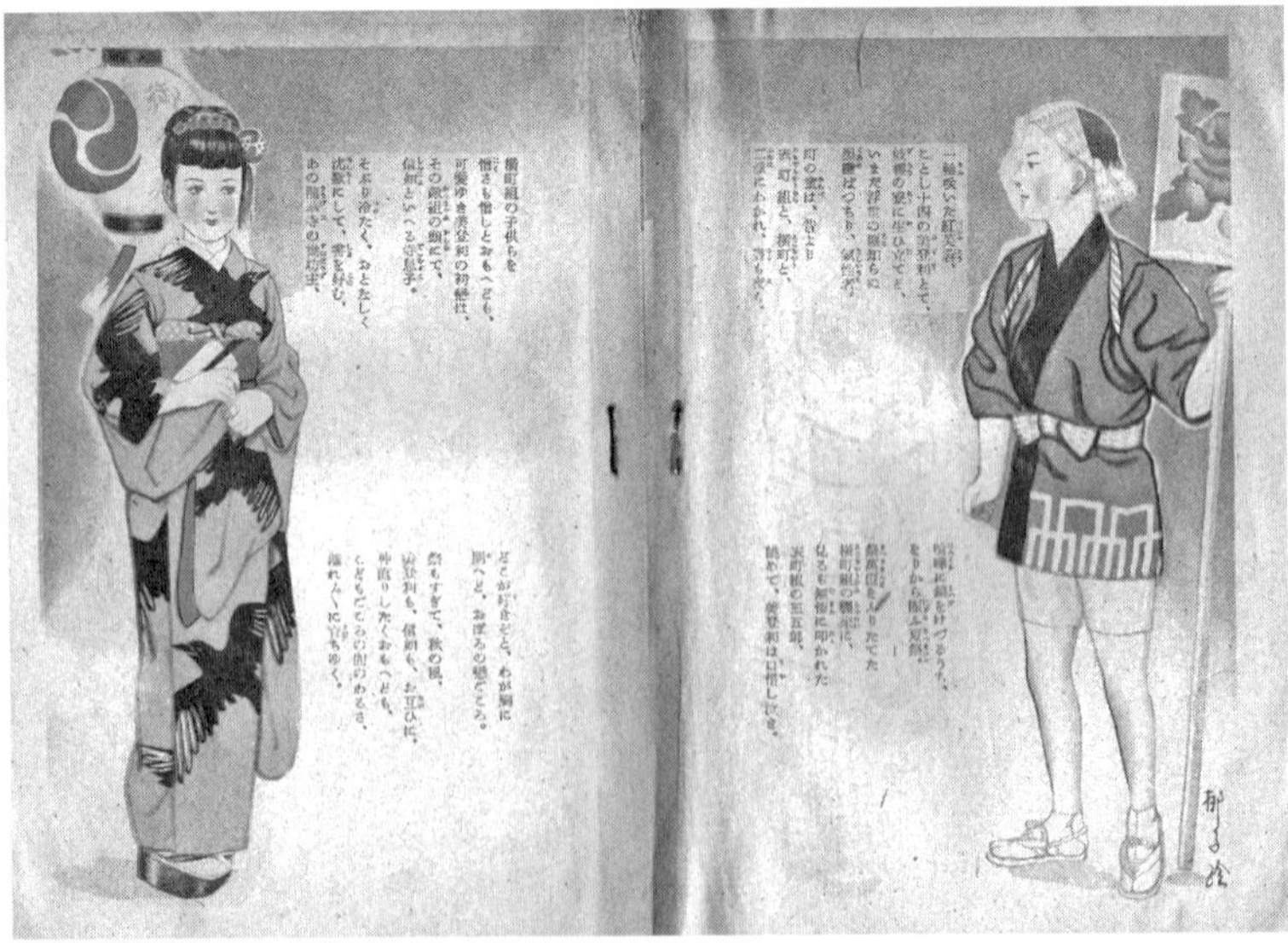

「蝋人形」昭和24年5・6月号

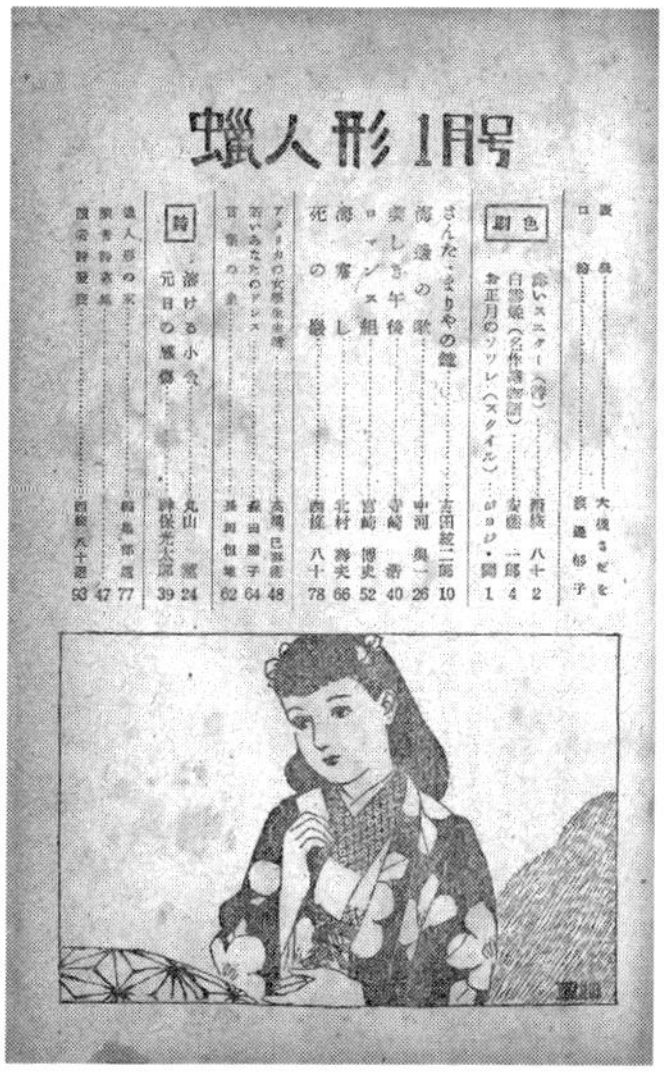

蝋人形 1月号

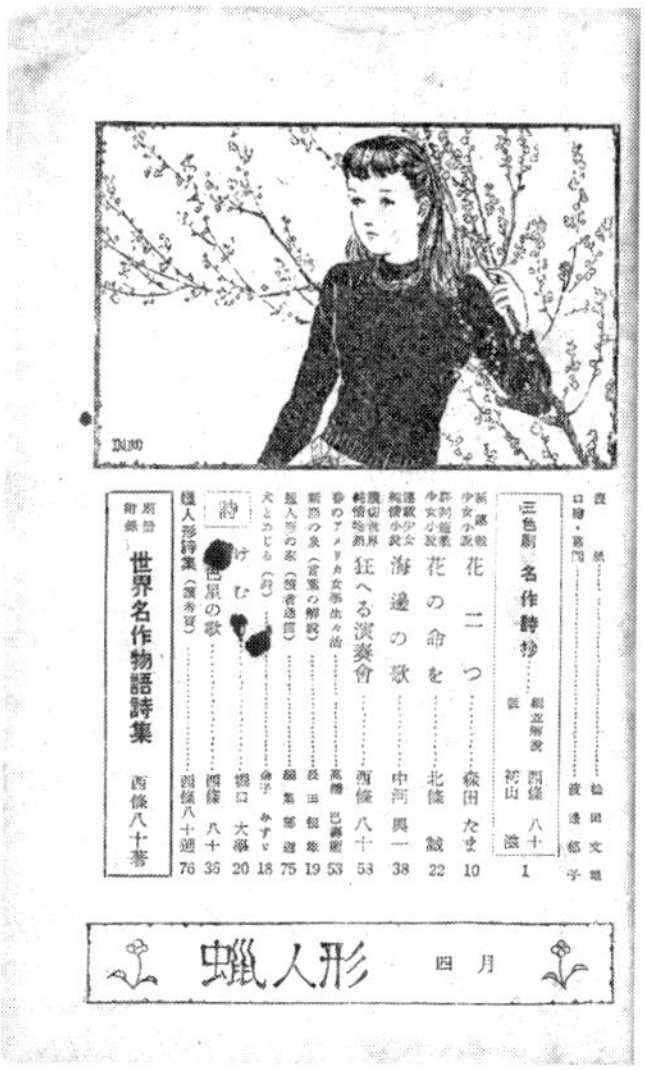

蝋人形 四月

人形の木 金子みすゞ

「蝋人形」目次　昭和24年1月号、4月号、5・6月号）

蝋人形

東光出版社
創刊　昭和二四年新年号
廃刊　昭和二四年五・六月合併号

主な連載小説ほか

中河与一　「海邊の歌」
森田たま　「花二つ」
北條誠　「花の命を」
西條八十　「死の巌」（二号で完結）「潮風よ涙あらば」（一回掲載で未完に終わる）
長田恒雄　「言葉の泉」（新語の解説）

「蝋人形」昭和24年4月号

「蝋人形」昭和24年4月号

7 「少女世界」の章

「紺青」「ひまわり」「白鳥」「青空」「令女界」など、対象読者の年齢が少し高い少女雑誌が競い合っているこの頃、少し下の年齢の少女をターゲットにしていた「少女クラブ」と「少女の友」は、競合する雑誌のない中で、相変わらず戦時中から続く、地味な編集内容で過ごしていた。その間隙を縫うようにして現れたのが、富国出版社の「少女世界」と光文社の「少女」だった。

「少女クラブ」は教科書臭い、「少女の友」は硬すぎる。「ひまわり」は貧乏人は近づけない、「青空」は学校ルートの月極め雑誌で、クラスの優等生じゃないと買えない雑誌だった。要するに普通の少女たちが、楽しみのために買いたい雑誌がなかったのだ。

「少女世界」
昭和23年11月号

「少女」
昭和24年2月創刊号

そこに現れたのが昭和二三年一一月創刊号の「少女世界」だった。「少女」の創刊号は昭和二四年二月号で、「少女世界」との時間差は三ヵ月ある。しかし、私の記憶では両誌の発売時期は殆ど同じだったと思う。

創刊のこの時から既に、「少女」は商魂逞ましいところを発揮していた。普通年末に雑誌を創刊する場合は、おめでたいという験担ぎもあるし、お正月だからと親の財布の紐も緩みがちだ。だから区切りの良い新年一月号からスタートするのが普通だと思っていたが、光文社は何故か二月号を創刊号とした。私はリアルタイムでこれを知っているので、奇異に感じた記憶がある。

この頃、新年号は一二月の初めに売り出すことになっていて、幼年誌は一日、少年誌は三日、少女誌は五日が発売日とされていた。だが実態は競争に乗り遅れないよう、少しずつ発売日が早くなり始めていた。新年号は一一月の終わり頃には書店の店頭に並んでいた。

そこで名目は二月号でも、創刊号なら一月号と一緒に店頭に置いてもおかしくないと判断したのか、「少女」の表紙には「創刊号」とだけ書いてあって、二月号の表記は見当たらなかった。

最終頁にだけ小さく「昭和二十四年二月一日」となっていた。要するに創刊号の発売期間が他の雑誌よりも二倍長かったのだ。

富国出版社は、学習参考書を発行する出版社だったが、この「少女世界」の成功で、一年後には当時「少年王者」で大変な人気だった山川惣治に表紙を担当させ、少年雑誌「面白少年」を創刊するほどの勢いになっていた。「少女世界」創刊号には「皆様方へのご挨拶」として述べられている中に、次のような箇条書きがあった。

○すみからすみまで、面白い、感激ふかい読みものや記事でみたされた雑誌。
○本当に楽しい、皆様の心のいこい場所になる雑誌。
○この一冊で世界の名作や、現代作家の傑作がよめる雑誌。
○情操が豊かになり、読書力のつく雑誌。
●疲労が忘れられ、元気の回復する雑誌。

とある。読物を柱にした、娯楽に徹する雑誌を目指していた。最後の一行の●の所に注目して欲しい。この一行の意味するところの背景を理解して頂けるだろうか。

集団就職が社会現象にまでなるのは、もっと後のことだが、既にこの頃から沢山の少女たちが、関西・名古屋方面へ、あるいは東京方面へと働きに出ていた。

新制中学が発足するその前後の時期から、少年も少女も故郷を離れて、否応なく自立せざるを得なかった。新制中学の発足は少女たちに、日常の生活に不自由することのない学力を身に付けさせ、本、雑誌を読むことも覚えた。

劣悪な環境と過酷な労働の合間に、夜は職場にある夜間高校で学び、残された僅かな夜のひとときに手にする一冊の少女雑誌。彼女たちは現実から逃避して、どんな夢を見ていたのだろうか。雑誌への投稿にしろ、雑誌に付いている懸賞の応募葉書にも必ず「自分の通う小学校、中学校の学年」を書き込む欄があって彼女たちを悲しませた。

「私は働いています。だから学年を書き込めず、女学校に行ってないと読者の資格がないようで淋しい」という投書があった。「そんなことは気にしないでください」と、編集部から慰めと励ましの言葉が添えてあったりする。「少女世界」はそんな境遇の少女たちを温かく応援した雑誌だった。


終戦直後に大人気だった大衆雑誌「ロマンス」や「婦人生活」。または映画雑誌など幾つもの雑誌の表紙絵を描いて、人気の高かった伊藤龍雄が、創刊からの一年間「少女世界」の表紙も担当した。彼にとっては初めての「少女もの」だったからか、明るい笑顔の少女は少し大人びていたが、働く少女も読者対象に絞っていた「少女世界」は、手を伸ばしやすい雰囲気があった。「少女世界」の内容は「ひまわり」や「少女の友」を見慣れた目には、少々雑にも思えた。

戦前の講談社にいた編集長の木村健一は、「少女倶楽部」の編集パターンを受け継いだかに見える編集で、創刊の言葉通り親しみやすかった。

余談だが、「少女世界」の誌名は、明治・大正の大出版社「博文館」ゆかりの関係者から譲って貰ったとのことだった。

中を見てみよう。表紙裏は毎号世界のニュース写真で、グラビア代わりをしていた。ついでに言えばこの頃はどの雑誌も、表紙裏も裏表紙も、その手前の頁も何らかの記事で埋まっていた。絶対的に頁数が足りなかったし、独立したグラビア頁もなかった。何よりも入れたい広告もスポンサーが少なかった。

巻頭は四色の絵物語。内外の名作のダイジェストだった。この創刊号は「天草四郎物語」を書く蕗谷虹児の絵筆による四頁が、幻想的で美しい。

この巻頭の絵物語は、暫らくは毎月のように蕗谷虹児が受け持って、彼は戦後の傑作の多くをこの頁から誕生させている。

つづく四頁は、二色刷り一頁六コマ割りの絵物語「メンデルスゾーンの若き日のエピソード」。この絵物語シリーズ連載の、その殆どの挿絵を高畠華宵が担当した。次に漫画とコント、なぞなぞなどで構成された二色刷り四頁のささやかな「新年ほがらか大会」とつづく。

次に綴込み付録の楽譜「かへれソルレントへ」は高畠華宵の多色刷りカバー絵で飾られたもので、同様の付録を付けていた「青空」の絵が、二色刷りだったのに比較すると華やかだ。

この楽譜シリーズは形を変えながらも、廃刊になるまで続く息の長い企画になった。紡績工場の寄宿舎だったり、製糸工場で働く少女たちの寮生活などで、歌ったり合唱したりすることは、ひとときの息抜きに欠かせない楽譜として、重宝されていたのだろう。

「少女世界」昭和24年1月号

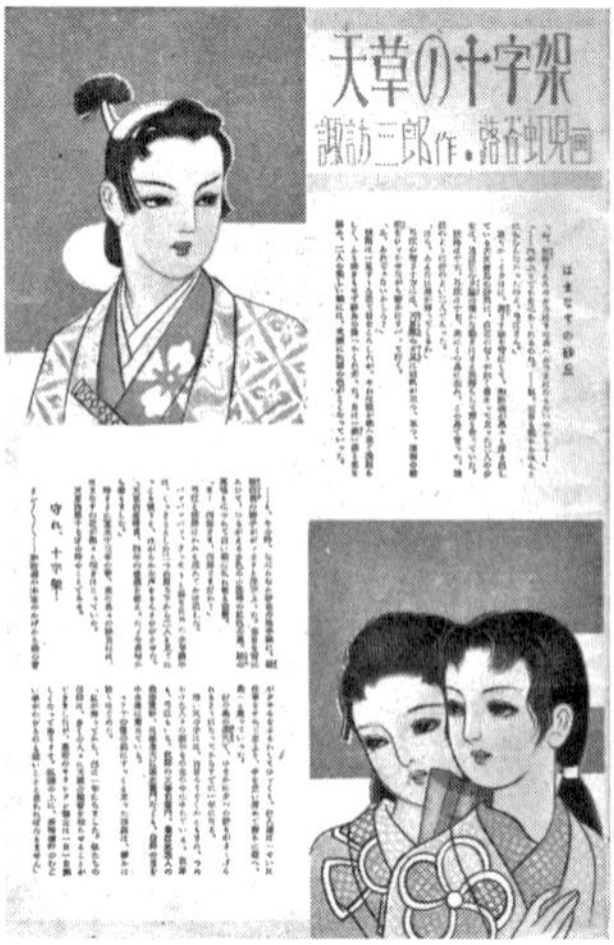
天草の十字架
諏訪三郎作・蕗谷虹児画

「少女世界」
昭和24年1月号

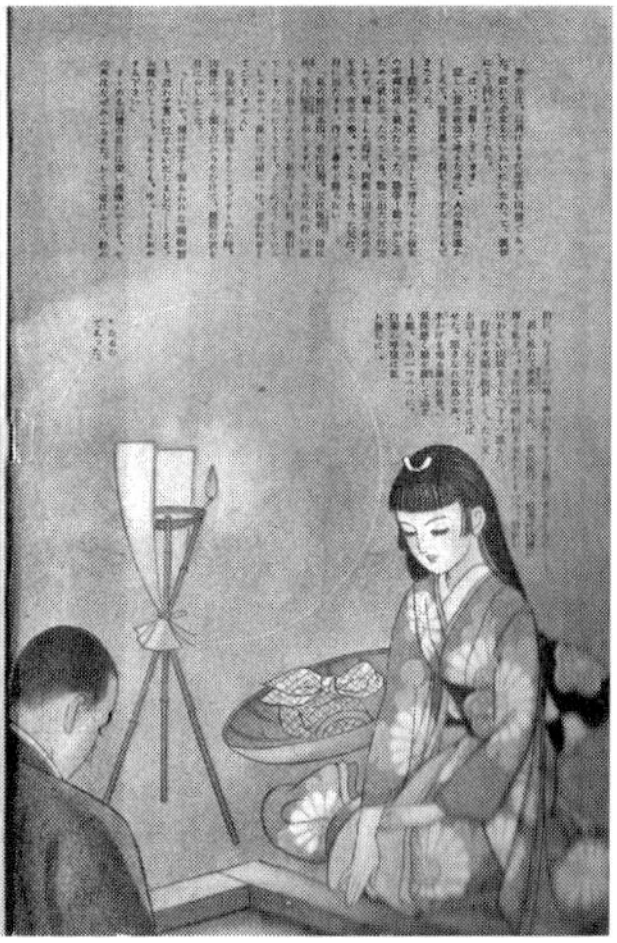

「少女世界」
昭和24年3月号

絵物語、口絵、お楽しみ頁などの後に本文が続くが、その最初の頁を扉という。この扉の一頁はどの雑誌も目次に当てられていた。

そこを文字だけの目次にするか、カットをあしらった目次にするか、各誌の方針の違いで変わって来るが、「少女世界」は蕗谷虹児描く振袖姿の少女の絵で、お正月らしい華やいだ扉になっていた。

なお、この扉の頁はこのあと一年に亘って北原白秋のお馴染みの詩、短歌を、鈴木悦郎の童画風の挿絵で飾られていて美しい。

本文に入ると、すぐ一番の売りの連載小説「鳩の行くえ」（加藤武雄）だった。興味深いのは戦犯の父を救った一少女の実話も「ヘレン・ケラー物語」も、加藤まさをや佐藤漾子の挿絵で、小説風に仕立てられてあった。

その他、辰巳まさ江、渡辺郁子など、当時人気の抒情画家を総動員した感のある誌面だった。これは編集長が講談社時代に培った人脈の賜物と思われる。

「少女世界」は全冊がザラ紙に近い用紙を使ってあったが、見た目に美しく楽しい娯楽に徹した雑誌作りで、戦前の「少女倶楽部」よりは、少し上の年齢層をターゲットにした、大衆少女雑誌として定着していった。

「少女世界」昭和24年1月号

連載探偵小説（第一回）
美しき鬼
海野十三・作
斎田喬・え
はじまり

「少女世界」昭和24年2月号

連載小説
鳩のゆくえ
加藤武雄
大槻さだを画
（その一）
おいもと讃美歌

「少女世界」昭和24年9月号

明朗小説
友情馬車
③
鹿島孝二
田中比左良 絵
何も甘くなんか見ないですよ
初めて読まれる方に
リジェクト

「少女世界」昭和25年12月号

描かれし薔薇
3回
多田裕計
辰巳まさ江画
1
憬がれの湖

「少女世界」昭和24年7月号

病気のため創刊号に予告を載せながら、連載が延び延びになっていた海野十三の探偵小説「美しき鬼」が、創刊三号目にあたる昭和二四年二月号からやっと始まる。同年五月号からの連載小説、多田裕計の「描かれし薔薇」は読者に好評で、以後「光への招待」「遥かなる蝶」と毎年一年間の連載が続き、「少女世界」の少女小説の柱となった。

唯一のユーモア小説として連載が始まった鹿島孝二の「友情馬車」も好評で、二年目も「私は中学

「少女世界」昭和24年12月号

「少女世界」昭和25年6月号

「少女世界」昭和26年5月号

生です」という題名の連載小説が始まる。折からの学制改革による新制中学校の誕生に合わせたヒット企画となり、対象読者を明確に絞り込んだ。鹿島孝二のユーモア小説は以後、毎年一本ずつ廃刊になるまで連載が続いた。

表紙は、その雑誌の顔であるし、そのブランド、ポリシーを左右することもあるから、概して表紙の担当画家はあまり替えないのが普通だろう。この時代の少女雑誌は（少年雑誌も同様）皆、絵による表紙で写真を使った表紙は一誌もなかった。

「少女世界」は、創刊の一一月号から翌年の一〇月号までの一年間をサイクルに、毎年画家を交替させていたのは、当時としては異色だった。創刊一年目は働く少女たちを意識した、少し年長の少女像を描いた伊藤龍雄。二年目は中原淳一そっくりの画風で人気のあった佐藤春樹が受け持ち、それは抒情画全盛の頃だったから時流に乗り「少女世界」はさらに伸びた。

✻佐藤春樹✻

昭和 25 年 4 月号

昭和 25 年 5 月号

昭和 25 年 6 月号

中原淳一は当代随一の人気を誇る抒情画家だったが、小学生から中学生の低学年の間では違った。中原淳一は大人の世界でも良く知られた画家だったが、辰巳まさ江は少女たちの世界での人気画家だったのである。

較べてみよう。淳一は「ひまわり」「それいゆ」の二誌が舞台で、その他に本業になりつつあったファッション関係・ラジオの仕事で多忙を極めていた。

一方、辰巳まさ江は絵筆一本ながら、当時刊行されていた少女雑誌・令女雑誌の五誌に連載を持ち、別の雑誌にも単発で四誌に、小説の挿絵を描いていた。婦人雑誌の仕事も引き受けていた上に、その頃は戦後直ぐの少女小説ブームだったから、「偕成社」「ポプラ社」などの少女小説本の装丁挿絵を、月に五〜六本は受け持っていた。

この単行本の一冊に多色刷りの表紙絵と口絵一点、本文の挿絵を少なくとも四〜五点描かなければならない。一日中机に向かってひたすら絵を描く毎日は、神経をすり減らし体力を消耗する、いたたまれない生活だったに相違ない。昭和二四年秋、殺到する仕事の依頼に心身ともに対応しきれなくなり、永い療養生活に入ることになる。

彼女は主に少女雑誌の挿絵を中心に活動していたから、世間の評価というものを受けられなかった不幸がある。読者の絶対数において、淳一以上の人気画家であったにも関わらず、少女たちだけにしか知られていない不運も、いずれ再評価の時が来ることを期待している。

話が逸れてしまった。空いた辰巳まさ江のポストに座ったのは、良く似た雰囲気の絵を描く山本サダが、アッという間にスターダムにのし上がった。そして、サダは「少女世界」三年目の表紙を受け持つまでになってしまう。

少女雑誌ではあるが女流画家が表紙を描くのは極めて珍しい。少女雑誌七〇年の歴史の中で、表紙を描いた女流画家は一〇人もいない。戦後はこの山本サダが初めてで、ずっと後年になって、およそ二〇年振りに「女学生の友」の表紙を増刊号に限って、藤田ミラノが描いている。増刊号といっても七、八年に亘って二〇冊前後は描いている。

抒情画系統の画家は、その絵の持つ特性から、笑顔の少女を書くことは絶無に近いことだった。山本サダは笑顔の美しい少女を書くことの出来る、珍しいひとりだった。

一年間だけで画家が交替するなかで、彼女だけは一四ヵ月担当したのは、単に後任の画家が決まらなかっただけかも知れないが、この頃までが「少女世界」のピークだった。

「少女世界」表紙
昭和26年6月号

✼山本サダ✼

「少女世界」昭和24年9月号、25年1月号

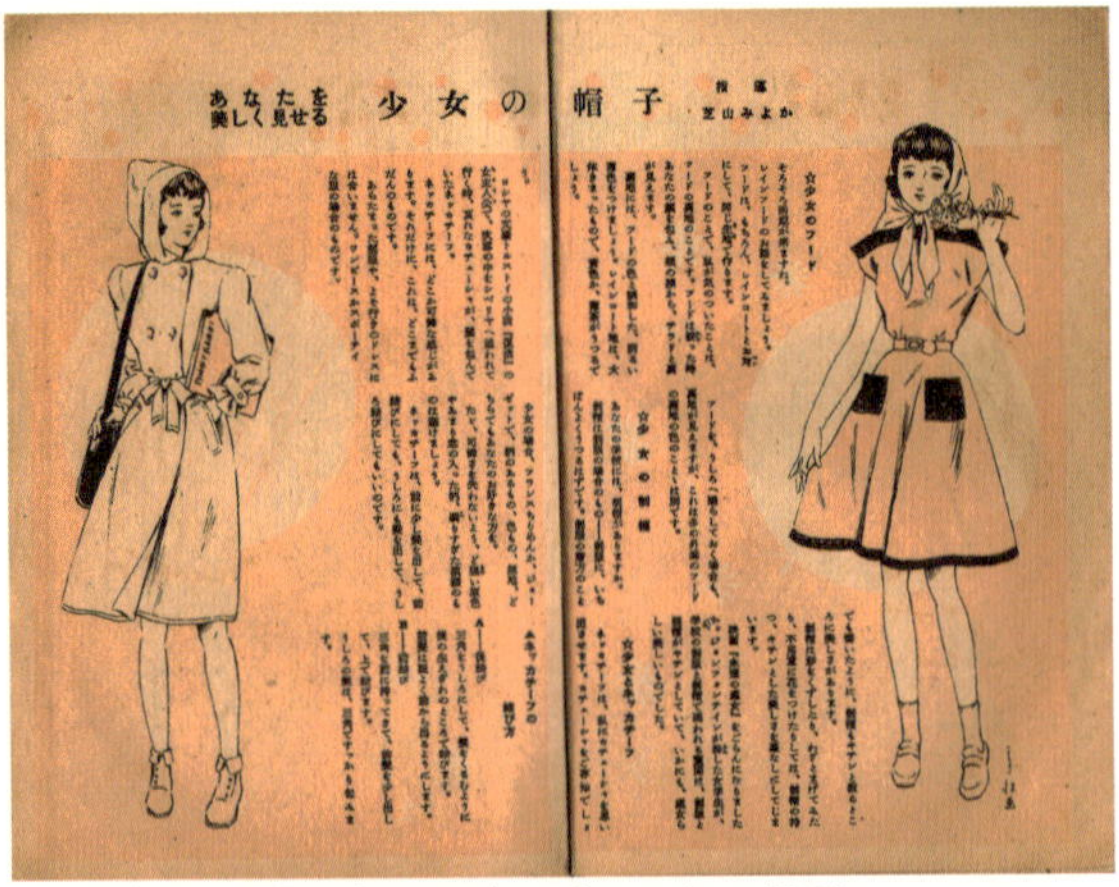

「少女世界」昭和24年6月号

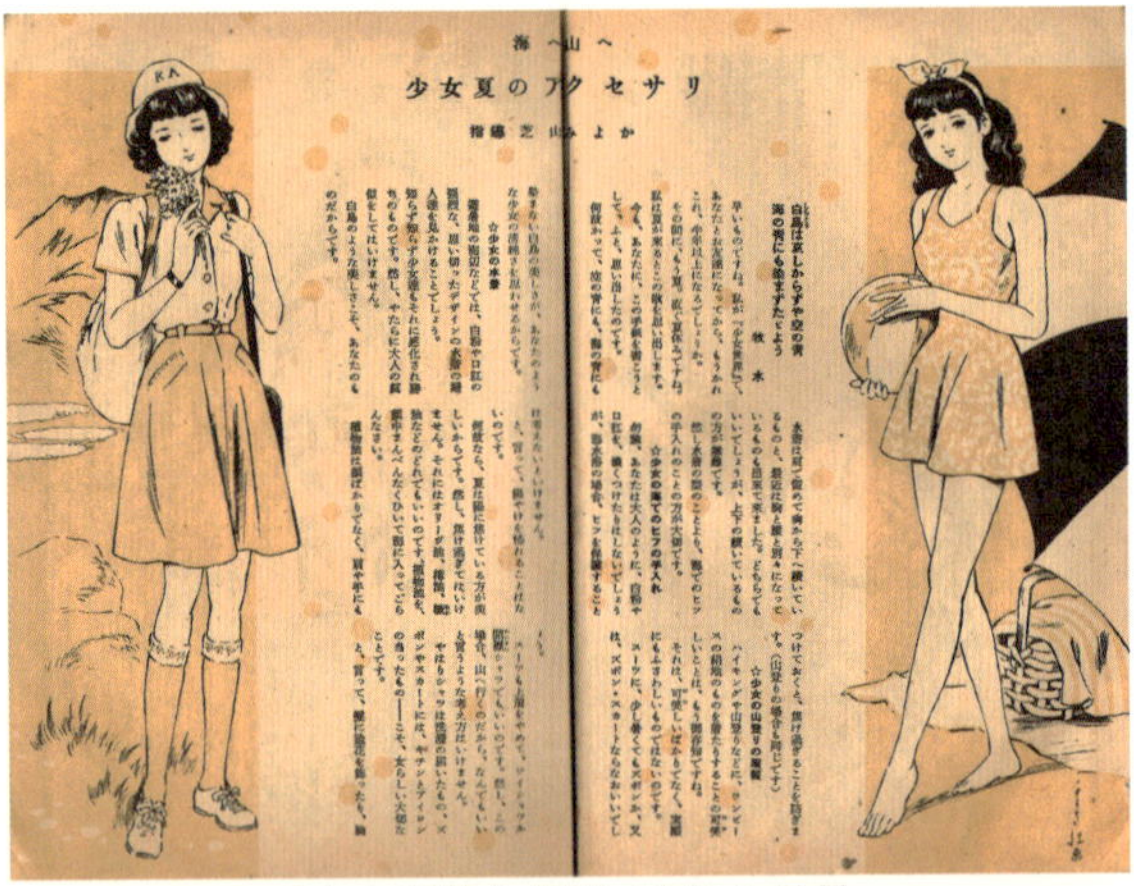

「少女世界」昭和24年8月号

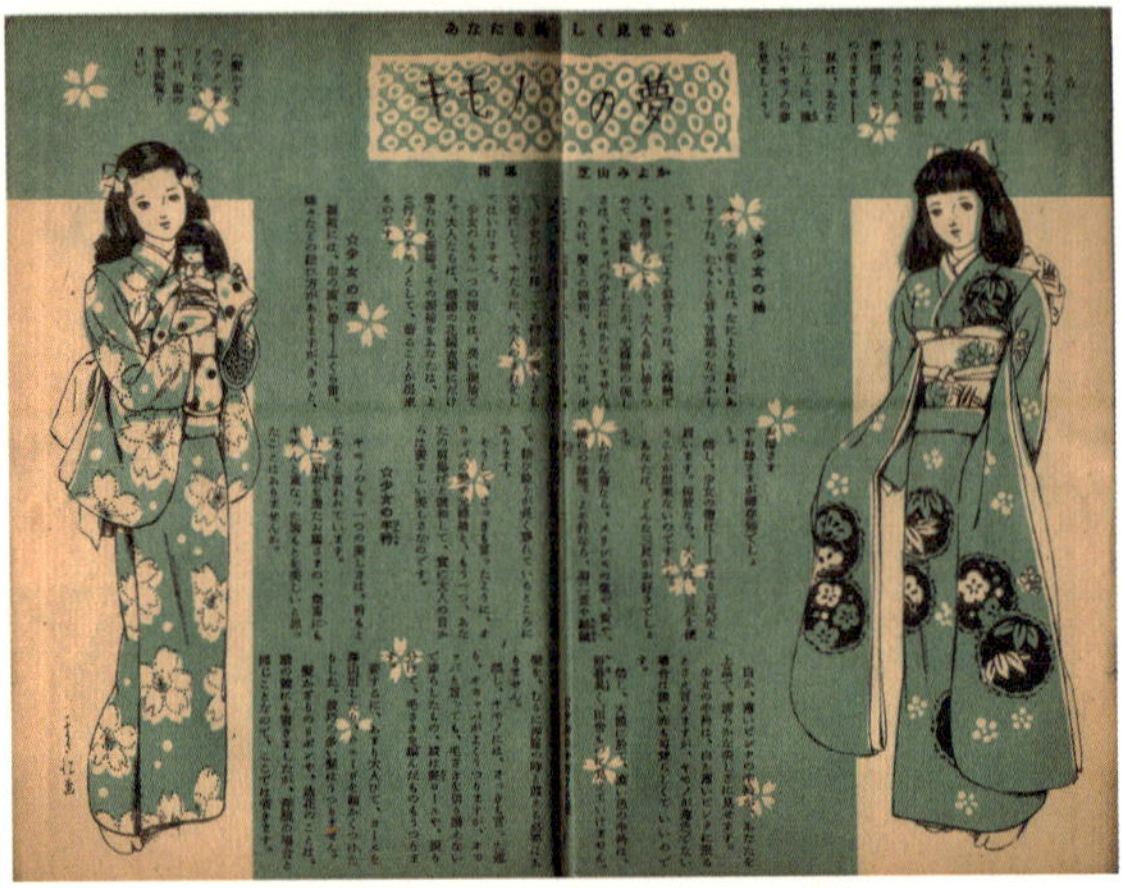

「少女世界」昭和24年6月号）

✼辰巳まさ江✼　単行本表紙絵

昭和24年　ポプラ社　偕成社

瀬戸内寂聴が三谷晴美の名前で、少女小説を書いていたのがこの時期の「少女世界」で、無名時代の津村節子が生活のため少女小説に手を染めたのも同じ「少女世界」。ペンネームは北原節子。このふたりは殆ど同時期に発表していて、その時代の思い出話を、瀬戸内寂聴さんの個人雑誌「寂聴」九号で対談している。後に「女学生の友」で大変なスター画家になる藤田ミラノを最初に起用したのも「少女世界」だった。

編集長の木村健一は、新人発掘にも積極的だった。

その経緯は分からないが、昭和二八年八月号から発行元・富国出版社が突然、今までの編集長・木村健一を発行人とする「少女世界社」に名称を変更した。同時に表紙が絵からアイドルの童謡歌手の写真に変わった。

雑誌の経営を引き継いだものの、創刊以来編集長としての木村健一の理想らしきものの片鱗も見せないまま、一年後の夏「少女世界」は消えてしまった。女工さんたち働く少女も意識して編集された雑誌だったが、この年の暮れ、芸能雑誌の「平凡」は一〇〇万部を達成している。

「平凡」と少女雑誌、一見競合する相手ではないように見えるが、実は伝統ある「少女の友」も「平凡」「明星」が強敵だったと、「少女の友」休刊の後、元編集長の森田淳二郎が、しみじみと述懐していたのが印象に残っている。

✻三谷晴美✻

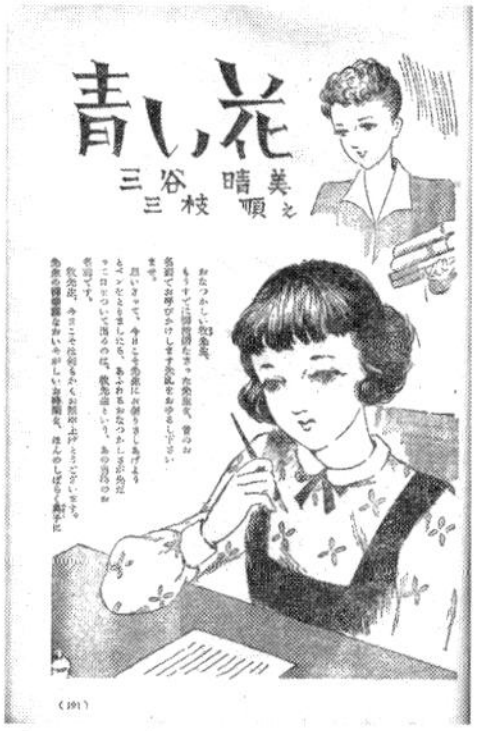

「少女世界」昭和 25 年 12 月号

「少女世界」昭和 26 年 4 月号

「少女世界」昭和 27 年 7 月号

✻北原節子✻

「少女世界」昭和 26 年 9 月号

「少女世界」昭和 27 年 6 月号

少女世界

富国出版社→少女世界社
創刊　昭和二三年一一月号
廃刊　昭和二八年七月号

主な連載小説

加藤武雄　「鳩のゆくえ」
鹿島孝二　「友情馬車」「私は中学生です」「ホエール先生」「ミス・フレックル」
海野十三　「草笛先生」
多田裕計　「美しき鬼」
島田一男　「描かれし薔薇」「光への招待」「遥かなる蝶」
野長瀬正夫　「まぼろし令嬢」「仮面天使」
高木彬光　「紅はこべ」訳「コルシカの兄妹」訳
大庭さち子　「悪魔の口笛」
田岡典夫　「嵐に立つ虹」
　「シャムの嵐」

主な連載小説

入江しげる　「ヅカファンのチョコちゃん」
佐治たかし　「てんて子ちゃん」
馬場のぼる　「とんぼさん」
小幡しゅんじ　「まるぽちゃ姫」
白路徹　「ベレーちゃん」
夢野凡天　「か子ちゃん」

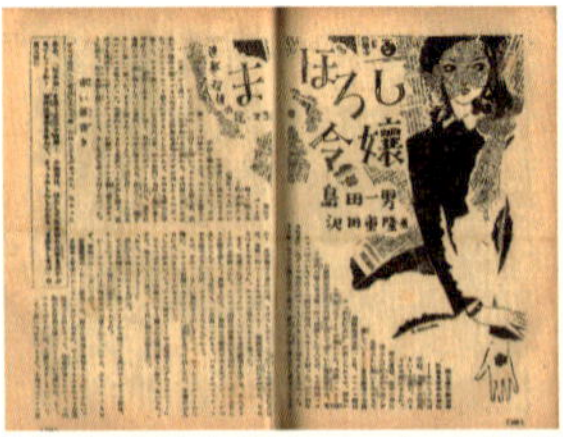

「少女世界」昭和 25 年 6 月号

「少女世界」昭和 27 年 9 月号

8　「少女」の章

戦後の少女雑誌に革命をもたらしたのが「少女」だった。革命が言い過ぎなら革新かな？　とにかく話題の中心にある雑誌だった。

光文社から「少女」が創刊されたのは、兄妹雑誌の「少年」より遅れること三年、昭和二四年二月号からだった。創刊時の経緯は前の章で述べている。商売上手は最初から際立っていた。最初の一年間の表紙は、洋画家の木下孝則が起用された。純粋画家（出版・印刷などの媒体に依らず、キャンパスなどに描いている洋画・日本画家など本格的な絵を描く人たちをそう呼んでいた）で、しかも一流洋画家が少女雑誌の表紙を描くなど、今では考えられないことだが、当時はたいした違和感もなく受け取った。

昭和 25 年 8 月号

昭和 29 年 9 月号

昭和 38 年 3 月号

終戦前後、宮本三郎、小磯良平、石川滋彦などが「少女の友」や「少女クラブ」などの表紙を描いている。もっと以前の話をすれば、上村松園、鏑木清方、池田蕉園、川端龍子だって少女雑誌の表紙を描いているのだ。

ただ、やはり木下孝則は洋画家だけあって、妥協することをあまり考えなかったのか、雑誌社側があれこれ注文を付けなかったのか、少女雑誌にしては硬い感じは免れなかった。

しかし、「少女」の内容は親しみやすく、日を置かずして少女たちの圧倒的な支持を受けることになる。最初の一年間ほどは、少ない頁数の制約を受けて、戦前から続くほぼ定石通りの編集だったが、昭和二五年に入って創刊一年を過ぎた頃から二倍の厚さ、一年半目で三倍の厚さと、急速に頁数が増えてくる。

頁数の増加は、その個性を打ち出す絶好のチャンスだった。「少女」は次第にはっきりとその個性を打ち出してきた。レイアウトなどなきが如き誌面で、挿絵の割り付けも自由奔放、今改めて大人の目線で見てみても、賑やかさを通り越して、まるで村祭りだ。

しかし、これが、その後の少女雑誌の在り方に、多大な影響を与えていったのだった。

創刊号の眼玉は、当時、人気絶頂の辰巳まさ江の挿絵で飾られた久米正雄の「二葉のクローバー」という連載小説だった。久米正雄が連載少女小説を引き受けたのも珍しいが、この小説は当時の少女雑誌のどの小説よりも人気を集めた。

「母を亡くし父と別れ、一人淋しく叔母のもとに身を寄せる星代と、クラスの女王様・樹里との奇しくももつれる友情の物語」がそのあらましで、いわゆる少女小説の典型だった。

その一方で、広島で原爆にあった少年と少女の終戦までの物語「火の女神」とか、戦後の混乱期に罪を犯してしまった少女たちの更正の道を描いた「少女の家」など、後年映画化された骨太の小説も連載された。

「少女」は既成の「少女雑誌専門の作家」は、出来るだけ使わない方針だったそうで、金子光晴、田宮虎彦、藤原審爾、井上靖など、執筆した作家も多い。

二葉のクローバーズ　米田正雄

「少女」昭和24年8月号

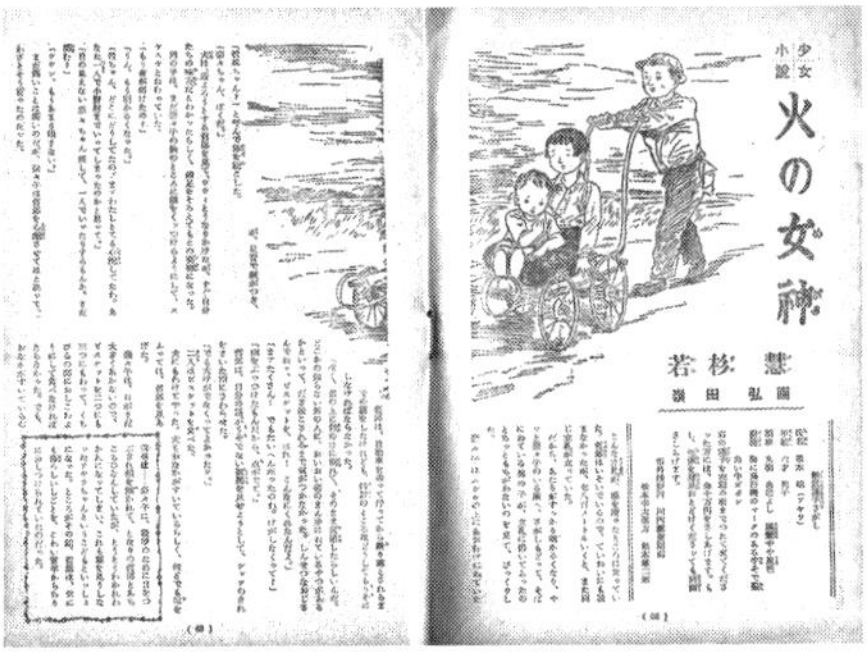
少女小説　火の女神　若杉慧

「少女」昭和24年4月号

連載小説　少女の家　竹田敏彦

「少女」昭和25年5月号

しかし、それは大人からの観点では新鮮に映ったかも知れないが、少女たちはそんなことは知らず、読む側からすれば目新しい小説ばかりではなかった。作家にしても少女向けに書くことの戸惑いがあったのかも知れない。却って子供っぽい内容が、鼻につくような作品もあった。

「少女」の目新しさは、雑誌上に人形を頻繁に登場させたことにもある。フランス人形はもとより、抱き人形、キューピー人形でさえ、当時の少女たちが容易に買って貰えるものではなかった。だからそれらの人形が口絵としてカラー写真で、あるいはグラビアに登場するだけで、少女たちはため息をついた。

本誌だけではない。付録としても度々付けられた。厚手の紙にフランス人形が、藤娘がカラー印刷され、切り抜きされて後ろに立て掛け留めの支えがあって、机の上に飾れるようになっていた。当時、人形は商品として売っているのも少なく、売っていても高価過ぎて易々と買えるものでもなかったから、その発想は少女たちの願望を見抜いて見事というほかはない。

付録　藤娘
「少女サロン」昭和25年10月

その一方で「少女」編集部は、世相を敏感に、巧みに誌上に反映させるのが上手だった。その頃の少女雑誌の売り物の一つが、巻頭の色刷りの折込口絵だったが、例えば昭和二四年一〇月号に、松本昌美が描いた折込口絵がある。秋の海辺に花一輪を手にした少女が、愁いを含んだ眼差しでスケッチブックを小脇に抱えて佇む姿の、その抒情画のタイトルがなんと、「お父さん！　いつ帰るの？」だった。とすると、この海は舞鶴の海か、日本海か？　よく見ると画面のはるか沖に、小さく煙を吐く船の姿もあった。まだまだ戦地からの未帰還兵が多かった時期である。ほかの少女雑誌ならとても思い付かない題名だったと思う。

昭和二五年六月、朝鮮戦争が勃発した。同年の一二月号「少女」に、サトウ・ハチローの詩が見開き二頁にわたって掲載された。題は「朝鮮のお友だちへ」。戦争と差別の重いテーマをさらりと見事に読者の少女たちに投げ掛けている。かつてこのような企画を実践した少女雑誌はなかったのではないか。

口絵「お父さん！いつ帰るの？」
（「少女」昭和 24 年 10 月号）

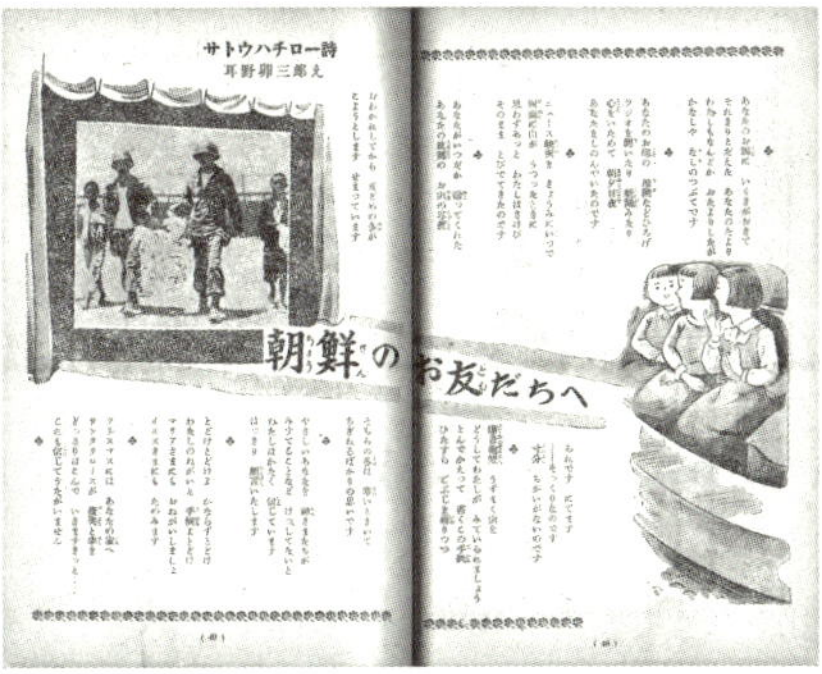

「少女」昭和 25 年 12 月号

翌昭和二六年の九月、対日講和条約が調印された。試みにその当時の発行されていた少女雑誌七誌全部を、講和に関する記事の有無を調べてみた。

「ひまわり」「少女の友」「少女クラブ」には関連記事は一切なかった。「女学生の友」は調印式会場となったオペラハウスそのものの紹介のみ。「少女サロン」は二頁使って、生徒が先生に質問する形式で「講和が結ばれるまで」をとりあげている。

「少女世界」は「ひとりだちになった日本」と題して、NHK解説員の館野守男が三頁に及ぶ分かりやすくて詳しい解説をしているのが光った。「少女」は祭りだ祭りだ！　講和の内容は分からなくても良いから、とにかくこんなにも喜ぶべきことなんですよ、とその気持ちを少女たちに理解して貰えばいいという方針で、「講和はうれしいマンガ展」、「講和ばんざいマンガ展」、「講和までのあゆみ」を三部構成で合計一九頁をさき、講和には直接関係のない内容で展開している。

この一九頁の中の「講和までのあゆみ」だけは、美空ひばりの百面相のコラージュ入りで、ソフトに説明している。ほかに漫画家五人に「講和が出来たら—わたしの願い」をテーマに、囲み枠で一口漫画をあちこちの頁に散らせて少女たちに理解させようとする姿勢は素晴らしい。

こうして少女雑誌七誌を較べてみると、「少女クラブ」を除いて、読者対象年齢が高い雑誌ほど、時事ニュースを無視したという結果が出た。

「少女」昭和26年10月号

「少女クラブ」発行元の講談社が、その編集姿勢から本来ならば真っ先に報道すべき講和条約調印のニュースだが、戦時中の軍への協力姿勢と、戦後の戦犯幹部がごそっと公職追放されたことが、まだまだアレルギー、トラウマとして残っていたのだろうか。

また、「少女」の特色は読者参加の仕方にあった。自分の愛する雑誌に読者が参加するには、挟み込みの葉書のアンケートに答えるか、自分なりの能力を発揮して、詩、作文、短歌や俳句、あるいは少女の絵を描いて投稿しなければならなかった。

しかし、「少女」の読者は小学生が中心だったから、そう多く文芸欄に応募があるものでもなかったのだろう。ここが編集部の発想の見事なところで、「少女」は自分の顔写真を送るだけで参加出来た。目次裏から始まる巻頭に、いきなり「愛読者アルバム」と銘打って、送って来た少女たちの切手大の顔写真を、何十人分も数頁に亘って掲載した。

従来の、言ってみれば優等生しか参加出来な

「愛読者アルバム」
左上:「少女」昭和25年4月号
右上:「少女」昭和25年6月号
左下:「少女」昭和26年9月号

かった誌上に、作文を書くのが苦手でも、字が下手でも憚ることなく仲間になれるんだ、という喜びを少女たちに与えた。

一生懸命に考えて書いた自分の詩や作文が、たとえ採用されて誌上に掲載されても、それを友達に吹聴するのはなんとなく照れくさいものだ。従って身元が知れないように、ロマンチックなペンネームを付けることが流行した。そして、見事に入選しても、ひとり秘かに喜びを噛みしめるだけで、読者を増やすという波及効果はなかったと考える。顔写真ならクラス全員にだって、「載ったよ!」と言って見せて廻れる。読者投稿の顔写真を掲載するだけで、「少女」は労せずして宣伝出来る仕組みを考え出した。

光文社の神吉晴夫の許で鍛えられた「少女」編集長の黒崎勇は後年、女性週刊誌「女性自身」を創刊する。それはアメリカのファッション雑誌「セブンティーン」と特約して、写真もレイアウトも今までにない、洗練された美しい週刊誌を創った。

その先端を行く新鮮さに、受け入れる日本の女性が付いて行けなかったのか、受け入れる土壌が違い過ぎたのか、編集部の当初の計算が狂って、売り上げは低迷した。それを単発で放った皇室ものが好評で以後、意識的に皇室ものを取り上げて部数を伸ばした。

これは既に「少女」が昭和二四年一二月号で、「小説・内親王さま」を、つづく翌年新年号で「元女王さまの座談会」(原文のまま)、二月号で「清宮さまの日記から」と、立て続けに皇室ものを掲載した実績があった。言うなれば婦人雑誌もどきの記事ではあるが、少女雑誌としては極めて珍しい企画だった。続く五月号には巻頭の折込み口絵で、皇后さまと清宮さまの日常スナップを、「母の日」のタイトルで挿絵画家の松田文雄が描いている。まさに戦前の婦人雑誌の世界である。

小説 内親王《ないしんのう》さま
岩崎榮
蕗谷虹児え
この小説は今日本中で大評判！皆さんぜひお読みください。

「少女」昭和24年12月号

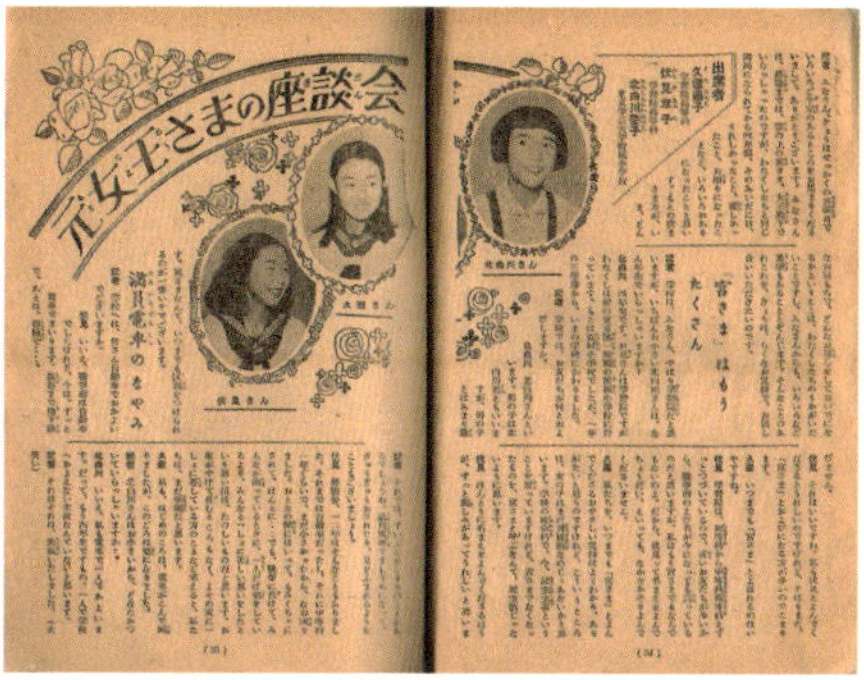
元女王さまの座談会

「少女」昭和25年1月号

少女アルバム お友だちの宮さま

（「少女」昭和25年1月号）

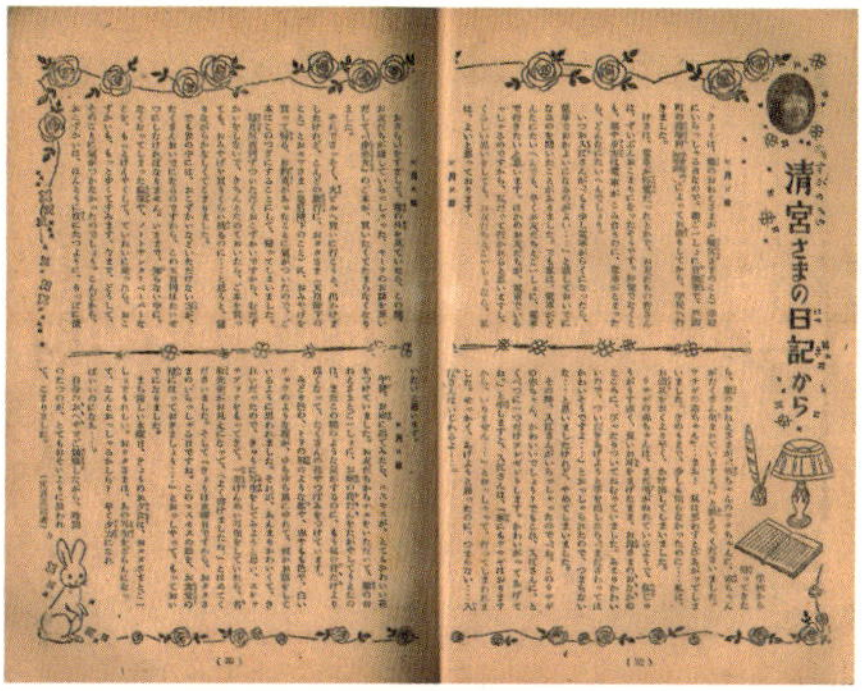
清宮《すがのみや》さまの日記から

「少女」昭和25年2月号

母の日に思う
サトウハチロー
松田文雄画

「少女」昭和25年5月号

「少女」はこのように新旧取り混ぜて、先取りした自在な編集で少女たちを取り込んだ。挿絵の中の少女の首を、人気童謡歌手の顔写真にすげ替えたり、目次頁を極端に小さくしたりと、雑然とした内容に少女たちの抵抗はなかったのか。しかし、創刊三年もすると少女雑誌で一番の発行部数を誇るようになる。

昭和二六年九月、集英社からB5版の「少女ブック」が創刊された。低年齢層対象の少女雑誌としては、初の大判だった。この「少女ブック」は最初から、視覚に訴えることに重点を置いた編集で、「少女」の強力なライバルの出現でもあった。

その二年後の昭和二八年にはテレビ放送が始まり、「少女」も同じ大判に踏み切って、同じ土俵でのライバルとなった。これまで力を入れていた漫画も、さらに増頁して生活漫画主流からストーリー漫画へと流れが変わり始めたし、絵物語も増えた。

昭和三二年、現在の少女漫画の原点ともいわれる高橋真琴が「東京の白鳥」を引っ提げて登場。続いて「ばらの白鳥」と、次の「のろわれたコッペリア」で読者を魅了して、バレエ漫画の人気を煽った。そして、昭和三四年一二月号から連載の「プリンセス・アン」で、高橋真琴は人気を不動のものにした。

翌年、昭和三三年新年号から「あらしをこえて」を連載。続けて「東京―パリ」の連載が始まって、少女雑誌の歴史上の記念碑的な漫画作品となった。

✼高橋真琴✼

「少女」昭和 32 年 12 月号

「少女」昭和 32 年 9 月号

「少女」昭和 32 年 11 月号

「少女」昭和34年12月号

「少女」昭和33年1月号

「少女」昭和33年9月号

「少女」昭和36年4月号

この高橋作品を便宜上漫画と呼んだが、この作品を漫画と呼んでいいのかどうか。

従来の絵物語よりもコマ取りを多くして、挿絵よりも動きのある、漫画にしては動きが少ない、絵と漫画が混然一体化したこの作品は「スタイル漫画」と揶揄されながらも、以後、大きな流れとなる少女漫画に計り知れない影響をもたらすことになる。

面白いことに「少女」の内容は、漫画が増加するにつれて、とうの昔に目次を抹殺したり、レイアウトを無視した誌面作りをしてきていたのが、表紙をはじめとして誌面もすっきりと、センスよく洗練されてきた。

昭和三八年、「週刊少女フレンド」「マーガレット」が創刊されて、昭和三〇年に次ぐ新旧交替の時期になった。

「少女」は充分な余力がありながら、週刊誌化することもなく、一四年間余少女雑誌の世界に旋風を巻き起こしながら去って行った。

少女

光文社
創刊　昭和二四年二月号
休刊　昭和三八年三月号

主な連載小説

久米正雄　「二葉のクローバー」
サトウ・ハチロー　「トコちゃん物語」「モコちゃん物語」「十二本のリボン」
土師清二　「くれないの聖像」
若杉慧　「火の女神」
堤千代　「みんなきた道」「どこかで星が」「遠い夢の日」
藤沢桓夫　「幸福の星」「天使の歌」
島田一男　「黄金孔雀」「三面人形」「まぼろし峠」「七色の目」「女王の爪」
藤原審璽　「白ばらさん」

「少女」昭和 24 年 3 月号

「少女」昭和 25 年 1 月号

「少女」昭和 26 年 9 月号

小糸のぶ　「花咲く丘に」「母を呼ぶ歌」「ここに幸あり」
井上靖　「星よままたけ」
角田喜久雄　「白ゆりさん」「まぼろし三墓島」
田中澄江　「悦ちゃん」
木村荘十　「龍宮島」
西條八十　「なぞの紅ばら荘」
長谷川幸延　「あした咲く花」
小山勝清　「まり姫さま」「にじの少女」
飯沢匡　「トマトさん」

「少女」昭和 31 年 7 月号

「少女」昭和 30 年 2 月号

「少女」昭和 27 年 1 月号

「少女」昭和 30 年 6 月号

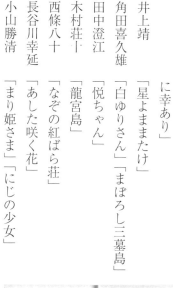

主な連載漫画

長谷川町子「仲良し手帖」
倉金良行（章介）「あんみつ姫」
松本かつぢ「くるくるクルミちゃん」
塩田英二郎「こんにちはミーコちゃん」
小野寺秋風「探偵タン子ちゃん」
高野よしてる「ほくろちゃん」

昭和30年10月号

昭和32年9月号

昭和32年11月号

昭和24年3月号

手塚治虫　「ナスビ女王」「そよ風さん」
東浦三津夫　「笛吹き山物語」「カナリヤさん」
「バラいろの天使」
横山光輝　「白ゆり行進曲」
うしおそうじ　「ふりそで頭巾」
高橋真琴　「プリンセス・アン」「プチ・ラ」
牧美也子　「少女三人」「可奈ちゃん」「少女たち」
今村洋子　「チャコちゃんの日記」

昭和30年5月号

昭和30年2月号

昭和31年7月号

昭和30年9月号

昭和24年5月号

コレクション・エピソード　3

古紙回収の建て場に毎日通って、手ぶらで帰ることは滅多にありませんでした。いつも何かしら収穫がありましたが、そんなある日、とてつもないことに遭遇しました。

それは熊本市内の中心部に近い所で、今はすっかり周囲の様子も変わって、その建て場は十数階建てのマンションになっています。

ここがバラックの建て場だったなんて想像も出来ない変わりようです。

いつものように入口傍の事務所に顔を出して、軽く頭を下げて作業場に向かいます。そして、雑誌の山を端から少しずつ崩しては目当ての少女雑誌を選り出します。

見終わった雑誌は、ほどよい量になったら紐で括り直して、キチンと積み上げて行きます。

だから、私が雑誌を漁った後は、整理されてスペースが少しだけ広くなってるのが常です。

それで建て場の人は、私が来るのを黙認していたのかも知れません。

その日もいつものように雑誌の山を崩していたら、一括りのズシリと重い少女雑誌が出てきました。まさに突然出てきた感じで、その時の印象はいまだに鮮明に記憶しています。

その雑誌は「少女の友」でした。それが今時の「少女の友」とは全くの別物で、自分でも不思議なんですが、何故かこれは台湾の「少女の友」なんじゃないかと、台湾に少女雑誌があるのか、見たこともないのに、自分の意識が空中を彷徨うのです。

事態が呑み込めずに、今の状況が理解出来ません。一瞬夢遊病者になったようでした。

と言いますのは、戦時下から終戦を迎えて昭和二三年頃までの六年間は、極端に用紙事情が悪化していて、月刊雑誌の一冊の厚さは六〇頁前後が当たり前の時代でしたし、用紙もざら紙でしたから軽かったのです。

今、手にしている「少女の友」は三〇〇頁は超えているし、ズシリとした手応えは、(変な連想ですが)座敷にある紫檀だか黒檀だかの座卓を思い出していました。実際はホンの数秒間のことだったろうけど、思考がス

トップして、脳がふわふわと浮遊していたのは間違いありません。それほどの衝撃的な出会いでした。

表紙を良くよく見ると、見覚えのあるようなないような、若き時代の中原淳一の絵でした。

戦後の吊り上がった眉とカッと見開いた目の淳一の絵は見慣れていましたが、戦前の竹久夢二を連想するような、優しい顔は誰の絵か、一瞬戸惑ったのも無理はなかった、と後で考えたことでした。これこそ少女雑誌を集め始めて、一番欲しかった噂の戦前の黄金期の「少女の友」だったのです。それが一冊や二冊ではなく、ドサッと雑誌の山の中から出てきたのです。もう他にはないか他にはないかと、夢中で雑誌の山を崩して徹底的に漁りました。

その結果、お姉さん雑誌の「新女苑」四冊も含めて「少女の友」の長い歴史の中で、少女雑誌の最高峰とまで評された昭和一〇年前後のものが、なんと四一冊も出てきました。

これに幾らの代金を払ったのか、全く記憶にないのですが、代金は一貫目幾らの計算です。自分の持ち合わせの小使い銭で払えた金額ですから、

何百円もしなかったと思います。

雑誌の購入で金額のことはあまり書きたくないのですが、この時の掘り出し物の価値が判って頂けないので、あえて書きます。

この時代の「少女の友」が、現在の古書目録やデパートの古書即売展に出ますと、一冊二万円前後はします。

つまり、私は昭和二八年に、現在の価格にしておよそ八〇万円前後のものを、一瞬にして手に入れたことになります。どのコレクターでも、誰でもいつも夢に見る幸運に出会えた瞬間でした。代金を払ったあと、四一冊もの雑誌をどうやって持って帰ったのか、まったく覚えていません。

持ち帰った夜も次の日も、また次の夜も、ためつすがめつ「少女の友」を撫でまわして見ていた記憶は、狭い二帖しかない自分の部屋と共に、今でも鮮明に蘇ってきます。

そして、この四一冊の「少女の友」の元持ち主と、五〇年後に出会うことになろうとは、小さな奇跡はまだ続くのでした。

かやの木山の

北原白秋

かやの木《き》山《やま》の　かやの実は
いつかこぼれて　ひろわれて
山家《やまが》のお婆《ば》さは　いろり端《はた》
粗朶《そだ》たき　柴たき　灯《あかり》つけ
かやの実　かやの実　それ　爆《は》ぜた
今夜も雨だろ　もう寝よよ
お猿が啼《な》くだで　早よお眠《ね》よ

鈴木悦郎絵

9 「少女ロマンス」の章

昭和三〇年以降のことになるが、中原淳一そっくりの絵から出発して、やがて「女学生の友」の看板画家にまで成長した藤田ミラノ。

戦後の「少女の友」生え抜きの人気画家だった藤井千秋は「少女の友」が休刊となり、活躍の場を「女学生の友」に移した。

この二人の活躍がファンの人気を二分することになって、「女学生の友」は全盛時代を迎えることになる。この時期、洋物はビアズリー風の華麗な線描と、しっとりと情感あふれる日本の少女を巧みに描き分けた池田かずおの存在は忘れられない。

この池田かずおは後年、三島由紀夫夫人の平岡瑤子が、松原文子との共訳で出版したセギュール伯爵夫人の「ちっちゃな淑女たち」で、英国上流階級の少女たちを、見事な

筆致で描いているが、池田かずおはもともと「冒険活劇文庫」（後に「少年画報」と改題）に外国の少年ものの挿絵を描く画家として出発した、満州から引き上げたばかりの人だった。

「冒険活劇文庫」は、その頃、街頭紙芝居で絶大な人気があった永松健夫の「黄金バット」を引っ提げて登場。小松崎茂の「地球ＳＯＳ」と共に、たちまち少年たちの人気を集めて、部数を伸ばした。

その勢いで、兄妹雑誌として明々社は「少女ロマンス」を創刊させることになる。昭和二五年七月創刊号は、「ひまわり」「青空」と同様のＢ５判でスタートした。

当時としては大判だが、僅か全五六頁の薄い雑誌だった。「冒険活劇文庫」同様、全体がほぼ絵物語で埋め尽くされていて、その登場は新鮮だった。この雑誌の表紙から巻頭に綴込みの多色刷り折込み口絵、目次カット、名作絵物語、連載小説の挿絵二本に付録と、一人で大活躍したのが、池田かずおだった。

「少年画報」昭和 26 年 1 月号

✼池田かずお✼
「少女ロマンス」表紙

昭和 24 年 7 月　創刊号

昭和 24 年 11 月号

昭和 24 年 12 月号

昭和 25 年 4 月号

「青空」の章で詳細に述べているが、一人の人気挿絵画家を全面に押し立てたスター・システムで他の雑誌と差別化し、個性ある雑誌を作った、これが最後の少女雑誌だった。

「少女ロマンス」
昭和24年9月号

「少女ロマンス」に使われた用紙は、これまでのどの雑誌よりも粗悪で、今になって酸性化も一番激しい雑誌である。

編集者はザラ紙しか使えないことを充分に計算していたのか、雑誌作りには驚くほどの工夫を凝らしてあった。

例えば本文頁には白い誌面に黒インクの活字の、ごく普通の頁は一頁もなかった。青インクを使った頁の裏頁は、紫色の活字を使ったりしている。挿絵は一色なのに、その頁の地色をオレンジ色にしたり、次の頁は緑色にしたりしている。挿絵やカットを配する時は、白抜きを使って二色刷りかと錯覚を思わせるような芸の細やかさだった。

少女雑誌お決まりの巻頭の多色刷り絵物語では、「少女ロマンス」は二色刷りの本文頁に、あらか

じめ白抜きのスペースを取って、枠取りしたその部分に、上質の紙に印刷した四色刷りの挿絵を張り付けるなど、驚くべき凝った作りがしてあった。

まさに手作りの一冊で、創刊後一年も経たないうちに発行数一〇万部を突破したという。

この頃までに創刊した少女雑誌の多くが、創刊当初の連載小説は二本程度付けるのがせいぜいだったが、小学館出身の編集長・平木忠夫を中心としたスタッフは、いきなり五本も連載絵小説を連ねて登場した。

グラビアは映画などの紹介で四頁、漫画は上田トシ子の「メイコ朗らか日記」一本だけ。

ちなみに上田とし子の晩年は少女漫画界の最長老として、男性漫画家からも尊敬されるほどの人物だったが、戦後直ぐ満州から引き揚げて来て、漫画家で身を立てようと奔走して、拾ってくれた人物が平木忠夫だった。

この「メイコの朗らか日記」は、古川真治という原作者がいて、上田とし子のオリジナルではない。

短編小説、詩画集、ファッションの頁、折込み二頁の多色刷り口絵もあって、薄い雑誌ながらも視覚に訴える部分の多い、見た目にも美しい時代を先取りした形の、今までに無い少女雑誌の出現だった。

「少女ロマンス」
昭和24年10月号

メイン画家の池田かずおの絵は、バタくさい顔付きの、日本人とは思えない少女の絵だったが、折からのアメリカ崇拝が行き渡っていたその頃の風潮とマッチして、実に新鮮な魅力に満ちていた。

少女雑誌の世界の抒情画家といえる人で、西洋ものを描く時も、日本ものを描く時も、その少女の顔表情の描き方に、殆ど変化は見られなかった。

日本の少女を描く時は、黒髪に瞳を黒く塗りつぶすが、西洋の少女を描く場合は、瞳を塗りつぶさず、髪の毛はまばらな線描で、金髪をイメージさせるような絵描き方だが、骨格は相変わらずの日本人の少女だった。

中原淳一にしても蕗谷虹児でさえ、二人はパリに長期間遊学しているのに、その描き方は変わらず、その他の殆どの挿絵画家にも言えることだった。

思わず吹き出しそうな絵を描いた画家もいた。昭和初期の「少女の友」でバーネット原作の翻訳小説の中の少女は、黒い眸を持ち癖のない長い黒髪を後ろで束ねて、ふっくらとした面持ちはどう見ても日本人だった。もちろん、そんな少女がイギリスにいてもおかしい訳ではないが、やっぱり何か違うと思った。これは極端な例であるが、おおよそ、その程度の表現の仕方だった。

それを日本少女と西洋の少女とを明確に描き分けたのが、池田かずおだった。

昭和二四年になると、徐々に用紙事情も安定してきて、付録も解禁された。しかし、紙が豊富に出回ったわけではなく、付録をつけるとその附録に使った分の用紙が本誌頁分から差し引かれるといった程度の安定供給でしかなかった。

ただ、今までのように紙の手当の心配をしなくてよい分、編集に力を注ぐことができたのだろう。限られた頁数の中で最大限の魅力を出そうとして、昭和二四年、昭和二五年はどの雑誌も終戦直後、最も輝いた年になった。

その最中に創刊された「少女ロマンス」は、一冊丸ごと楽しめる、読み物と美しい挿絵と口絵で埋めることに徹底していた。

一方、当時は漫画に対しては大人たちの、現在では考えられないほどの根強い批判と抵抗があった時代で、さらに児童用雑誌には、戦前から続く教科書の副読本的なものを期待する風潮もなかなか消えなかった。

「少女ロマンス」には、漫画は上田とし子くらいしか載っていなかったが、絵物語中心の娯楽一辺倒の雑誌の出現は、時期尚早だったのだろうか。予期せぬ速さで終末を迎えることになる。また、読者である少女たち自身「ロマンス」という誌名に羞恥心からくる他愛もない抵抗がある者もいたらしくて、「あの人は「少女ロマンス」を読んでるから不良よ」と、的外れなレッテルを貼られたりもした。

これはその頃、最も人気の高かった大人向けの雑誌、娯楽と読み物の「ロマンス」という雑誌発行元のロマンス社は、総量で、講談社をも凌ぐ勢いで雑誌が売れていた時期だったから、明々社は少女雑誌に「ロマンス」という言葉を拝借したのではないかと想像する。

「少女ロマンス」の連載小説には、誌名から連想するような、男女間の物語は当たり前のことだが皆無だった。

それは、この頃のどの少女雑誌も同じだった。少女小説の中に男性が登場するとしたら、お父さんとか小父さん、せいぜいいとこのお兄さんが脇役として出てくるくらいだった。

少女の相手としての少年が雑誌に登場するのは、昭和三〇年代になってからで、お相手がお姉様とか妹的な存在の少女との物語を「少女小説」と称し、主人公の相手役としてボーイフレンドが登場するようになると、少女小説に代わって「ジュニア小説」と称されるジャンルが確立して、少女小説は消滅した。

その後、昭和から平成に移ろうとする頃、複数の出版社による「少女小説文庫」が花盛りとなる。こちらはもちろん、男女間の恋物語がメインテーマだった。

この間の僅か二〇年ほどの年月だが、思えば隔世の感がある。しかも現在は少女小説の影はまったくなくなり、「ライトノベル」なるものに変化したらしい。

話をもとに戻すと、隆盛を極めた少女小説の、当時一番の人気作家だった北條誠の「少女ロマンス」での連載小説「乙女椿」は、始めは志村立美の挿絵という異色のコンビでスタート。目論み通り大変な人気小説となった。

企画の段階から、北條誠の人気を当て込んで、「少女たちにみせる…少女たちのためにだけの映画を作りたい」という映画会社からの依頼で、映画化を前提とした少女雑誌では前例のない連載小説だった。

映画会社は新東宝で、連載が終わって二年後、「乙女椿」が単行本化された時の作者の言葉では、「いろんな事情で、完成は遅れています」とあるから、クランクインしたのだろうか。

先発の兄妹雑誌である「冒険活劇文庫」が、この誌名では読者拡大に限界があるとして「少年画報」に改題。翌昭和二十六年正月号から、「少女ロマンス」も、大幅に編集方針を変えた。

まず、表紙が池田かずおから小学館の学年別雑誌の表紙など手掛けている谷口健雄になった。つまりあまり個性的ではない、無難な、平凡な印象の表紙に変わったということだ。

同時に漫画の頁が大幅に増えて、対象読者の年齢層を下げた

単行本
昭和 28 年 11 月発行

「少女ロマンス」昭和 25 年 9 月号、10 月号

感じを受けたが、従来通りの連載物も多く、そのギャップが誌面のまとまりを崩した。

しかし、この時の特筆すべきことは、少女雑誌で最初に手塚治虫の漫画の連載を取り入れたのは、この「少女ロマンス」だった。

その第一回が昭和二六年八月号に掲載された「みす・たからずか」（原文のママ）。残念なことにこの号限りで突然、「少女ロマンス」自体が発行されなくなった。この漫画は、僅か一回のまぼろしの連載で終わった。

創刊から足掛け三年、合計二六冊を世に出し、ザラ紙の夢の小函は消えた。

「少女ロマンス」最終号
昭和 26 年 8 月号

「少女ロマンス」昭和 26 年 8 月号

少女ロマンス

明々社
創刊 昭和二四年七月号
廃刊 昭和二六年八月号

主な連載小説

勝承夫 「金絲雀《カナリヤ》」「鈴懸の小径」
平井芳夫 「オリオン星座」「さすらいの孤児」
マキイチロー 「ロマンス姫」
穂積純太郎 「げんこつお嬢さん」
伴大作 「くれない草紙」「姫百合街道」
西條八十 「長崎の花売娘」「少女詩人」
大庭さち子 「落日の曲」
牧野吉晴 「愛の灯」
紅ゆり子 「夢や先生行状記」
山中峯太郎 「友よぶ千鳥」

昭和 24 年 7 月号

昭和 24 年 10 月号

昭和 24 年 12 月号

昭和 24 年 7 月号

主な連載小説

上田とし子　「メイコ朗らか日記」
井元水明　「ルミ子女王」
中島菊夫　「ロマンス姫」

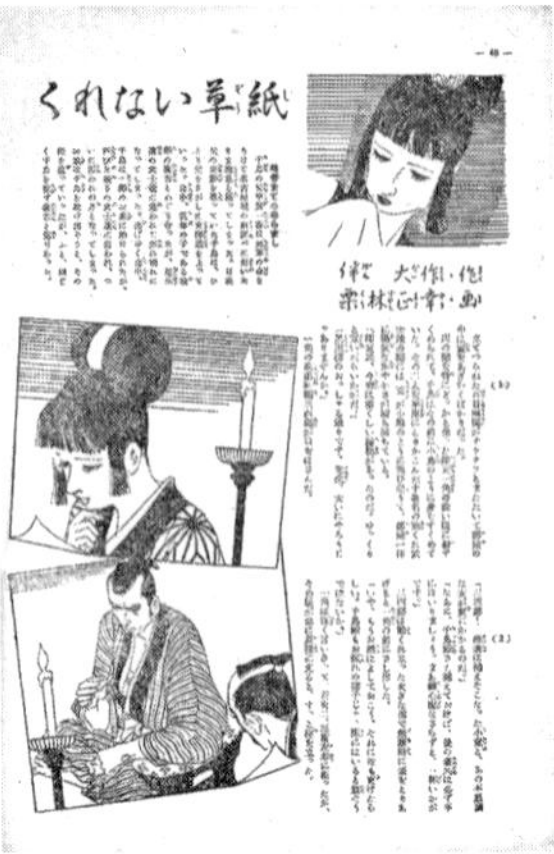
くれない草紙

昭和24年11月号

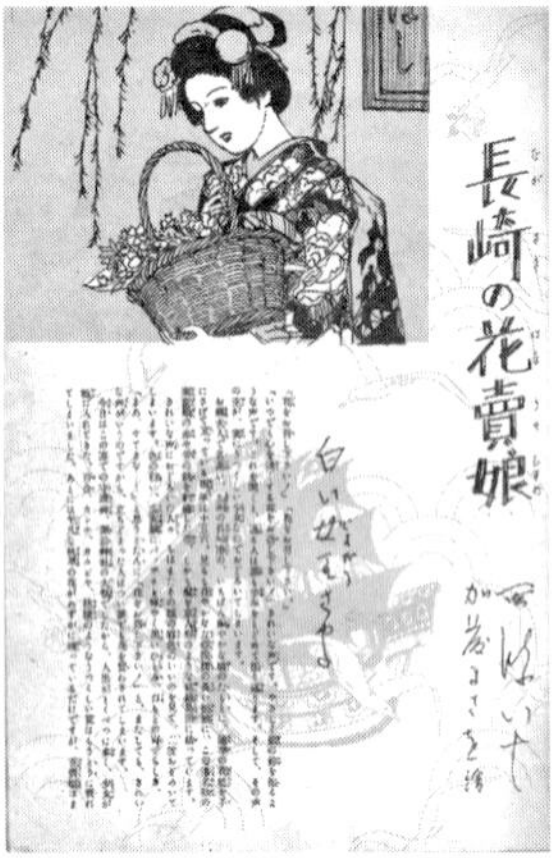
長崎の花賣娘

昭和24年8月号

昭和26年6月号

落日の曲
第七回 虹ははかなく

昭和25年11月号

少女雑誌史上最も華やかな時代

離《はな》れ小《こ》島《じま》の

北原　白秋

離《はな》れ小島の
椰子《やし》の木は
なぜに寝《ね》ないぞ
お眠《よ》らぬぞ

都《みやこ》の空が
戀《こい》しのか
霧夜の燈《あかり》を
夢《ゆめ》みてか

離《はな》れ小島の
椰子《やし》の木は
あかい月夜《つきよ》に
ただひとり

鈴木悦郎画

10　中の章（ちょっとひとやすみ）

少女雑誌のほかに、昭和二〇年代の少女たちの身近な娯楽はラジオだった。それは少年にとっても同じだったが、少年たちは野外での遊び、特に三角ベースボールに熱中していて、少女たちほどラジオに熱心ではなかったと思う。

少女たちは、菊田一夫の「鐘の鳴る丘」に耳を傾け、この頃全盛だった童謡・唱歌も大変な人気で、川田正子をはじめとする童謡を、ラジオから流れてくる歌を、一緒に口ずさんだ。

「鐘の鳴る丘」が青木茂の「三太物語」に、続いてサトウ・ハチローの「ジロリンタン物語」にと時代が移り、川田正子が妹の川田孝子に替わり、古賀さと子、近藤圭子に替わっても、人気は変わらず、童謡歌手は憧れの的だった。しかし、それは所詮耳から入ってくるだけの一方的なコミュニケーションに過ぎず、ラジオ、舞台、スクリーンなどと、少女たちとの仲介役、橋渡しを果たしたのが少女雑誌だった。

タレントやアイドル（当時は無かった言葉）が、グラビアを飾り、付録にもいろんな形で起用された。雑誌の上では人気者同士が親友に仕立てられて、「仲良し対談」をさせられたり、誌上座談会で好きな歌手の動向を気にした。

お宅訪問やお部屋訪問、インタビュー記事で、その生活や人柄に親しんだりした。まだ民間放送もテレビ放送もない時代から、ＮＨＫの人気番組は、誌上に頻繁に取り上げられた。「誌上二十の扉」とか、「三つの歌」が童謡や唱歌の歌本となって、たびたび付録になって付けられていた。

昭和二〇年代も終わりに近づいた頃には、ラジオの人気番組が絵物語となって、雑誌に登場するようになった。それは図らずも誌上テレビ化でもあった。ＮＨＫのテレビ本放送は昭和二八年からだが、少女雑誌には昭和二六年に既に、「テレビ放送局」と銘打った別冊付録が付いたりしている。ラジオや映画、宝塚や松竹歌劇の人気スターの紹介の場が、少女雑誌の重要な役目ともなり、少女雑誌の「平凡」・「明星」化の傾向が、少しずつ押し寄せてきた。


少女雑誌の読者投稿欄は、どの雑誌も力を入れていたが、対象読者の年齢が上がる雑誌ほど内容が充実していた。その募集作品は、詩、俳句、短歌、作文、日記文、似顔絵、抒情画、手芸品、スタイル画など、多岐にわたっていた。

それには名の通った選者を付けて、批評もキチンと付けていた。例えば「少女の友」では短歌の選者を五島美代子が五年間つとめているし、「女学生の友」の詩欄は西條八十から三井ふたば子へ親子二代、一七年間も選者を続けた。

中でも「ひまわり」の投稿欄が最も充実していて、竹内てる代・北畠八穂・川上喜久子など絵画の選者は大久保泰と一流の作家達を起用して選者と編集者の心意気が感じられた。

少女雑誌ではないが、昭和二四・五年頃「少年」（光文社）の読者だった私は、その俳句欄の選者が中村草田男だったことは、その変わった名前で忘れることなく憶えていたが、明治一〇〇年に当たる年の「降る雪や明治は遠くなりにけり」の作者が中村草田男であることを知った時、小学校時代の恩師にでも再会したような、懐かしさと感動を覚えた。

大人の雑誌「婦人公論」（中央公論社）にも小品の投稿欄があった。昭和三〇年前後のことだが、選者は川端康成だった。

ある投稿文の批評に「この人は戦前の「少女の友」の選者をしていた時にも、お目に掛かったことがあって…」とあるのに仰天した記憶がある。編集部があらかじめ選別したあとの投稿作品に選者は目を通すのだろうが、それでも一流の作家がひとつひとつ、丁寧に眼を通してくれているのが判って嬉しかった。

しかも、一〇年以上も前の投稿作品の少女の名前まで憶えていてくれたとは！

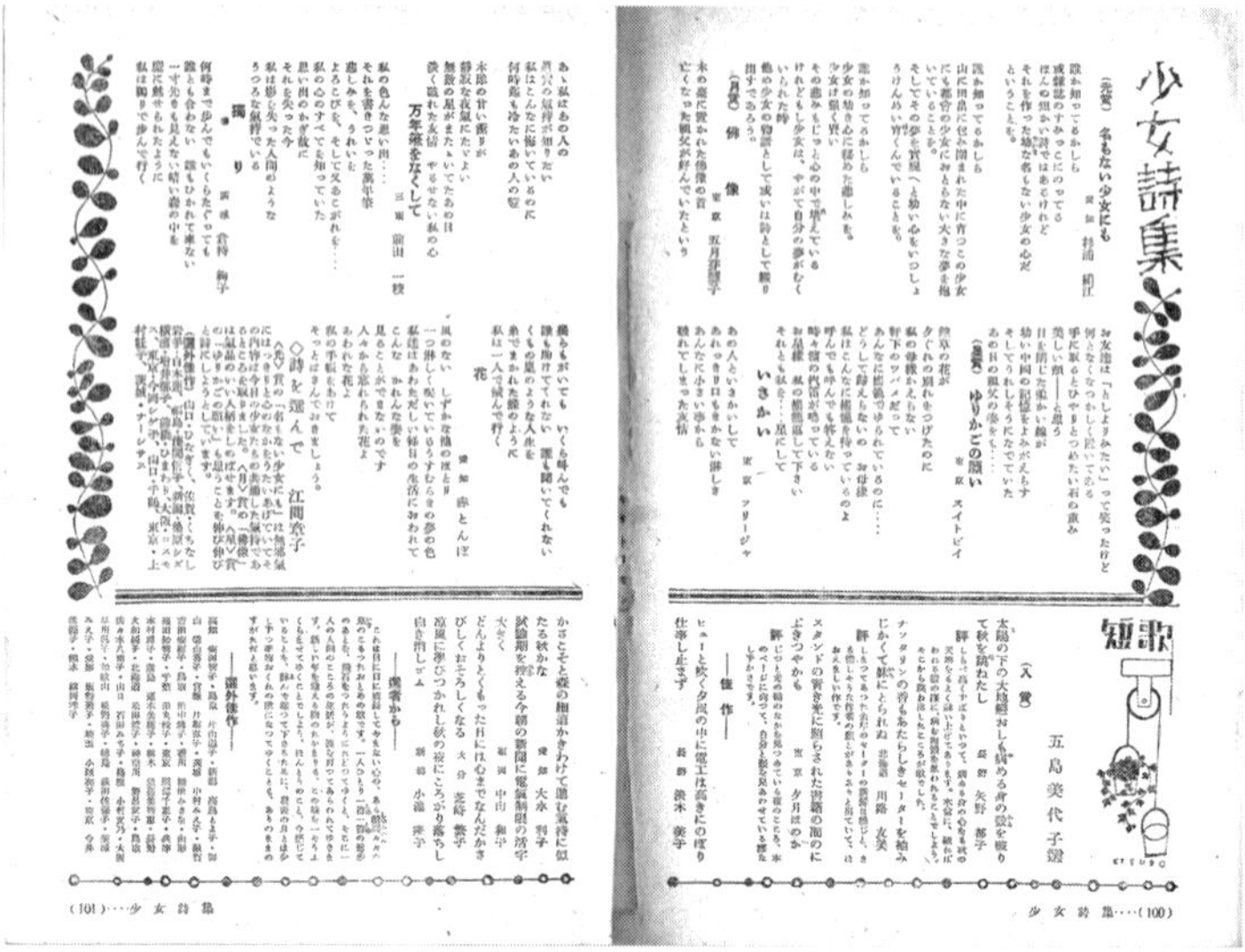

「少女の友」読者文芸欄

「少年」読者文芸欄　昭和27年1月号

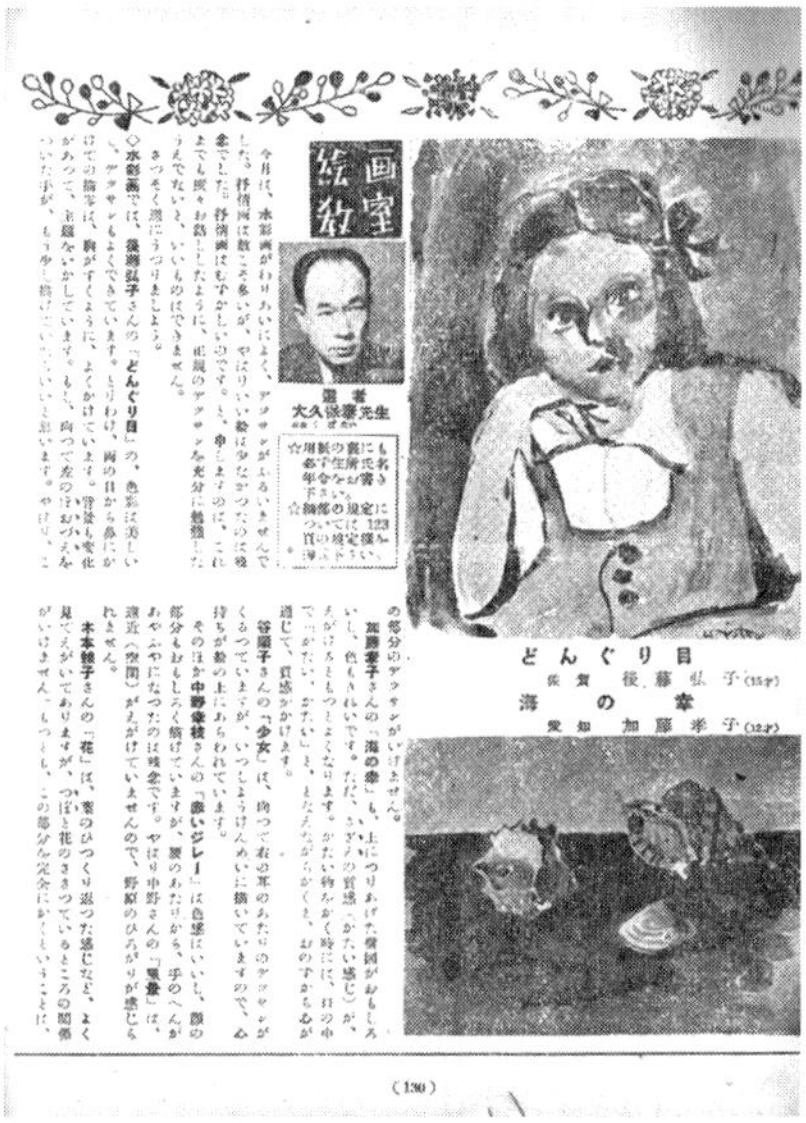
絵画教室
選者 大久保泰先生
どんぐり目
佐賀 後藤弘子(15才)
海の幸
愛知 加藤孝子(12才)
(120)

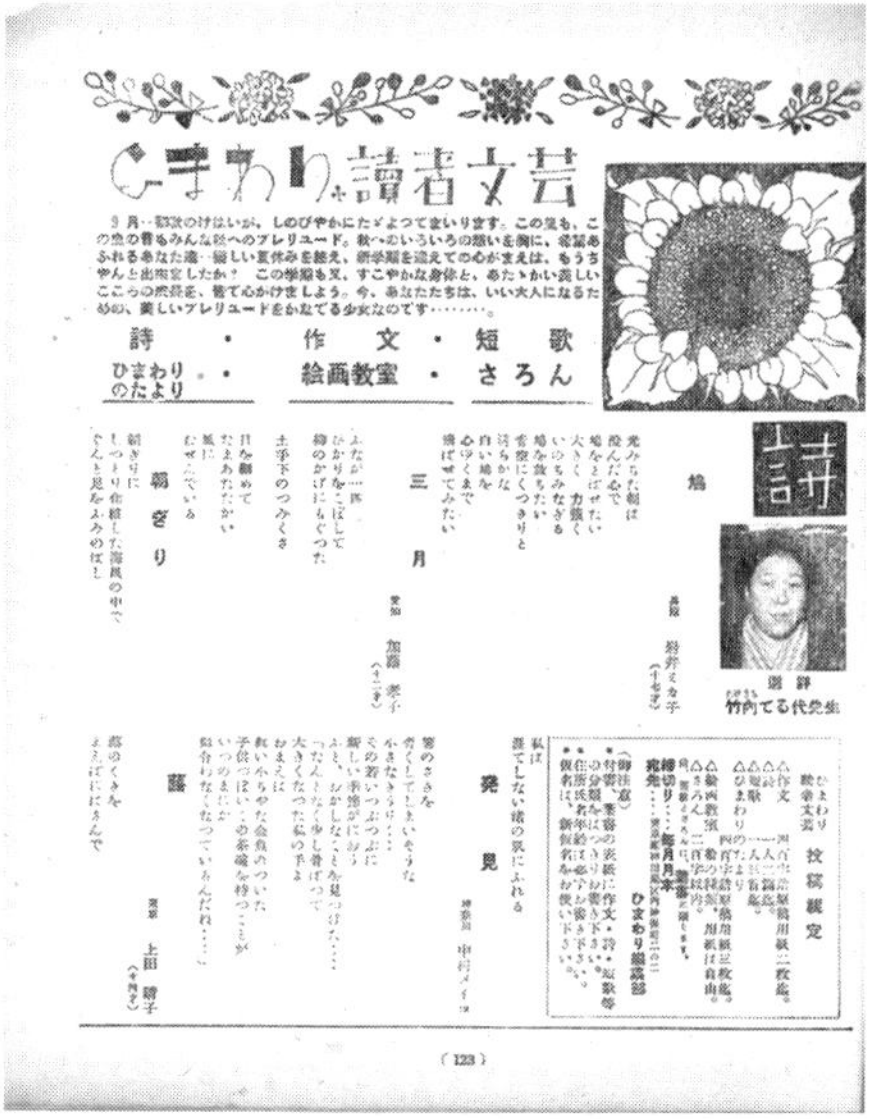
ひまわり読者文芸
詩・作文・短歌
ひまわりのたより・絵画教室・さろん
詩
選評 竹内てる代先生
三月
発見
霧
(123)

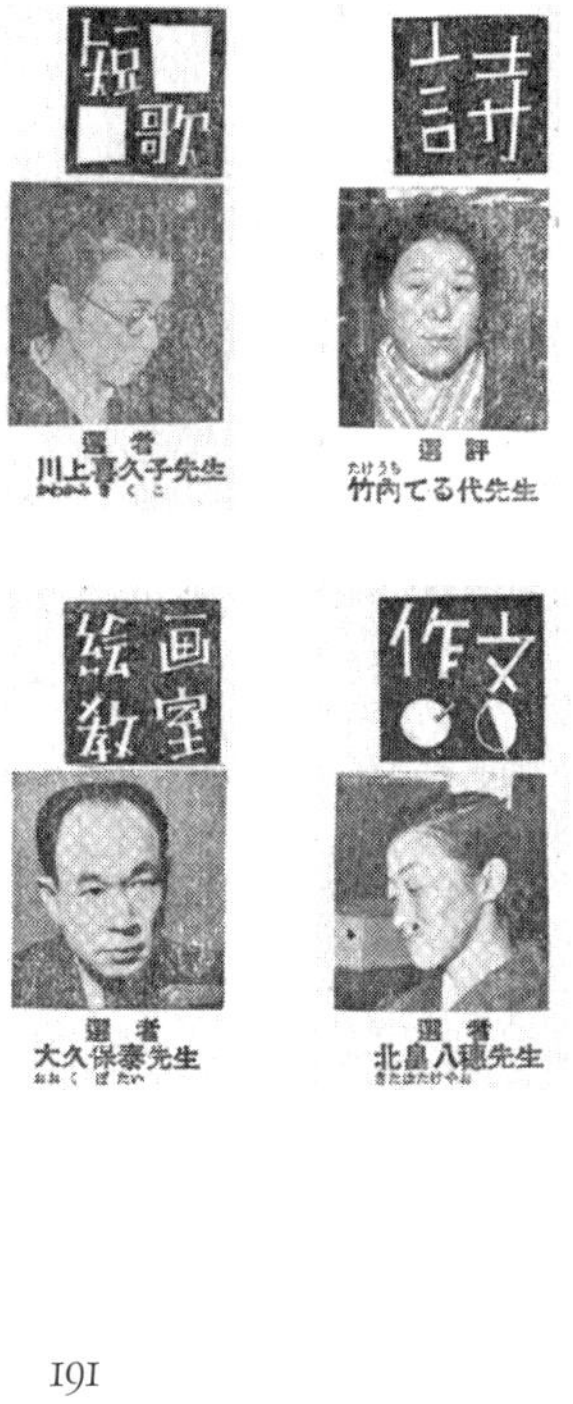
短歌
選者 川上喜久子先生
かわかみきくこ
詩
選評 竹内てる代先生
たけうち
絵画教室
選者 大久保泰先生
おおくぼたい
作文
選者 北畠八穂先生
きたばたけやお

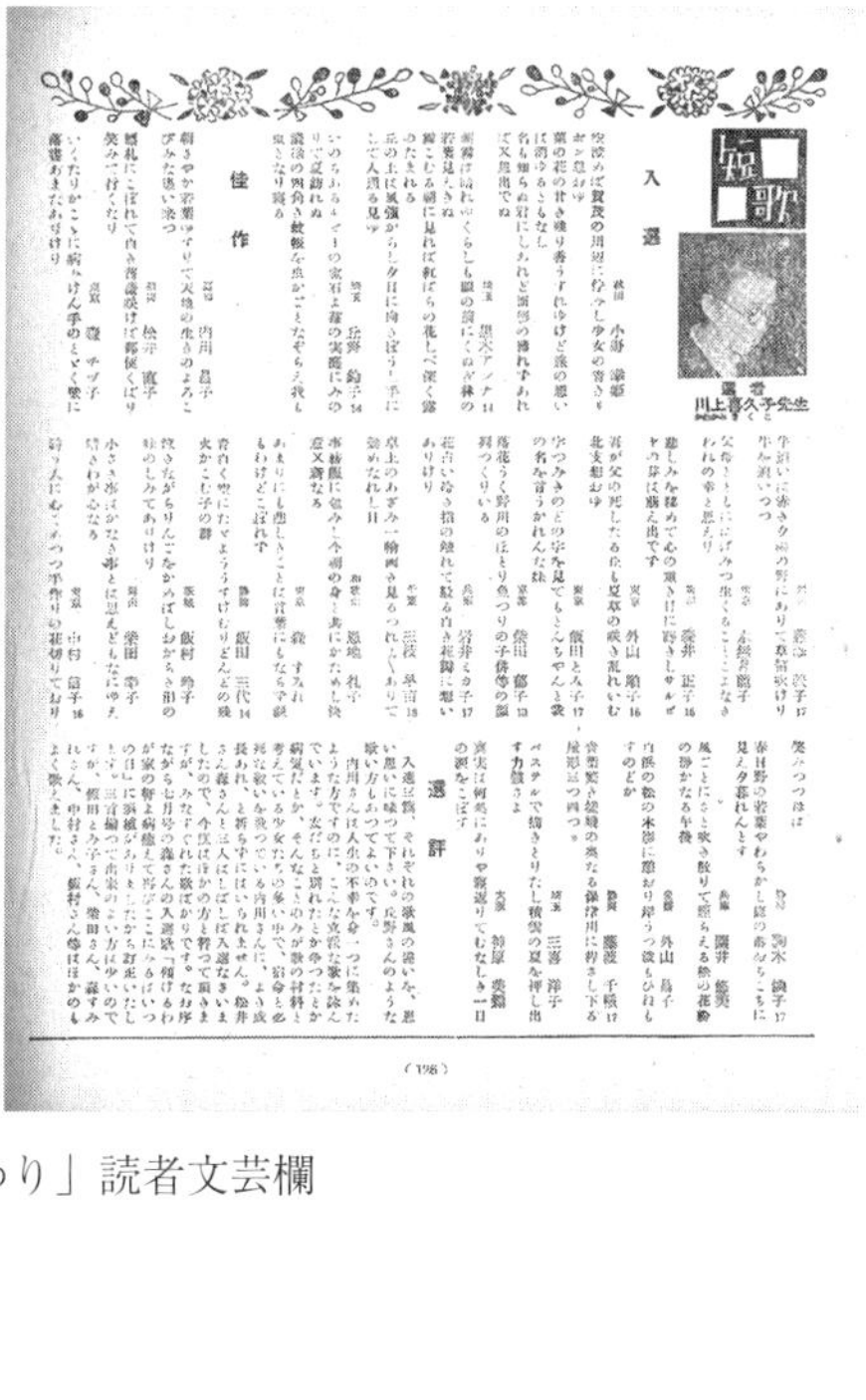
短歌
選者 川上喜久子先生
入選
佳作
選評
(126)

「ひまわり」読者文芸欄

私は昭和二三年頃から昭和二七年まで、「少年」の熱心な読者だった。昭和三〇年代後半に少年雑誌も少女雑誌も、漫画雑誌化する一〇年以上も前のことで、読み物と漫画がほどよくバランスがとれていて、充実した時期の少年雑誌に親しめたのは幸せだった。

当時は月極めで毎月ひとつの雑誌を、本屋さんから発売当日に配達して貰うこと。その当時月極めで雑誌を買って貰える子供は、クラスの中のほんの一握りだった。だから、私にとって月極めで買って貰える「少年」は、大事な交換資本でもあった。

この「少年」を元手に、他の雑誌を買っている友達と交換して、幾つもの少年雑誌が読めるのだった。

それを覚えているだけ、くどいけど書いてみよう。「野球少年」「冒険活劇文庫」（後に「少年画報」に改題）「おもしろブック」「漫画少年」「譚海」「少年少女漫画と読物」「探偵王」、これに自分の「少年」と学級文庫の「少年クラブ」で毎月一〇誌以上読んでいたことになる。

ほかにも時々「少年読売」とか「アンクル・レイズマガジン」、「少年少女王冠」「冒険少年」など

昭和 31 年 3 月号

昭和 34 年 1 月号

も読んでいた。しかし、「冒険王」や「東光少年」。小学館の学年別雑誌の「小学六年生」とか「中学生の友」には縁が薄かった。

少女雑誌も読みたかったが、女の子は誰もガンとして貸してくれない。そこで一計を案じた。私は絵を描くのが好きだったから元々は小松崎茂ばりの、科学小説の主人公の少年を描くのが好きで模写ばっかりしていたのだが、試しに姉が読んでいた「ひまわり」の中原淳一の絵を模写したら簡単に描けた。

それを女の子に見せて「少女雑誌を見せてくれたら、こんなの描いてやるよ」というと、あっさりと商談成立。しばらくしたら女の子の方から「これ描いてくれたら少女雑誌貸してあげる」と注文が来るようになった。女の子が貸してくれた雑誌の中の挿絵を、学校から帰るなりそそくさと描きあげ、後は一晩掛かってその雑誌を読破するのだ。

お陰様で「少女」「少女世界」「少女の友」「少女ロマンス」と学級文庫の「少女クラブ」に姉の「ひまわり」の六誌を毎月読めるようになったのだった。

話がすっかりそれてしまった。読者の少女たちも一生懸命に投稿し、選者も真剣に受け止めてくれていたと思う。誌上に自分の名前が出るのはこの上ない喜びで、参加する喜びが読者同士の横の連絡を呼び掛けあい、自然発生的に全国各地に読者グループが誕生した。

その中から自分たちの機関紙を発行するグループも出て来て、強固なファン組織が誕生するのに時間はかからなかった。

これは少年雑誌も同様だった。そこでは漫画という手段での表現になり、少女雑誌に於いては、究極は少女小説を書くという目標があった。この読者グループの活動が最も活発だったのは「少女の友」だったが、その詳細は「少女の友」の章で触れようと思う。


少女雑誌を語る上で忘れてはならないものに、付録がある。付録次第で雑誌の売れ行きが左右されるのは、今も昔も変わらないようだ。どの雑誌も付録には力を入れた。

少女雑誌で戦後最初に付録を付けたのは、低年齢層対象の雑誌ではなく、意外にも「ひまわり」だった。昭和二二年一月創刊号付録が、そのはしりだった。その当時の付録には紙製品しか使えない決まりがあって、付録を付けるとその分の用紙を本誌分から削らねばならず、薄い本誌がさらに痩せ細った。だから付録を付ける雑誌は殆どなかった。

折々に付録が付くようになったのは、昭和二三年も終わろうとする頃からで、毎月付録が付いて来るようになるのは、更に一年近く待たねばならなかった。

昭和二四年六月号から、用紙の割り当てが緩やかになり、一斉に付録が付き始めた。

次いで紙製品だけに制限されていた付録の素材も規制がなくなって、折からの新素材ビニールやプラスチックなどを使った実に多彩なものが、付録として登場した。

ブローチつきの姫サイフ、手さげかばん、ハンドバッグ、ハンカチセット、ビニールチャック付きのサイフ、厚手ビニール製下敷き、エプロン、洋服かけ、お勉強用座ぶとんまであった。

来月号予告の写真やイラストでは立派な品物に見えたが、実物は大抵チャチなものが多かった。しかし、ひとときの夢と期待を少女たちに抱かせて、次から次へと新趣向の付録が繰り出された。

この付録も大別すると三種類に分類できる。

ひとつが今挙げた新素材を使ったグッズ類、二つ目が従来からの紙製品の組み立て付録で、もうひとつが戦前は中原淳一に代表される美しい絵で彩られた紙製品のファンシー・グッズの数々だった。

戦後は同じ「少女の友」の伝統を引き継いで、藤井千秋の西洋風少女のイラストのレターセットや手帖などに人気が集まった。また、どの雑誌も毎号大懸賞が目玉のひとつで、とうてい付録では叶えられない本物の魅力的な賞品をとり揃えて、少女たちの応募をあおった。

訪問着、仮縫い付きのセーラー服、アイロンに電気スタンド、オルゴールに鏡台、自転車。本箱、柱時計、置時計、腕時計。日本人形にフランス人形、ネックレスにペンダント、ボタンセットに歯磨き粉まであったのは、時代を感じさせる賞品だった。

懸賞に応募するには、必ず挟み込みのはがきを使用しなければならなかった。要するに当時の少女雑誌は情報と共に、憧れの商品を届けてくれるサンタさんでもあった。一冊の少女雑誌を買えば、季節の香りと共にひと月を充分に楽しませてくれて、生活に潤いをくれる、ファンシー・ショップでもあった。

美登利（たけくらべ）　玉井徳太郎画
（「ひまわり」昭和 27 年 8 月号「名作の少女」より）

11 「女学生の友」の章

小学館の学年別雑誌「小学六年生」の連載小説が、年度末の三月号で終わらない場合、四月号からは「中学生の友」に移って掲載された。どの出版社でも雑誌の区切りは新年号から、または春は四月号から、秋は九月・十月号あたりから創刊されるのが多い。だから一概に小学館だけの販売上の政策とは言えないが、前から「中学生の友」を読んでいる者にとっては、四月号から予告もなく、長い筋書き付きの連載小説が始まるのには、面食らわされた。そして、その殆どが六月号あたりでめでたく完結となるので、事情を知らないうちは二度面食らう次第だった。

昭和二二年に新制中学校が発足して、女学生という呼称は使用される機会が少なくなった。単に中学生・高校生という呼び方に変わったが「中学生の友」は依然、男の子の雑誌の印象が強かった。実際、その内容は男子優先であったし、編集部としても男女両方の読者を満足させるために、例えば付録に絵はがきを付けるにしても、男の子向け・女の子向けの二通りを用意しなければならない煩雑さがあった。

「小学五年生」から「小学六年生」へと持ち上がって、続けて「中学生の友」を読む羽目になった女の子の場合、男女共有の雑誌ではどうしても満足出来ない部分が出てくる。「中学生の友」に「もっと女の子用の記事を増やして！」という投書も多くなった。ということは、その要望を誌上に載せることで反響を探っていたのだろう。「女学生の友」の誕生は、時間の問題だった。

　こうして「中学生の友」より遅れること一年、昭和二五年四月号から「女学生の友」はスタートした。

昭和25年創刊4月号

「女学生の友」創刊号でまず目を引いたのが、その厚さだった。昭和二四年の半ばから戦後の用紙事情が好転した。幼年雑誌、少年雑誌、もちろん少女雑誌も時を同じくして、各誌は徐々に頁数を増やしてはいたが、昭和二五年四月号からは、どの雑誌も一斉に頁数が増えた。

その増頁した四月号のなかでも「女学生の友」は抜きん出ていた。A5判の少女雑誌の中で一番薄かったのが「少女の友」の一六〇頁で、「女学生の友」は二四〇頁。実に一・五倍の厚さだった。創刊二号目の五月号はさらに三〇頁も増頁されている。

そして、値段は「少女の友」より五円安い八五円だった。小学館としては思い切ったボリュームと値段の安さで攻勢を掛けてきた。「女学生の友」は創刊のための準備期間がなかったのか、その内容は従来の学年別雑誌に少年の姿が見えないといった程度の編集で、お世辞にもお洒落な内容とは言えない雑誌だった。読者は正直なもので三号目には早くも「もう少し綺麗な絵を載せて下さい」という投書が載っていた。この場合の「綺麗な絵」とは、抒情画を指していると思われ、その指摘通り同誌には少女雑誌に不可欠の抒情画系の口絵はなかったし、挿絵も少なかった。

抒情画と、そうではない絵の何処で線引きするか難しいところだ。ひとつの目安に、もう今は絶滅していて見ることは叶わないが、かつて少女小説というジャンルの単行本があった。その少女小説の表紙絵を描いたことがあるか、または少女雑誌の色刷り口絵を描いたことがあるかで、普通の少女画だか抒情画だかの区別をするのが判りやすい。少女小説本の表紙絵は大抵愁いを含んだ美少女たちだったから。

ちょっと乱暴だが、その目安を以って「女学生の友」の創刊号と、同時期に発行された少女雑誌六誌を比較してみよう。

雑誌一冊の中で、抒情画系の絵が占める割合は、「ひまわり」が一番多くて九六%、「少女の友」は八六%、「少女世界」七二%と続き、一番少ない「少女クラブ」で四七%あった。「女学生の友」だが、二七%しか抒情画系の絵は載っていなかった。読者から指摘されたのも肯ける誌面だった。それが一年後には五九%に増加してはいるものの、それでも他の雑誌に較べると少ないほうだった。

そういった状況に「女学生の友」は早急に独自の抒情画家を必要とした。そこでデビューしたのが、今までのどの雑誌でも仕事をしたことのない、京都の勝山ひろしだった。

✼勝山ひろし✼

昭和 25 年 9 月号

昭和 25 年 11 月号

昭和 25 年 11 月号

昭和 26 年 2 月号

彼の絵は今までの抒情画家の絵をはるかに越えて、飛び抜けて明るく、愛くるしい眸の少女を描いて、たちまち人気を集め、「女学生の友」の看板スターになった。その後、短期間のうちに「ひまわり」を除くすべての少女雑誌で、トップ扱いの挿絵画家となって活躍するようになるが「女学生の友」は小学館という出版社の性格上からか、時の編集長の意向なのか、勝山ひろしをひとり強く前面に出すような編集をしなかった。

それどころか、後年のことになるが、執筆の場を広げ過ぎて筆の荒れてきた勝山ひろしを、「女学生の友」はあっさり見限ることになる。

それは編集長が交替して、同誌の対象読者年齢を引き揚げつつあった頃のこと。勝山ひろしの絵はさらに色使いが派手になって人気を煽っていたからでもある。

初期の「女学生の友」の他誌との著しい相違点は、付録にもあった。「女学生の友」といえども小学館の九大学習雑誌の中の一誌だから、本誌の中にも学習・教養の頁が、かなりのスペースを占めていた。毎月の付録には必ず別冊の学習用参考書がついていた。

歴史辞典、数学宝典、英単語暗記辞典、植物採集事典などで、その表紙のタイトルの上には必ず「女学生必携」の角書きがあった。そして、それと全く同じ内容の付録が、同じ月の「中学生の友」にも「中学生必携」の角書き付きで付録として付いていた。

昭和 29 年 11 月号

昭和 29 年 4 月号

昭和 29 年 10 月号

昭和 31 年 6 月号

昭和 27 年 7 月号

付録欲しさの読者の獲得もあっただろうが、それは両刃の剣でもあって、その付録ゆえに敬遠されることもあっただろうと考える。小学館臭というか学年別雑誌の体質はいつまでも抜けず、他の少女雑誌と較べるとスマートさに欠けていた。

そんな「女学生の友」が、学習誌の臭いをすっかり消し去って変身するのは、昭和三〇年前後に編集部入りした桜田正樹が､編集長に就任してからのことである。この前後の時代は､少女雑誌界にとっての激動の時代でもあった。その間のことは「はじめに…」において述べた。危機感を持った「女学生の友」自らの努力もあったろうが、ライバル誌の相次ぐ休刊も同誌には幸いした。

挿絵でいえば「少女世界」「少女の友」でポツポツと仕事を始めていた藤田ミラノが「女学生の友」で開花。昭和三〇年の六月号限りで休刊となった「少女の友」の一枚看板だった藤井千秋も早速、七月号から「女学生の友」に執筆を開始する。

「少女ロマンス」出身の池田かずお、それに松本かつぢ、玉井徳太郎の挿絵画家陣がいて「女学生の友」の口絵・挿し絵・付録の装画は、甘美に華やかに競い合って、以前とは見違えるほどに洗練された雑誌に変貌した。

小説では三木澄子、佐伯千秋、津村節子、宮敏彦、藤原ていなどの作家陣がジュニア小説なる新しい分野を創り上げる緒に就いていた。

序章で述べた今日的「少女小説」の発端というべきものは、「女学生の友」昭和三一年新年号の別冊付録、北條誠作「愛の花束」にあると思う。この小説の中身自体は、従来通りの少女小説だったが、その付録の形態に注目したい。それは「女学生新書」の角書きが振られ、新書版スタイルの一〇〇頁ほどの冊子だ。

昭和二九年に発行された新書判、伊藤整の「女性に関する十二章」がベストセラーになった。副産物として新書判という判型がブームを呼んだ。これに注目していた桜田正樹は以後「女学生の友」の付録に、新書版のジュニア小説を一冊必ず付録とした。この新書判はやがて文庫判に変わるが、昭和四五年まで実に一五年間、毎月別冊付録として付けられた。

吉屋信子に代表される少女小説と、桜田が考案したジュニア小説とは、どこが何が違うのか考えてみた。従来の少女小説の主人公は少女で、そして副主人公も少女だった。登場する人物の殆どが女性で、男性の姿はなかった。男性が登場するとしたら、怖い悪漢とか怪しげな風貌の男たちだった。つまり、少女小説に登場する男たちは、少女にとっては非日常を象徴する存在だった。

一方、ジュニア小説の主人公はもちろん少女だったが、副主人公も少女である場合も多かったが、従来の少女小説と大きく異なったのは、必ず男の子が登場することだった。初期はそれがボーイフレ

昭和32年8月号付録

昭和32年5月号付録

ンドだったり、ほのかに恋心を寄せる少年だったりしたが、次第に恋人としての存在に変化していった。そして荒唐無稽な悪漢が登場する場面は絶無になった。要するにジュニア小説の中身が、波乱万丈なストーリーだったとしても、それはごく普通の日常的な生活の中の波乱万丈だった。

少女小説の中に少年が登場して、ほのかな恋愛感情が描写されるのは、画期的なことだった。それ以来、少年が相手役として登場するのは普遍的なことになった。この男の子が登場することによって、それまでの少女小説と区別して、ジュニア小説と呼ばれるようになった。

私の記憶に間違いなければ、その命名者は当時の「女学生の友」編集長の桜田正樹だったように思う。

その後、一時少女小説文庫ブームが到来。従来少女ものなど扱っていなかった出版社からも四、五種類の文庫が発行されて驚いた記憶がある。

ここで今一度断っておくと、「少女小説」と「少女小説文庫」の中身は、まったくの別物だということだ。文庫スタイルから判型が大きくなって「コバルト文庫」が隆盛を極めたが、それもいつの間にか消えてしまい、現在はライトノベルの時代だとか。私にはもう理解できない世界になってしまった。

昭和 43 年 1 月初版

昭和 42 年 9 月初版

コバルトブックス

雑誌の売れ行きが好調になると、別冊や増刊号を出したくなるのだろうか。「女学生の友」は藤田ミラノの絵を表紙にして、同誌創刊以来初の増刊号を刊行した。昭和三四年春のことだった。この頃の少女雑誌の表紙は、中原淳一の「ジュニアそれいゆ」以外全部、女優やタレントなどアイドルの写真に変わっていたから、昔ながらの抒情的な藤田ミラノの表紙絵は時代に逆行した感がなくもなかったが、評判は良かったらしい。却って新鮮に見えたのだろうか。以後、昭和四一年まで季節ごとに増刊号を出すほどの勢いが続いた。すべて当時人気絶頂の藤田ミラノの表紙で通した。「女学生の友」は好調の波に乗っていた。

この勢いが昭和三五年、姉妹誌「マドモアゼル」の創刊に繋がる。この間のことは5章の「遅ればせ…」の項に書いた。

一方で「女学生の友」の好調を睨んで、学習研究社から昭和三四年秋「美しい十代」が創刊された。この学研は終戦直後から、学年別の学習雑誌を出版しているところも小学館と似た環境にあり、新たなライバルの出現だった。

昭和38年　昭和36年
藤田ミラノ

Ｂ５判の大きさを活かして、ファッションと小説にも力を注いだ。毎月小説とファッションの別冊付録二冊も付けた。そして昭和四一年、珍しく集英社から小説ばかりの小型誌「小説ジュニア」が創刊された。「平凡」と「明星」、「平凡パンチ」と「プレイボーイ」、「なかよし」と「りぼん」。初期の集英社は二匹目のドジョウ狙いが上手だったが、この「小説ジュニア」はＢ６判の初めてのオリジナルな雑誌の創刊で、ジュニア小説花盛りの時代への先導役を果たした。

対抗上「女学生の友」の小学館は「ジュニア文芸」を創刊。「美しい十代」も小型判「女学生コース」を創刊した。このジュニア小説ブームにあろうことか、あの「蛍雪時代」の旺文社までが同じＢ６判の小型雑誌「ジュニア・ライフ」を創刊して殴り込みをかけた。ジュニア小説の世界は一気に戦国時代へと突入した。

そして、これらの雑誌に掲載された小説の多くが、後年、集英社の「コバルト・ブックス」に収められた。こうして現在に至る今日的ティーンズ文庫の原型が出来上がった。

平成元年秋、朝日新聞紙上に「乱戦！　少女小説文庫」と題した記事が載った。それは、かつての吉屋信子や加藤武雄などに代表される従来型の少女小説とは似ても似つかぬ少女小説の隆盛ぶりを伝えていた。

この少女小説文庫の参入社は、集英社を始めとして、講談社、角川書店、徳間書店、それに従来型の少女小説本の老舗・偕成社など七社にも及んだ。

昭和 38 年 5 月号

昭和 34 年 12 月号

昭和 42 年

昭和 42 年

昭和 41 年

昭和 45 年

昭和 44 年

編集長・桜田正樹は「マドモアゼル」に専念するため、創刊一年後に「女学生の友」を離れた。「マドモアゼル」は創刊までに「装苑」（文化出版局）、「ドレスメーキング」（鎌倉書房）、「服装」（同士社―婦人生活社）のようなＢ５判の服飾雑誌にするか、「若い女性」（講談社）のようなファッションと読物の雑誌にするか、はたまた「婦人公論」（中央公論社）のようなＡ５判の教養雑誌にするか、迷っていた。

結局、その頃のビジュアル化の流れに逆らって、競争相手のいない「婦人公論」の妹のような雑誌を目指して「マドモアゼル」は創刊された。それは、小学館としては初の大人向けの雑誌だった。初代編集長を兼任した桜田は、スラリとした長身を白のスーツの上下にピンクのネクタイを締めるようなダンディな男性で、人を逸らさないさり気ない話術で、周りの者を魅了した。

「マドモアゼル」は、小学館始まって以来の大人向け雑誌ということで、苦労も多かったようだ。桜田の人柄が三島由紀夫も捉えてしまったのか、「マドモアゼル」に三島由紀夫の「夜会服」を連載することが実現した。ただし、この実現には八年の歳月を要したと桜田は苦笑いしていた。

桜田は、三島に新作書き下ろしの連載を依頼する。それ以来、付き合いも深まるが、ある日前触れもなく三島が編集部を訪れ、手土産として持参したものをドサッと桜田のデスクに置くと「これを読んだらいい」とだけ言って帰ったという。

昭和 37 年 7 月号

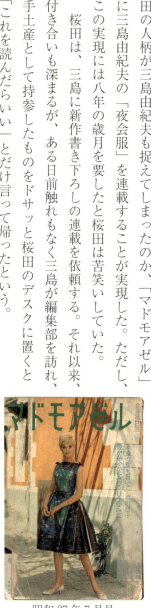

その本は、「神皇正統記」を含む三冊だった。「それ以来、あの人が怖くなってね」といって桜田は口を噤んだ。そして、「夜会服」連載終了後間もない昭和四五年秋、三島由紀夫は自衛隊市ヶ谷駐屯地に突入、割腹自決して果てた。

順風満帆の「女学生の友」の屋台骨は、次々に現れる新たなライバルの出現にも、ビクともしないように思えた。今までの編集から雑多な部分を削ぎ落として、後発だがお姉さん雑誌の「マドモアゼル」を差し置いて「婦人公論」の少女版とでも言いたい雑誌に、少しずつ変身していった。

昭和三〇年前後の「婦人公論」の表紙は、小磯良平から東郷青児にバトンタッチされた頃で「婦人公論」の誌面作りの行き方を見習っているのでは？　と思ったくらいだった。

昭和41年11月号

昭和三五年くらいから、「女学生の友」のスタイルが確立され、昭和四三年からの八年間は驚くことに、その内容は見事に変化しなかった。全誌面の構成はもとより、作家・画家、その他の執筆陣が、殆どレギュラー化してしまって変動がなかった。読者としては見慣れれば抵抗がなく心地良かったが、二年も読み続けると飽きが来たはずだ。しかし、「女学生の友」は頑なにかどうか分からないが、変わろうとしなかった。

ところが昭和四三年は新興のライバル誌「美しい十代」が創刊一〇年目にして早くも脱落した年であり、この頃は全盛のグループサウンズ命の「ティーンルック」（主婦と生活社）、それに「セブンティーン」（集英社）創刊の年でもあった。身近なライバルはいなくなったが、外堀が徐々に埋められ始めていたことに「女学生の友」は気付いていたのだろうか？

昭和四四年、「女学生の友」の誌面が、突如変貌した。続くそれからの変身ぶりは凄まじい。翌昭和四五年から小説の扱いが少なくなり、性関連の記事が目立ち始める。

更に、昭和四六年にはＢ５判の大判になった。雑誌が今までの形を変える時は、大抵行き詰った時なのだ。表紙が変わった。創刊以来、絵であれ写真であれ、表紙に登場するのは常に少女だけであったが、男の子も並んで表紙を飾った。それも素人ではなく、全て芸能人だった。娯楽雑誌「平凡」「明星」と区別のつかない表紙になってしまった。

僅か数年前までは時代に逆行して、徐々に漫画の頁を減らし続けて、ついに一頁も漫画のない姿になっていたが、いつの間にかまた漫画が掲載されるようになり、昭和四八年の一冊を調べてみたら、漫画の頁が一冊全体のおよそ二八％、色刷り頁も含めてグラビアが三八％も占めていた。

昭和46年

昭和五〇年に入ると、表紙の「女学生の友」のロゴが小さくなって片隅に追いやられ、替わってＪＯＴＯＭＯの文字が大きく座っていた。それから数ヵ月後には「女学生の友」の表記もなくなった。

それにつれて内容もどんどん変化する。「平凡」「明星」でもない、「近代映画」でもない、「ティーンルック」でもなければ「少女コミック」であろうはずがない。何よりも「女学生の友」ではない、珍妙な雑誌になってしまった。

そして、遂に昭和五三年一二月号を以って、二九年間の歴史を閉じた。本来ならば小学館の雑誌だから、年度末の三月号で終わるはずだが、社としては既に九大学習雑誌の一員としての「女学生の友」の感覚は、とうの昔、なくしていたのかも知れない。

昭和 50 年

昭和 52 年

最後の抒情画家といわれている藤井千秋、藤田ミラノを花咲かせたジュニア小説なる新分野を創り上げ、今を盛りのライトノベルの前身、少女文庫、ティーンズ小説の開拓者となって、戦後の少女雑誌界に輝かしい時代を築き上げた雑誌の、無残な姿での終焉だった。

女学生の友

小学館
創刊　昭和二五年四月号
休刊　昭和五三年一二月号

主な連載小説

西條八十　「虹の乙女」「あらしの白ばと」
芹沢光治良　「マロニエの花咲きて」
島田一男　「赤い靴の秘密」「紫リボンの秘密」「黒いピエロ」「黄金十字の秘密」
菊田一夫　「白鳥のゆくえ」
藤沢恒夫　「あこがれの森へ」
北畠八穂訳　「宝を見つける少女」
山本藤枝訳　「ケティーお嬢さん」
川端康成　「親友」
吉屋信子　「くらすめいと物語」
園田てる子　「花のふるさと」「愛のかたち」

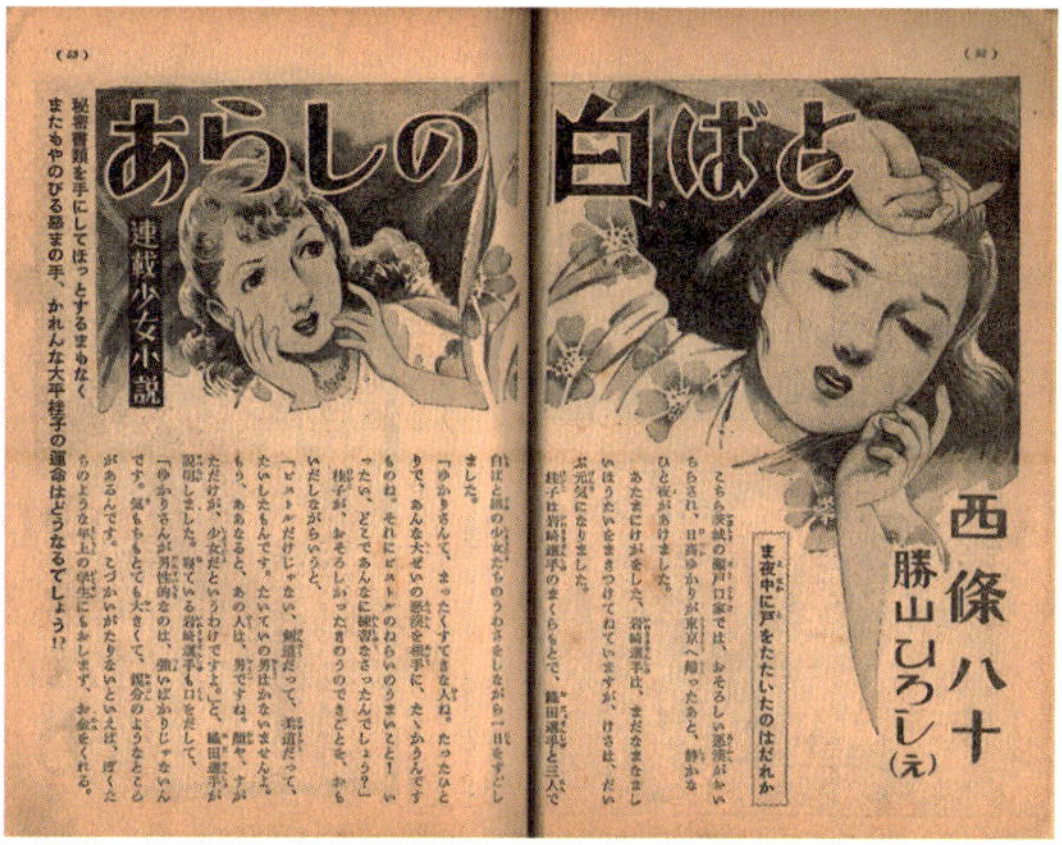

昭和 28 年

三木澄子　「すみれの日記帳」「花ことば日記」
　　　　　「花の流れ」「禁じられた手紙」
佐伯千秋　「赤い十字路」「潮風を待つ少女」
　　　　　「風の町かど」「エルムの丘」
畔柳二美　「昨日と今日の夢」
平岩弓枝　「信号は青」「若い真珠」「若い海峡」
三浦哲郎　「青い空がそこに」
新田次郎　「高校一年生」
富島健夫　「夜明けの星」「ふたりだけの青春」
　　　　　「雲の序章」
三浦綾子　「草のうた」
吉田とし　「海が鳴るとき」「たれに捧げん」
川上宗薫　「レモンのような娘」「オリーブは
　　　　　夢みる」

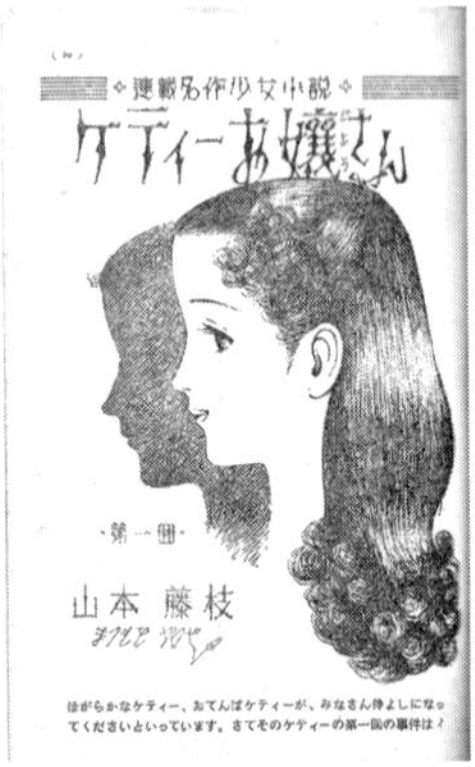

昭和 28 年

昭和 27 年

昭和 25 年

昭和 30 年

昭和 36 年

昭和 32 年

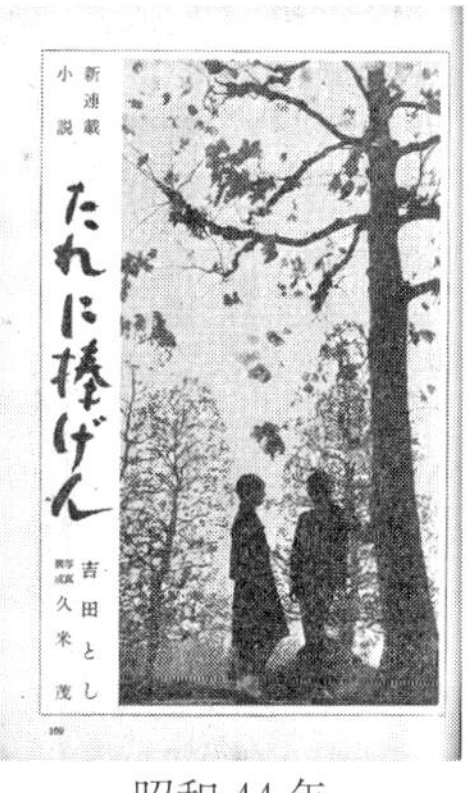

昭和 44 年

昭和 43 年

主な連載小説

松下井知夫　「クイン・モナの冒険」「ジャンケントリオ」「人魚トトの冒険」
早見利一　「冒険リリー」「テキサスマリー」
入江しげる　「ポックリ娘」「百合子」「虹のかなたに」
南義郎　「テレビコンビ」「ノン子とチョ子」「親愛なるヨッチン」
宮坂栄一　「トリちゃん捕物ブック」
高野よしてる　「はと笛物語」
清水崑　「おかっぱさん」
山内竜臣　「夕やけの丘」「スズランの道」
高橋真琴　「七色のパレット」
芳谷圭児　「白球に涙す」「熱球のかなたに」
藤子不二夫　「オバケのP子日記」
みつはしちかこ　「涙のブンタッタ」

昭和 25 年

昭和 32 年

昭和 28 年

12 「少女サロン」の章

少女小説と抒情画全盛の真只中に「少女サロン」は誕生した。発行元の偕成社は、戦前から続く主に児童物を手掛けてきた出版社である。戦時中の出版社統合にも幸いにして生き残り、戦後直ぐ出版活動を再開した。手始めはバーネットの「小公子」などの翻訳ものが中心であったが、昭和二三年になると俄然少女小説の出版が増えた。

昭和 30 年

昭和 30 年

昭和 24 年　金の星社版

昭和 25 年　新浪漫社

少女小説

この年は偕成社の発行点数三六点の内、一六点が少女小説で、翌昭和二四年は七八点中、実に六一点が少女小説だった。

少女小説のブームが間もなく来ることを予測していたのだろうか、昭和二二年の暮れに同社社員の久保田忠夫と田中治夫らが、独立してポプラ社を立ち上げた。以後、少女小説の二大出版社となって、競うことになって行く。

「長い戦争の窮乏生活で人びとは活字に飢えていたから、本は刊行の傍らから飛ぶように売れた」―偕成社五十年のあゆみ―。

そんな時代であったから、ジャンルを問わず活字になるものがあったら、手あたり次第本を出した出版社も多かったかも知れない。

当時、ともかく少女小説の一点でも手掛けた出版社は、分かっているだけで実に一〇五社に及んだ。一点出版しただけで潰れたところもあるだろう。再版の時点で出版社の名義が変わっているところもあった。

ポプラ社　少女小説　昭和24年

少なくとも五点以上の少女小説を刊行した出版社は、二六社挙げることが出来る。その少女小説のブームが去った昭和三〇年代前半までのおよそ一〇年間、発行点数からみると最多の出版社はポプラ社だった。

僅差で続く偕成社、あとはぐっと刊行点数が少なくなって、実業之日本社系の東和社。雑誌「太陽少年」を出していた妙義出版社。「東光少年」と西條八十から名義を引き継いで少女雑誌とした「蝋人形」の東光出版社と続く。戦前、多くの名作少女小説を世に送り出した講談社は、なぜか戦後は七、八点のみの刊行で終わっている。

少女小説の需要の多さを、それまでは新作書き下ろしのほか、戦前の作品の新装再版の形で対応して来たが、それにも限度があり、その対策に苦慮した偕成社の今村源三郎は、新作書き下ろし長編小説の入手に、自ら月刊誌の少女雑誌を創刊することで解決しようと決断する。

こうして「少女サロン」は誕生した。少女小説ブームの真只中で創刊に踏み切ったのは、数ある少女雑誌の競争の上では、少々ブームに乗り遅れた感が否めないでもなかった。

昭和 26 年

ちなみにこの時期、発行されていたのは「少女の友」「少女クラブ」「ひまわり」「少女世界」「少女」「少女ロマンス」「女学生の友」の七誌だった。この一年後には「少女ライフ」、続いて「少女ブック」が創刊されている。「少女サロン」を加えると同時期に九誌が競い合う、明治以来の歴史の中でかつてない激戦の時代を迎えることになった。

「少女ブック」が大判のB5サイズで、表紙は絵ではなく、少女雑誌としては初めての写真で登場したのは、現在に至るその後の少女雑誌の新しい胎動でもあった。

「少女サロン」という誌名の響きは、都会的で明るくお洒落な印象を受けた。単行本化を前提とした少女小説を生み出すべく誕生した雑誌だったが、格別、小説の掲載が多いとも思われず、巻末に毎号長編読切小説があったのが、目立つくらいだった。

しかし、「少女サロン」に掲載された小説は、殆ど例外なく同社から、二、三ヵ月後には単行本として出版さ

昭和26年

れた。少女小説本の変幻自在なことは、版を重ねるのが多いのでそうなるのか分からないが、再版時に装丁とか挿絵が初版と変わるのは特別珍しいことではなかった。甚だしいものは本の題名さえ変わっていることもあった。

「少女サロン」の不運のひとつに、挿絵画家・辰巳まさ江の病気があった。この人は、昭和一三年頃から「少女倶楽部」「少女画報」で既に立派な挿絵画家として活躍していた。その筆致が完成した戦後は、抒情画家の中では誰よりも早くから活動を始めていた。その画像は隣近所にでもいそうな愛らしい少女の絵で、小・中学生には中原淳一以上の人気を集めていた。

昭和二四年の夏、病に倒れる直前まで彼女は「ひまわり」以外の全部の少女雑誌と「婦人倶楽部」「新婦人」など、婦人雑誌にも活動の場を持っていた。加えて偕成社、ポプラ社を始めとする少女小説本の装丁・挿し絵も月五、六本は執筆していた。

少女小説の単行本は、彩色した表紙絵のほかに挿し絵が五、六点、色刷りの口絵が一点、時には二色刷りの口絵が四点ある場合もあり、毎月膨大な量の注文をこなさなければならなかった。ちょうど

昭和 24 年 3 月初版

昭和 29 年 11 月再版

「駒鳥のランタン」

この時期、辰巳まさ江の家庭内の事情もあって、彼女は心身ともに極限にまで達していたのだった。昭和二四年の夏、突然絵筆が握れなくなって断筆を余儀なくされた。健康を取り戻して再び絵筆を握れるようになったのは、およそ五年も経ってからだった。皮肉にもその時期は「少女サロン」が終末を迎えようとしていた時期でもあった。

「少女サロン」創刊の構想が固まって動き始めたのが昭和二四年頃で、もとよりその活動の中心に辰巳まさ江を据える構想が、発行元の偕成社にはあったはずだ。彼女のそれまでの偕成社との関りから、この人が病に倒れなかったら「少女サロン」の表紙絵を描いていて不思議はない、実力と人気を持った画家だった。

他のジャンルの雑誌も同じことだと思うが、少女雑誌でかつて使用した絵を、再度掲載することはまずない。しかし、辰巳まさ江の実力と人気の高さゆえに、「少女サロン」の編集部は再使用に踏み切った。既に発売した少女小説の単行本の表紙を飾った絵を、一年以上も毎月折込み口絵に、または付録の装丁として再三に亘って使用した。

それを古い作品とは知らない少女たちから、「「少女サロン」には辰巳先生の絵が出てるのに、何故本誌には載らないのですか」と別の少女雑誌の読者の投書が相次いだ。その声の多さを無視出来なくなったのだろう、「お知らせ」とか「辰巳先生の近況報告」として、その間の事情を説明した雑誌も複数あった。

昭和 25 年 6 月号

昭和 26 年 7 月号

昭和 26 年 8 月号

✻辰巳まさ江✻
折込み口絵

昭和 26 年 6 月号

昭和 27 年

昭和 29 年

「少女サロン」を語る上で避けて通れない作家に、円地文子と柴田錬三郎のふたりがいる。

昭和二四年、「少女サロン」の創刊直前に柴田錬三郎は、三点の少女小説を偕成社から出している。少女小説と並行して世界名作などの翻訳ものも併せて昭和三〇年までに二七点も（それ以上あるかも知れない）子供向けの本を出版している。その間、昭和二七年に直木賞を取り、昭和三一年からは「週刊新潮」にご存知「眠り狂四郎」の連載が始まった。少女小説の執筆は、直木賞を取るまでの無名に近い頃の生活費稼ぎだったようだ。「少女サロン」には一六ヵ月も掛けた連載小説「三面怪奇塔」と八編の短編小説を発表しているが、ほかの少女雑誌には二、三編しか書いていない。

一方、円地文子といえば、少女小説の大家といったことになっているが、それは昭和一七年に「朝の花々」という少女小説を書き下ろしたのが発端だったろうと思う。これは戦後も直ぐ再版されたので、少女小説作家としての評価は定着していたのだろう。実は、彼女は少女小説を短編を含めても雑誌上には「少女サロン」誌上以外には書いていない（以外には二、三本―か）。例外の一本に、戦前の「日本少女」（小学館）に昭和一八年一〇月号から連載が始まった「富士のある窓」がある。残念ながらこの「日本少女」は昭和一九年三月号限りで休刊になったので、完結の行方は分からない。

「日本少女」昭和18年

✼柴田錬三郎✼

上：昭和 28 年版
下：昭和 29 年版

昭和 29 年版

昭和 27 年

✼円地文子✼

昭和 22 年版

昭和 24 年版

昭和 29 年版

少女小説の大家説は城夏子にもまとわりついていることで、ご本人には迷惑な話だったのだろうか？　彼女の晩年のエッセイにそれを書いた文章を読んだ記憶があるが、その雑誌もタイトルも覚えていないのが残念だ。

私の知る限りでは、城夏子が少女雑誌に連載小説を書いているのを見たことがない。短編小説は「ひまわり」ほかの雑誌に一〇数編の小説を書いている。ただ、小学館の「小学六年生」には「花くれないに」という小説を昭和二六年に連載している。それが年度変わりで、その四月号から「女学生の友」に持ち上がった例はあるが、それも六月号で完結するまでの三ヵ月間だけであった。何故、彼女が少女小説の大家とされているのか、私には理解できない。ただし、単行本としては「庭の千草」ほか、一〇点前後の少女小説本があるが、そのいずれも少女雑誌の上では見つけられない。書き下ろしを執筆の中心にしていたのだろうか。少女小説を書いている作家で、単行本を一〇冊も出しているのは多作の方だ。

「少女サロン」は、小説および読物中心の編集だったから、時代の変化に対応するのに機敏であったとはいいがたい。それでも昭和三〇年七月号を一ヵ月だけ休刊にして、生き残るために取った戦略は、大型でビジュアル化することだった。今までのＡ５判から一挙に倍の大きさのＡ４判にして、八月号からの再出発に賭けたが、明らかに事前の研究不足は、その大判の特性を生かすほどの編集はなされておらず、この一冊で刊行に終止符を打った。

明るくて賑やかだった「少女サロン」は、こうして足掛け六年、合計六三冊を世に送り出して歴史を閉じた。「少女サロン」の休刊は、従来型の少女小説、少女雑誌の終焉でもあった。

少女サロン

偕成社
創刊　昭和二五年六月号
休刊　昭和三〇年八月号

主な連載小説

円地文子　「荒野の虹」「あの星この星」「白百合の塔」
高木彬光　「死神の馬車」「黒衣の魔女」「オペラの怪人」
北條誠　「花ごよみ」「羽ばたく天使」
大林清　「哀しき円舞曲」「嘆きの夜曲」「涙の母子鳥」
大庭さち子　「久遠の鐘」
壇一雄　「風雲黒姫城」
船山馨　「虹たつ丘」
柴田錬三郎　「三面怪奇塔」
サトウハチロー　「桃栗五十三次」

昭和25年

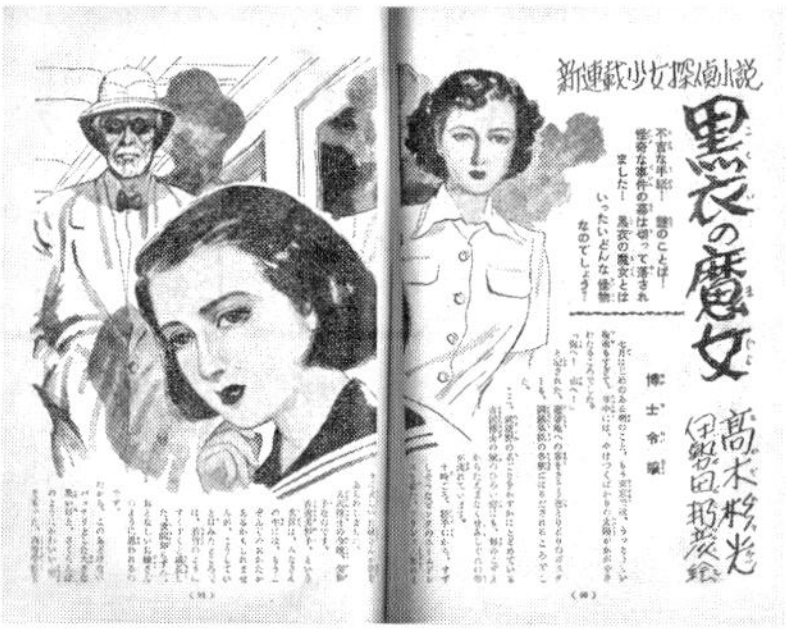

水島あやめ「花散る窓」
島田一男「朝丸夕丸」
蕗谷虹児作画「形見の舞扇」
橘外男「怪談八坂根村」
伊藤佐喜雄「忘れじの瞳」

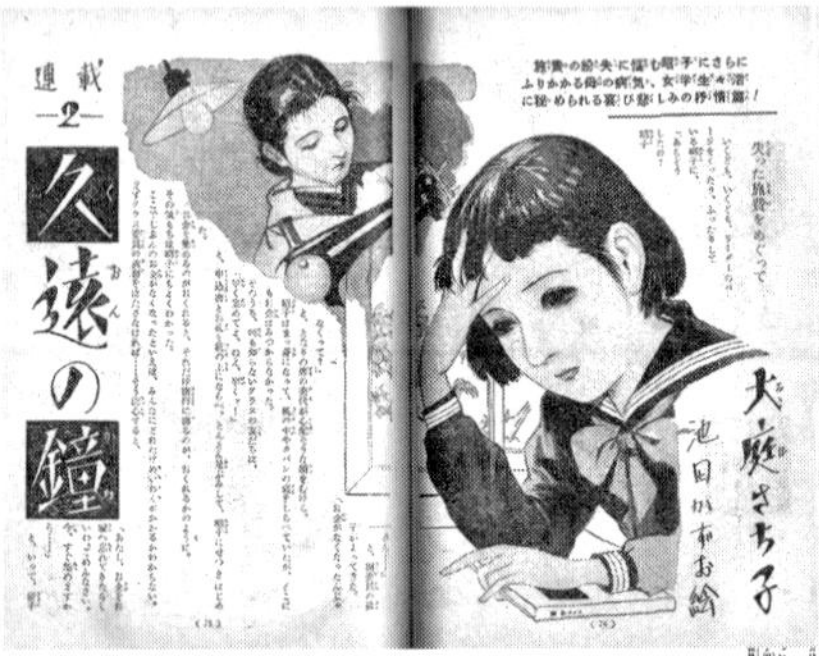

主な連載漫画

倉金良行（章介）「白雪姫」「ピカドン娘」
松下井知夫「こつぶのノコさん」
ツヅキ敏三「アン子ちゃん」
入江しげる「ワイワイグループ」「えくぼのポッ子」
早見利一「ミスリボンの冒険」
みなみよしろう「ピンクちゃん」
うしおそうじ「あまぐり御殿」「江戸っ子タイちゃん」「ポッポ行進曲」
高野よしてる「おてんばテン子ちゃん」

コレクション・エピソード　4

昭和三一年、私は高校を卒業して、念願の東京に出ました。当時、三鷹に住む兄のアパートに転がり込むと、翌日向かった先が神田の古書街でした。神田神保町一帯は右も左も表も裏も行けども行けども古書店と本屋さんが、ずらりと軒を並べていました。

新刊書の本屋さんには気後れして店の中に入れないって馬鹿なことはありませんでしたが、さすが東京・神田の古書店では、堂々たる風格ある古書店もあって、入り辛い店もありました。それでも物怖じすることなく、一軒一軒ていねいに見て回るのでした。

そんなとある横丁のお店の軒先に、なんと！「少女の友」が一括り無造作に置いてあるではありませんか。そんなに厚くもない雑誌が、数えたら六七冊。明治時代のものは二冊だけ、後は全部大正時代の「少女の友」でした。表紙は川端竜子で、中には竹久夢二の挿絵もありました。与謝野晶子の小説も載っていて、田山花袋の小説もあるという、贅沢な雑誌でした。

この時の売値は、はっきり覚えています。一括りで五〇〇〇円也でした。一冊あたり七五円くらいになります。高いのか安いのか見当もつきませんでしたが、当時の学卒の初任給がまだ一万円には届いていない時代でしたから、大雑把に換算すると一〇万円くらいになるのでしょうか。

どっちにしろ欲しい雑誌が目の前にあると、後先考えずに買ってしまうのは、今でも止められない困った癖です。

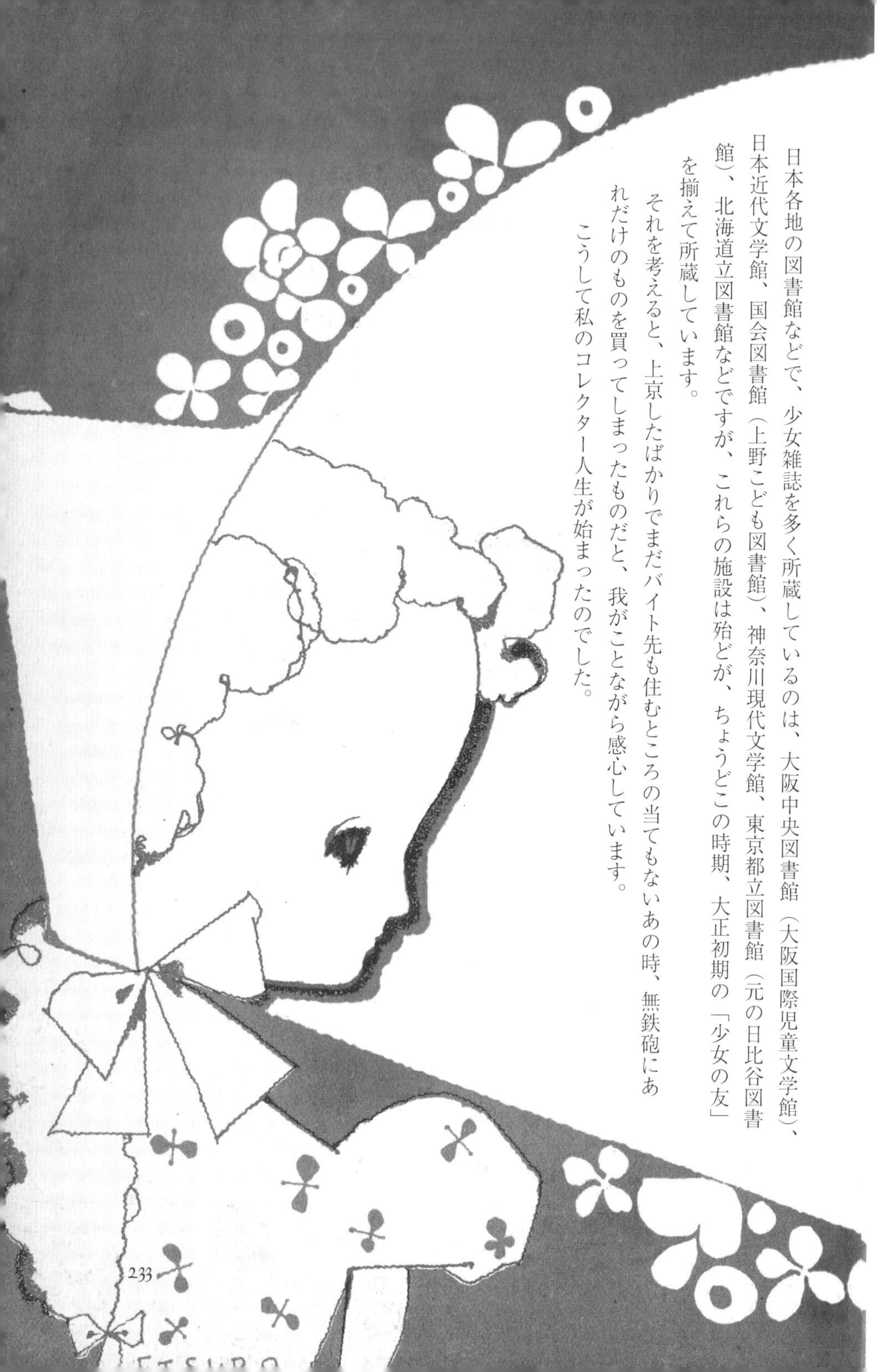

日本各地の図書館などで、少女雑誌を多く所蔵しているのは、大阪中央図書館（大阪国際児童文学館）、日本近代文学館、国会図書館（上野こども図書館）、神奈川現代文学館、東京都立図書館（元の日比谷図書館）、北海道立図書館などですが、これらの施設は殆どが、ちょうどこの時期、大正初期の「少女の友」を揃えて所蔵しています。

それを考えると、上京したばかりでまだバイト先も住むところの当てもないあの時、無鉄砲にあれだけのものを買ってしまったものだと、我がことながら感心しています。

こうして私のコレクター人生が始まったのでした。

大正初期の「少女の友」
67冊のうち

四月
少女の友
第九巻
第四號
少女の友
一月
第十一巻
第一號

雨

北原白秋

雨がふります。雨がふる。
遊びにゆきたし、傘はなし、
紅緒《べにお》の木履《かっこ》も緒《お》が切れた。

雨がふります。雨がふる。
いやでもお家《うち》で遊びましょう。
千代紙《がみ》折りましょう、たたみましょう。

雨がふります。雨がふる。
けんけん小雉子《きじ》が今啼《いまな》いた、
小雉子《きじ》も寒かろ、寂《さび》しかろ。

雨がふります。雨がふる。
お人形寝《ね》かせどまだ止まぬ。
お線香《せんこう》花火もみな焚《た》いた。

雨がふります。雨がふる。
晝《ひる》もふるふる。夜もふる。
雨がふります。雨がふる。

13 「少女ライフ」の章

「少女ロマンス」の休刊と入れ替わるように誕生したのが「少女ライフ」だった。Ｂ６判の、戦後の少女雑誌では初めての小型本だ。

発行元の新生閣は「少年少女漫画と読物」という同様の体裁の雑誌を出していて、タイトル通りの漫画半分・読物半分の、当時としてはかなり思い切った編集で、派手ではないが安定した人気を持っていた。

現在はほぼ皆無だと思うが、終戦からこの時期に掛けては、誌名の上に「少年少女」と付けた雑誌が多く出ていた。「冒険王」「譚海」「おもしろブック」「王冠」「面白世界」「友達」「桜」など。調べていたら「少年少女雑誌映画少年」なる珍妙な誌名のものまであった。

「良心的児童雑誌」といわれた、いわゆる児童文学雑誌にも、そのものずばりの「少年少女」（中央公論社）があったし、「少年少女銀河」（新潮社）もあった。誌名の上に「少年少女」をつけたのは、男女平等という終戦直後の封建制度打破の流れの中の、自然な成り行きだったのかも知れない。

昭和 26 年 8 月号

昭和 26 年創刊号

昭和 27 年

あの八月一五日以前は、毎朝学校に登校すると、まず奉安殿に頭を垂れ、口を開けば鬼畜米英を叫び、女の先生でも竹を削って作った竹槍の扱き方の模範を示した。近隣の田園でラミーを刈り取り、葉を扱いた茎を薪の丸太で叩いて繊維状にした。お蔭で手はアクで真っ黒になった。それから稲を刈り取った跡の田圃へ行き、落穂拾いをしたのが秋の小学校の遠足だった。この遠足は戦後も暫く続いた。

そんな学校生活が八月一五日を境に、民主主義とか男女同権とか、耳馴れない言葉が飛び交い、小学生だった子供心にも異様なものであった。そして、ラミー刈りで真っ黒になった手を、今度は教科書を墨で塗り潰す作業で真っ黒にした。これはＧＨＱからの命令だったのか、政府の指令だったのか、当時小学校の二年生だった私は知らない。

皆が表面上は昨日までのことを、ケロリと忘れたかのようだった。そして、雑誌の表紙にまで「少年少女」と角書を入れるのが、男女同権なのか分からなかったが、本音はあわよくば一冊の雑誌で、両方の読者を取り込みたいとの思惑が、出版社にはあったのかも知れないと今にして思う。しかし、タイトルに反して実際の雑誌の内容は、殆どが少年むきだった。

だから、暫くすると女の子から不満の声が上がるのは当然の成り行きで、「もっと少女向けの読物を増やしてください」という投書が、コテコテの男子向けの雑誌「冒険王」に出ていたのを憶えている。もちろん、この雑誌もタイトルは「少年少女冒険王」だったからだ。

そうした少女たちの声を無視出来なくなった面もあるのだろうか、やがて「少年少女おもしろブック」から「少女ブック」が、「中学生の友」から「女学生の友」が誕生したように、「少女ライフ」も「少年少女漫画と読物」から独立して創刊された雑誌だった。新生閣は他に「こどもクラブ」ともう一冊の絵本雑誌を刊行していて、少女雑誌の分野でもやっていける自信があったのだろう。

昭和24年

小型雑誌で付録なしで、一五二頁の厚さ（当時はこれでも厚い雑誌だった）で、定価五〇円は他の雑誌の半値だったから買いやすくはあった。「明朗で健康な少女」を目指した編集は、「漫画と読物」とほぼ一緒の執筆陣で固めてあった。

創刊号では漫画が全体のおよそ四〇％を占めていて、その頃の少女雑誌としては異色だった。松本かつぢの筆による表紙絵も、抒情画系統の絵ではなく、コミカルなタッチが雑誌の性格を表現しているかのようだった。

連載小説は高垣眸、久米元一、宮崎博史の三本で、少女雑誌の雰囲気ではなかった。少女雑誌にとって連載の少女小説は、必要欠くべからざる定番だと思っていたから「少女ライフ」にはそれがないのが不思議だった。

しかし、短編では少女小説もあり、一三本もある連載漫画の主人公は確かに少女だったが、お兄さん雑誌である「漫画と読物」と、さして変化のない内容だった。それは従来の少女雑誌とは一味違った湿っぽさのない明朗で健康な漫画で特色を出そうとしたのだろうか。

ちょうどこの時期は、付録の制約が解けて、各誌一斉に付録で競い始めた時期だった。本誌だけの魅力で闘って行くには、「少女ライフ」は少々力不足だったようだ。全体に漫画の占める割合が減ってきた。そして、中島光子作の少女小説が始まった。

中島光子は後年の推理小説作家、新章文子である。この当時の中島光子は小品ばかりながら、当時発行されていた少女雑誌八誌全部に執筆する売れっ子作家だった。

この中島光子の投入は強力な助っ人のはずで、従来型の少女雑誌にすり寄っていった。表紙の松本かつぢの絵も抒情画風の絵に変わっていったが　強力なテコ入れとはならなかった。珍しいことに、この雑誌には水上勉が小説と童話を一本ずつ執筆している。

昭和27年　松本かつぢ

✻中島光子✻

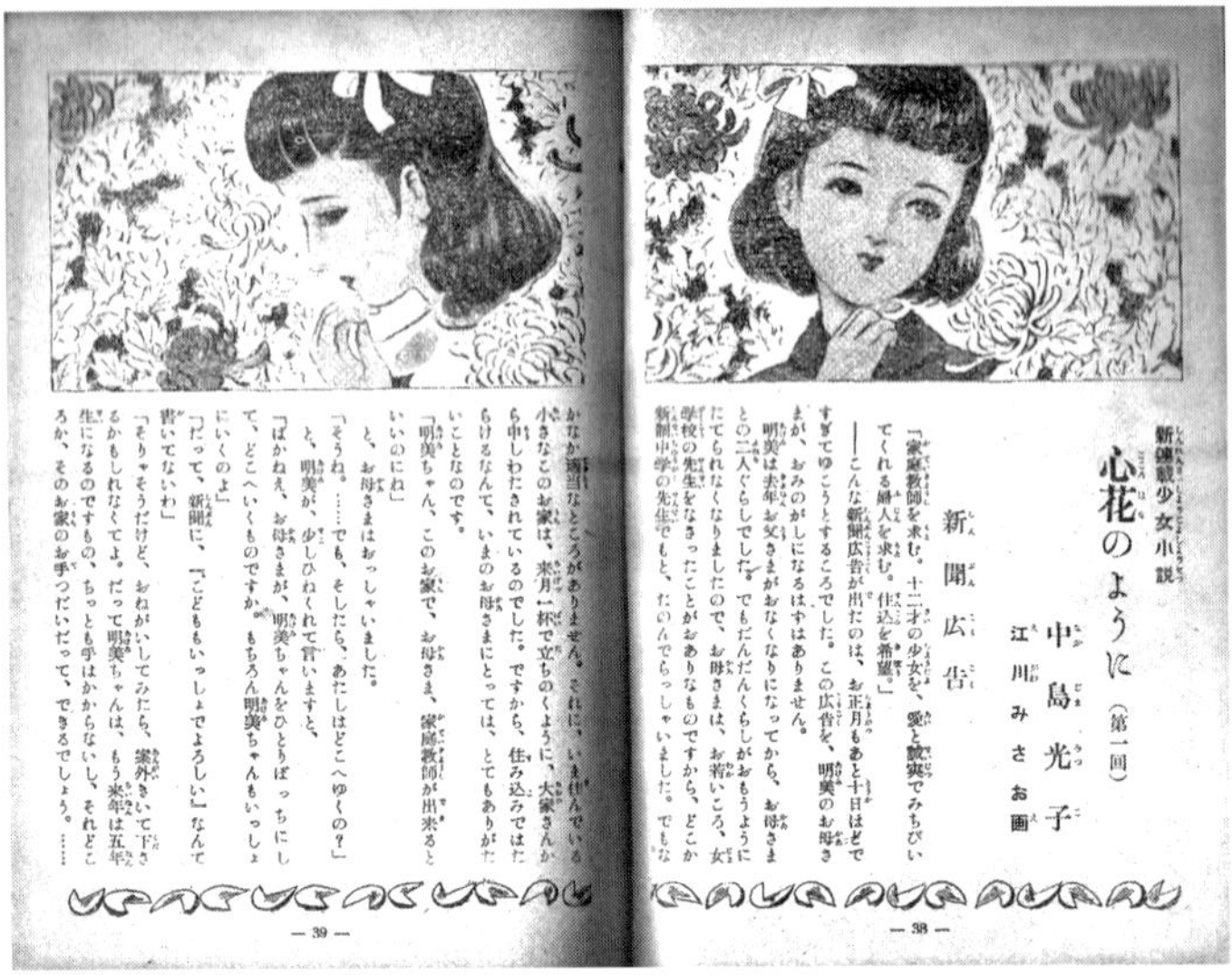

新連載少女小説

心花のように（第一回）

中島光子

江川みさお画

新聞広告

「家庭教師を求む。十二才の少女を、愛と誠実でみちびいてくれる婦人を求む。住込を希望。」

――こんな新聞広告が出たのは、お正月もあと十日ほどですぎてゆこうとするころでした。この広告を、明美のお母さまが、おみのがしになるはずはありません。

明美は去年お父さまがおなくなりになってから、お母さまとの二人ぐらしでした。でもだんだんくらしがおもうようにたてもれなくなりましたので、お母さまは、お若いころ、女学校の先生をなさったことがおありなものですから、どこか新制中学の先生でもと、たのんでらっしゃいました。でもなかなか適当なところがありません。それに、いま住んでいる小さなこのお家は、来月一杯で立ちのくように、大家さんから申しわたされているのでした。ですから、住み込みではたらけるなんて、いまのお母さまにとっては、とてもありがたいことなのです。

「明美ちゃん、このお家で、お母さま、家庭教師が出来るといいのにね」

と、お母さまはおっしゃいました。

「そうね。……でも、そしたら、あたしはどこへゆくの？」

と、明美が、少しひねくれて言いますと、

「ばかねえ、お母さまが、明美ちゃんをひとりぼっちにして、どこへいくものですか。もちろん明美ちゃんもいっしょにいくのよ」

「だって、新聞に、『こどももいっしょでよろしい』なんて書いてないわ」

「そりゃそうだけど、おねがいしてみたら、案外きいて下さるかもしれなくてよ。だって明美ちゃんは、もう来年は五年生になるのですもの、ちっとも手はかからないし、それどころか、そのお家のお手つだいだって、できるでしょう。……

― 38 ―

― 39 ―

✻水上　勉✻

（童話）

人形悲歌

水上　勉

北国のある町に、人形のすきな少女の姉妹がありました。

ふたりはいろいろのお人形をもっていました。茶いろの目をしたジプシイのスペイン人形だの、赤絹のドレスを着たフランス人形だの、そのほかに、まだまだ、たくさんもっていました。

ある冬の日に、姉のほうが病気になって、ぽっくり死にました。

妹のかなしみはひととおりでありません。

妹は、姉といっしょにかわいがってきたお人形を抱いて泣きました。

姉は町のはしにある丘の上の墓地にうめられました。そのお葬式の日に、妹は、

「お姉さま、お人形を抱いておやすみね」

といって、姉のなきがらに、かわいいピンクのドレスを着たオランダの人形をいだかせました。

― 137 ―

昭和27年4月号

昭和27年3月号

「少女ライフ」は表紙のタイトルの上に、「新生閣の少女雑誌」の角書が振ってあった。そこに強力な自信と自負を感じるが、充分な基礎固めもままならない内に「漫画と読物」で培った実力を、充分に発揮できないまま、あっさり廃刊することになる。創刊から一年も満たない一〇冊の「少女ライフ」を世に送って撤退した。

しかし、立派だったのは、最終号に社告として休刊を告知、前月号までの懸賞当選者には整理がつき次第、賞品を順次発送することを約束している。各連載小説の末尾には「未完」とした上で「本誌五月号より休刊のため、完結を待たず中絶致しましたことを深くお詫び申し上げます」と明記してあった。

さらに巻末の編集便りにも「みなさまも本誌が発刊目的に掲げました「ライフ」の意味をよく心掛けて下さって、より良い生活を送るよう祈っております…」と、しっかりした別れの言葉もあった。

漫画をメインにして、明るい新しいタイプの少女雑誌を目指しながら、早々に撤退しなければならない無念が行間に滲み出ていた。

幾つとなく見てきた少女雑誌の散り際は、殆ど全部といって良いくらい夜逃げ同然の仕舞い方をする中で、「少女ライフ」の引き際は堂々としていて爽やかだった。

表紙のタイトルの上に「新生閣の少女雑誌」と銘打ったそのプライドが、最後まで全うされた。

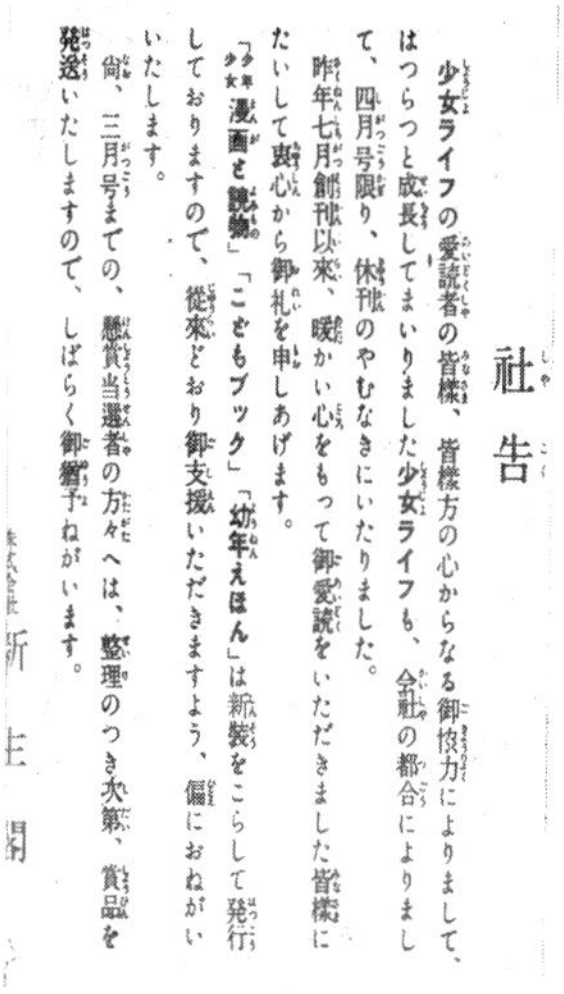
社《しゃ》告《こく》

少女《しょうじょ》ライフの愛読者《あいどくしゃ》の皆様《みなさま》、皆様方の心からなる御協力《ごきょうりょく》によりまして、はつらつと成長《せいちょう》してまいりました少女《しょうじょ》ライフも、会社《かいしゃ》の都合《つごう》によりまして、四月号《しがつごう》限り、休刊《きゅうかん》のやむなきにいたりました。

昨年七月創刊《さくねんしちがつそうかん》以来、暖《あたた》かい心をもって御愛読《ごあいどく》をいただきました皆様《みなさま》にたいして衷心《ちゅうしん》から御礼《おれい》を申《もう》しあげます。

「少年少女漫画と読物《まんがとよみもの》」「こどもブック」「幼年《ようねん》えほん」は新装《しんそう》をこらして発行《はっこう》しておりますので、従来《じゅうらい》どおり御支援《ごしえん》いただきますよう、偏《ひとえ》におねがいいたします。

尚《なお》、三月号《さんがつごう》までの、懸賞当選者《けんしょうとうせんしゃ》の方々《かたがた》へは、整理《せいり》のつき次第《しだい》、賞品《しょうひん》を発送《はっそう》いたしますので、しばらく御猶予《ごゆうよ》ねがいます。

株式会社 新生閣

昭和27年4月号

少女ライフ

新生閣
創刊　昭和二六年七月号
廃刊　昭和二七年四月号

主な連載小説

高垣眸　「紅玉の冠」
久米元一　「赤い白鳥」
宮崎博史　「カムカム兄妹」「三つの太陽」
中島光子　「心花のように」

主な連載漫画

松下井知夫　「おぽちのトコちゃん」
ツヅキ敏三　「エッちゃん」
太田二郎　「ちんから鈴姫」
石田英助　「おこりんぼ姫」（漫画絵物語）

昭和26年8月号

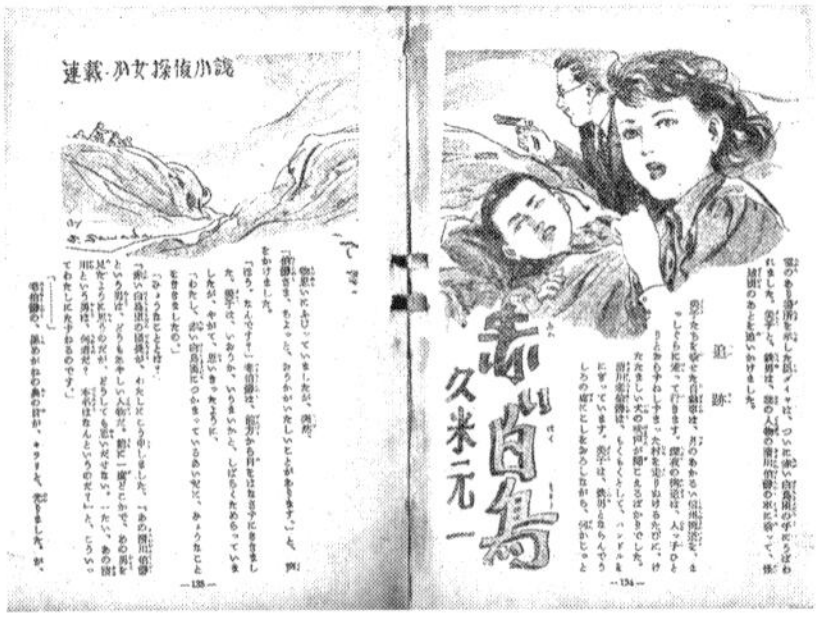

昭和27年3月号

昭和 26 年 10 月号

昭和 26 年 7 月号

昭和 27 年 1 月号

昭和26年7月号

昭和26年9月号

14 「少女ブック」の章

昭和二六年の夏、「おもしろブック」の妹雑誌「少女ブック」が創刊された。後年、真似の集英社、二番煎じの集英社と揶揄される以前のことで、主に対象読者を小学生中心に据えた少女雑誌としては、初のB5大判の雑誌だった。

「少女ブック」は大型の利点を活かして、明るく賑やかに華やかに、親しみやすい雑誌だった。「おもしろブック」の看板絵物語「少年王者」で人気の山川惣治描く絵物語「小さなミル子」も「少女ブック」の看板になるはずだった。

昭和 31 年

昭和 29 年

昭和 33 年

その舞台がアフリカなら子供たちにもイメージとしてまだ馴染みがあったかも知れないが、ミル子が生活する場はジャワ。祖父の経営する農園が背景の舞台に、独立戦争も絡んだストーリーは、少女雑誌としては骨太過ぎたようだった。加えて山川惣治の太いペンタッチは、少女たちには荒々しく馴染めないものがあったかもしれない。

「少女ブック」の内容は、その読者対象からみて絵物語が多目ではあったが、連載ものの中には常時二、三本の戦前の佐藤紅緑や吉屋信子などの小説がリメークされ、連載絵物語になっていた。驚いたことに巻を重ねて昭和三〇年代になると、そのわずか三年前に「女学生の友」に連載が終わったばかりの菊田一夫の「白鳥のゆくへ」が、小学生向けにリメークされて、新連載！　と堂々と謳って掲載された。

集英社が「女学生の友」発行の小学館の系列出版社とはいえ、この無節操は理解に苦しむ。「少女」連載の元祖お姫様漫画「あんみつ姫」の向こうを張った、早見利一の「てるてる姫」はご愛敬だが、小野寺秋風の「探偵タン子ちゃん」が「少女」で人気を呼ぶと、「少女ブック」は臆面もなく同じ漫画家に、「探偵テイ子ちゃん」を描かせている。集英社の二番煎じは、この頃から始まっていた。そうした中で、まったく地味な記事ではあるが「世界の動き」という毎月二頁の時事解説は、NHK解説委員の新井五郎の実に判りやすい読物で、創刊以来五年間も続いた。

昭和26年12月号

昭和 26 年 12 月号

昭和 30 年

「少女」昭和 26 年 6 月号

もうひとつ、あまり目立たない頁で、サトウ・ハチローの少女詩がある。創刊号から昭和三一年まで毎月二編、挿絵付きで掲載された。実に「少女ブック」を舞台に一〇〇篇以上の詩が誕生したことになる。これは戦前・戦後を通じて少女雑誌としては稀有の企画だったと思う。

このように地味で息の長い企画を持ちながら「少女ブック」は独自の作家も挿絵画家も育てなかった。作家はともかく、戦前・戦後を通じて、どの少女雑誌も専属とまではいかなくても、柱となるスター画家、人気画家を抱えているか、育てるかしたものだった。「少女ブック」には別格扱いの挿絵画家はいなかったし、一八年の歴史の中でついに一人の挿絵画家も育てなかった。作家にしろ画家にしろ、常に既成の人気ものを寄せ集めての、いいとこ取りの編集だった。

しかし、創刊当時の「少女ブック」には、ユニークな企画があった。もうご存知の人は少ないだろうが、漫談家で声優でもあった徳川夢声に、「少女西遊記」なる読物を連載させ、喜劇

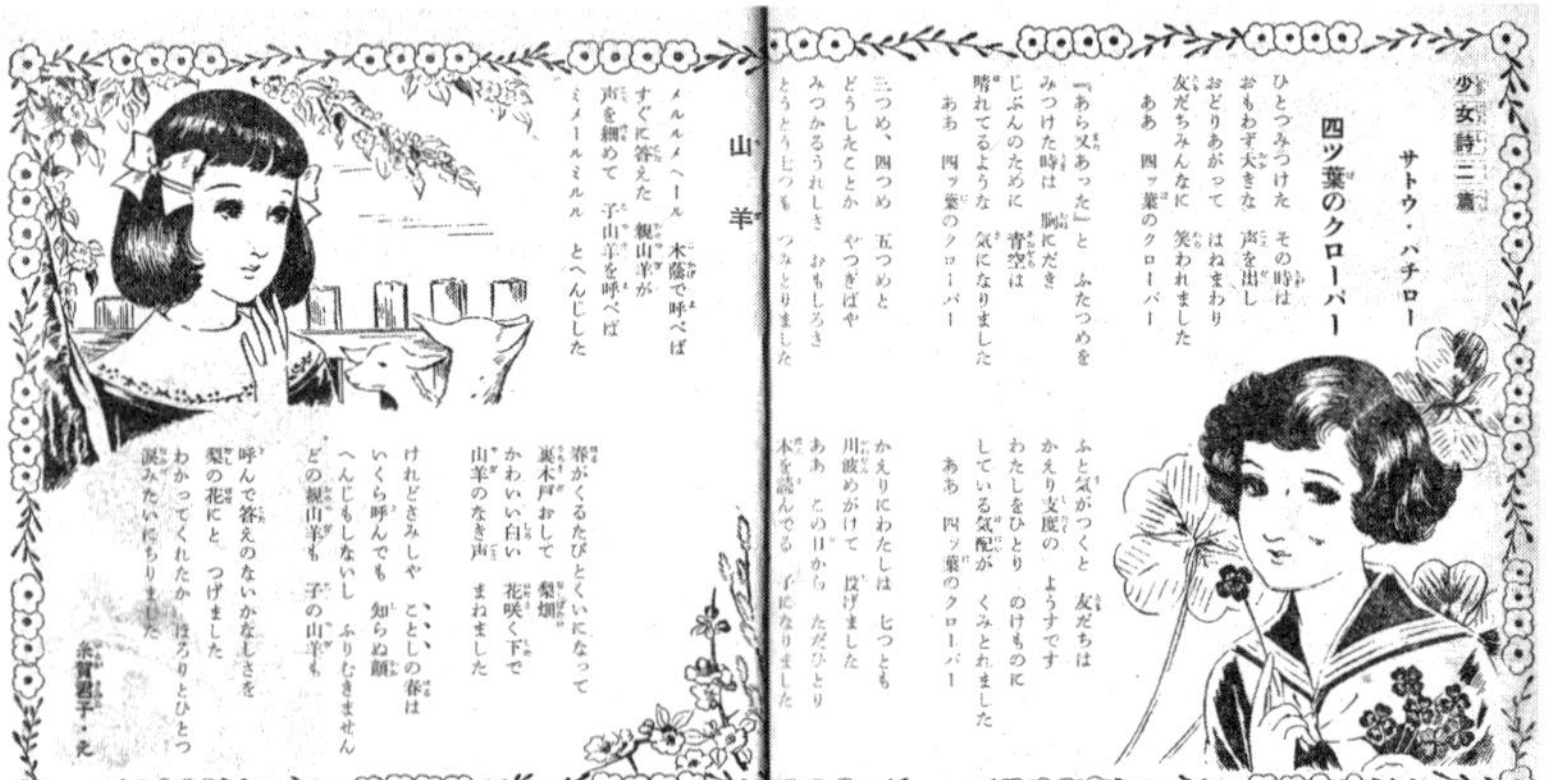

昭和27年4月号

俳優の古川ロッパに「おセンチさん」というコントを一年間連載させたりしている。

漫画でいえば塩田英二郎の「子象のマッコイちゃん」はフルカラー四頁の連載で、当時は夢の漫画を見る気分だった。そのフルカラーの漫画の美しさに豊かさを感じたものだった。

昭和 27 年 12 月号

昭和 26 年 11 月号

「子象のマッコイちゃん」

「少女」の目次のいい加減な扱いは前に述べたが、「少女ブック」の目次は評価したい。高年齢対象の少女雑誌の目次は、それなりにキチッとしていて当然としても、小中学生向けの少女雑誌の中で「少女ブック」はかなり正確な目次を作り通した。

昭和 27 年 3 月号

昭和 30 年 1 月号

見開き二頁の二色刷り目次には、その季節に合わせた少女画のカットが配してあった。

戦前の「少女倶楽部」で蕗谷虹児が、目次絵を担当していた頃にも劣らない立派なものだった。この目次形態は漫画が主流となり始めて、編集内容が変わるまで同じように続いた。

昭和二六年、「少女ブック」が創刊された当時は九誌の少女雑誌があった。その表紙はすべて絵による表紙だったが、「少女ブック」は無名の少女をモデルの写真で表紙を飾った。創刊一年後にこの写真モデルが、少女バイオリニストの鰐淵晴子に替わった。以後、およそ五年間、エキゾチックな美少女の微笑が表紙を飾って「少女ブック」は華やいだ。

ちなみに彼女が主演して話題になった映画「ノンちゃん雲に乗る」は、昭和三〇年の作品だ。そして、ノンちゃんの母親役は原節子だった。

優れた企画力がありながら、一方では安易なリメーク作品という安全パイを盛んに取り込み、合い混ぜながらついに少女雑誌の頂点に立つことなく、最後を迎えた。

寂しいはずの最期も「週刊マーガレット」に後を託すことで、一〇〇万人の少女にその創刊号を無料で差し上げますと、派手にキャンペーンを繰り広げて幕を降ろしたのは、いかにも集英社らしい最後だった。

大地書房　昭和24年発行

少女ブック

集英社
創刊　昭和二六年九月号
休刊　昭和三八年四月号

主な連載小説

山川惣治　「小さなミル子」（絵物語）
サトウ・ハチロー　「春子坊ちゃん」「パピプペポ物語」
堤千代　「カナリヤの歌う日」「すずめ待てども」
久米元一　「黒い白鳥」「恐怖の紅ばら」
大林清　「虹よふたたび」「雲よいずこへ」「なつかしの花園」
北條誠　「夕映えの丘」「夢のみずうみ」「美しき涙」
島田一男　「金色の風車」
中沢巠夫　「雪わり草紙」
紅ゆり子　「じゃんけん少女」

昭和 26 年 11 月号

昭和 27 年 3 月号

沙羅双樹　「雪姫七変化」
二反長半　「歌のつばさ」（絵物語）
北條秀司　「母の肖像」（絵物語）
北村寿夫　「かげろう日記」
大庭さち子　「虹は消えない」
津村節子　「青いヒヤシンス」

昭和 26 年 11 月号

昭和 28 年 10 月号

昭和 30 年 1 月号

昭和 38 年

昭和 30 年

昭和 30 年

主な連載漫画

塩田英二郎　「子象のマッコイちゃん」
早見利一　「てるてる姫」
上田とし子　「ボクちゃん」「メイコちゃん」
秋好馨　「ヌリエさん」
西川辰美　「りぼんのリラちゃん」
松下井知夫　「ぼうけんピチコ」
入江しげる　「すみれさん」
高野よしてる　「コッペちゃん」「かもめちゃん」
馬場のぼる　「わらび峠」
武内つなよし　「がんばれパリちゃん」
野呂新平　「ノンコちゃん」「チコちゃん」
小野寺秋風　「名探偵テイ子ちゃん」
手塚治虫　「あらしの妖精」
わたなべまさこ　「山びこ少女」「しあわせの鈴」「白馬の少女」「ミミとナナ」「三人姉妹」「みどりの真珠」
横山光輝　「東京の青い空」
松本かつぢ　「シャックリちゃん」

昭和 27 年

昭和 38 年

昭和 31 年

後継誌「週刊マーガレット」創刊号広告

少女雑誌永遠の終焉

砂山

北原白秋

海は荒海
向うは佐渡よ
すゞめなけなけ　もう日はくれた
みんな呼べ呼べ　お星さま出たぞ

暮れりゃ砂山
汐《しお》鳴りばかり
すゞめちりぢり　また風荒れる
みんなちりぢり　もう誰も見えぬ

かえろかえろよ
茱萸《ぐみ》原《はら》わけて
すゞめさよなら　さよなら　あした
海よさよなら　さよなら　あした

鈴木悦郎畫

15 「少女の友」の章

昭和二七年三月、「少女の友」創刊四五周年を記念して、東京・日比谷公会堂で愛読者大会が盛大に開かれた。入場者数三〇〇〇人、入場出来なかった少女たちは千数百人に及んだという。主催者が慌てふためいたほどの少女たちが押し寄せた大会だった。

童謡歌手・川田孝子、オペラ歌手・大谷冽子、バレリーナ・貝谷八百子ほか、宝塚スターなどの出演もあって、華やかにアトラクションが繰り広げられた。

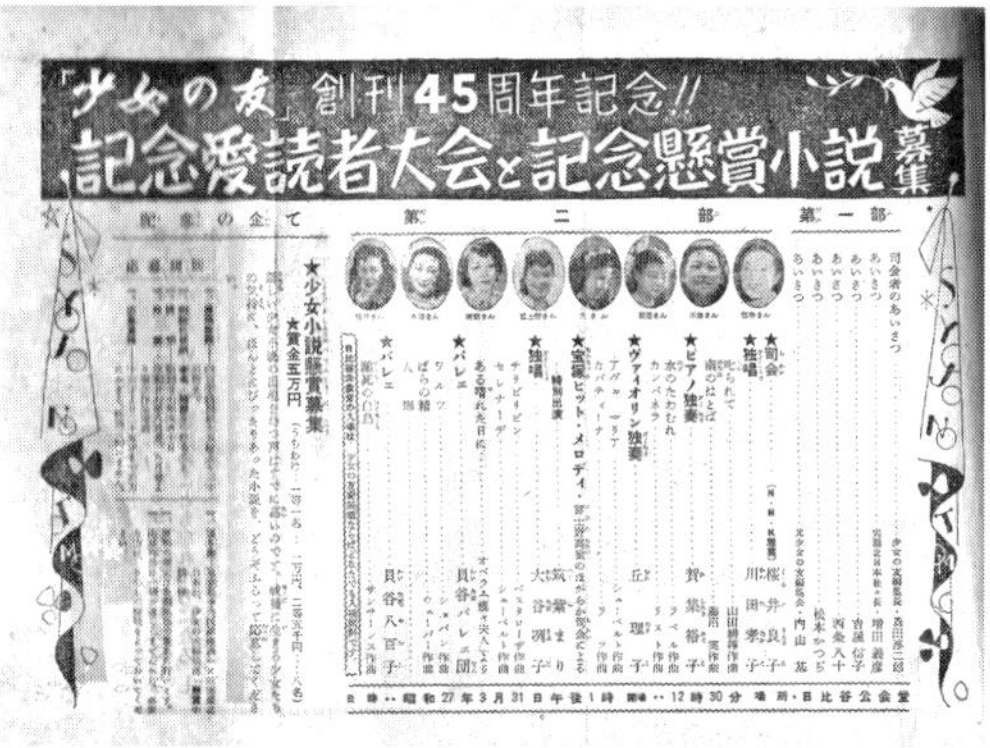

昭和27年
パンフレット

それに先立って行なわれた記念式典の司会進行は、「少女の友」編集長の森田淳二郎が勤め、社長挨拶に続いて、吉屋信子、西條八十、松本かつぢと共に、内山基が挨拶を締めくくった。

内山基は昭和一〇年前後の「少女の友」の黄金時代を築いた人で、今日でも名編集長として語り継がれている人である。

その「少女の友」も残念なことに、この三年後の昭和三〇年には姿を消すことになる。少女雑誌史上、明治・大正・昭和の三代を生き抜いて四八年間という歴史は偉大である。

少女雑誌というジャンルがなくなったため（新たに少女漫画雑誌というジャンルは生まれたが）、永久にこの記録は破られない名誉も併せ持つことになった。その輝かしい歴史の中で、数々の少女小説の名作が誕生した。

ことに内山基《もとい》のもとで生み出された作品が多い。例えば数点を除く吉屋信子著作の殆どが、この時期の「少女の友」に発表された。川端康成が初めて手を染めて、今や少女小説の古典とも言える「乙女の港」、続く「花日記」。そして、少女小説なる枠では括り切れない三重苦の少女の幼女時代から辿る「美しい旅」は四年の歳月を掛けて、戦時中という時代の中にあって中断を繰り返しながら、挿絵画家の変更もあったりして、とうとう完結に至らなかった作品である。

吉川英治、大佛次郎、山中峯太郎、芹沢光治良、火野葦平など、連載小説を執筆した作家は、挙げればきりが無い。

「先生の手帖」「黒板ロマンス」「白墨日記」とタイトルを変えながらも、一貫して女学校生活ものを十数年も続けた島本志津夫（神崎清の筆名の方が知られているだろうが）。都会的なセンスとウイットに富んだ由利聖子の明朗小説の数々など、当時、滑稽小説と呼ばれていたユーモア小説のレベルを上げた作家でもある。昭和一〇年前後は、小説だけを取り上げても「少女の友」は黄金時代と称される、粒ぞろいの圧倒的な作品群があった。

　そして、これらの作品を彩る挿絵画家の筆頭に中原淳一がいた。その絵筆は、少女期の憂愁を描いて比類のない世界を繰り広げた。少女雑誌に、その独特の世界を生み出した編集長（当時は執筆もしていたから主筆と呼ばれていた）内山基は、昭和六年から終戦の年の昭和二〇年九月号まで、一四年間も編集長を勤めた。「少女の友」の戦前はここで終わった。

　昭和二〇年六、七月合併号と一〇、一一月の二度の合併号を出したものの休刊はなく、結局一〇冊の「少女の友」を発行して激動の昭和二〇年をのり切った。そして、一〇、一一月合併号から、実質的な「少女の友」の戦後がスタートした。

昭和二三年一〇月号から七代目の編集長として活躍する森田淳二郎は、「少女の友」伝統の早稲田出身で、昭和一三年に実業之日本社に入社。「少女の友」に配属されたが、入社半年で招集令状が来て出征した。

そのわずか半年間の在籍中は、「少女の友」黄金時代のまさにピークの時だった。この時期、編集のイロハを学び、傍ら詩を書き「少女の友」誌上に発表もされたが、何よりも「少女の友」精神を内山基に叩き込まれた。

それが戦後直ぐに就任した編集長時代の大きな力になったことを、後年しみじみと述懐している。

用紙不足と編集方針が確立していなかった終戦直後の第六代目編集長の時代のことは、殆ど判らない。そこからの脱却と新しい「少女の友」の創造を目指した森田にとって、強力な戦力になったのが、挿絵画家・藤井千秋との出会いだった。

藤井千秋は、岐阜県出身。幼い頃に京都移住。昭和一九年、京都絵画専門学校を卒業。京都の出版社・大翠書院で、三谷晴美（後の瀬戸内寂聴）、中島光子（後のミステリー作家・新章文子）と机を並べていた。

藤井千秋（男性です）は、大翠書院では童話のカットを描いたり、本の装丁などが仕事で、合間に関西の便箋メーカーで便箋表紙や木版千代紙のデザインなどしていた。それが大翠書店のショーウインドーに飾ってあった。千秋の絵が、たまたま京都へ出張していた森田の目に留まった。「少女の友」

に絵を描くようになる発端だった。

これは、中原淳一が銀座・松屋でフランス人形の個展を開いた時に、それをたまたま見た当時の編集長・内山基の目にとまって挿絵を描き始めるようになったことと、共通して面白い。

中原淳一が戦前の「少女の友」で看板画家として占めていた位置を、図らずも戦後の「少女の友」に再現するかのように、藤井千秋は花形スター画家となっていった。

藤井千秋は、表紙こそ描く機会はなかったが、時を置かずして目次カットから折込みの色刷口絵、扉絵、少女小説の挿絵、付録の装丁デザインと大活躍するようになった。雑誌デビュー前は中学校の美術教師を勤めていて、確かなデッサン力とパステルトーンの彩色は上品だった。

若い頃は中原淳一に触発はされたが、影響を受けることなく独自の画風を早くから確立していた。それは欧米風の眼差しとへアスタイルの少女が着こなすファッション。背景に絵描き込まれた、お洒落で豪華なインテリア、小物・小道具と相まって、読者の少女たちの憧れとため息を誘い、夢の世界へと誘った。

この絵は、当時の「少女の友」の表紙担当の松本昌美が描く純日本風の淑やかな少女と対をなして、時代の先端を行く藤井千秋の少女絵は、「少女の友」の「美しく上品な好みの…」というキャッチフレーズ通りの性格付けを助けた。

✲藤井千秋✲

昭和 25 年 4 月号

昭和 25 年 8 月号

昭和 27 年 4 月号

昭和 27 年 12 月号

昭和25年2月号

昭和25年
6月号

オモテ

ウラ

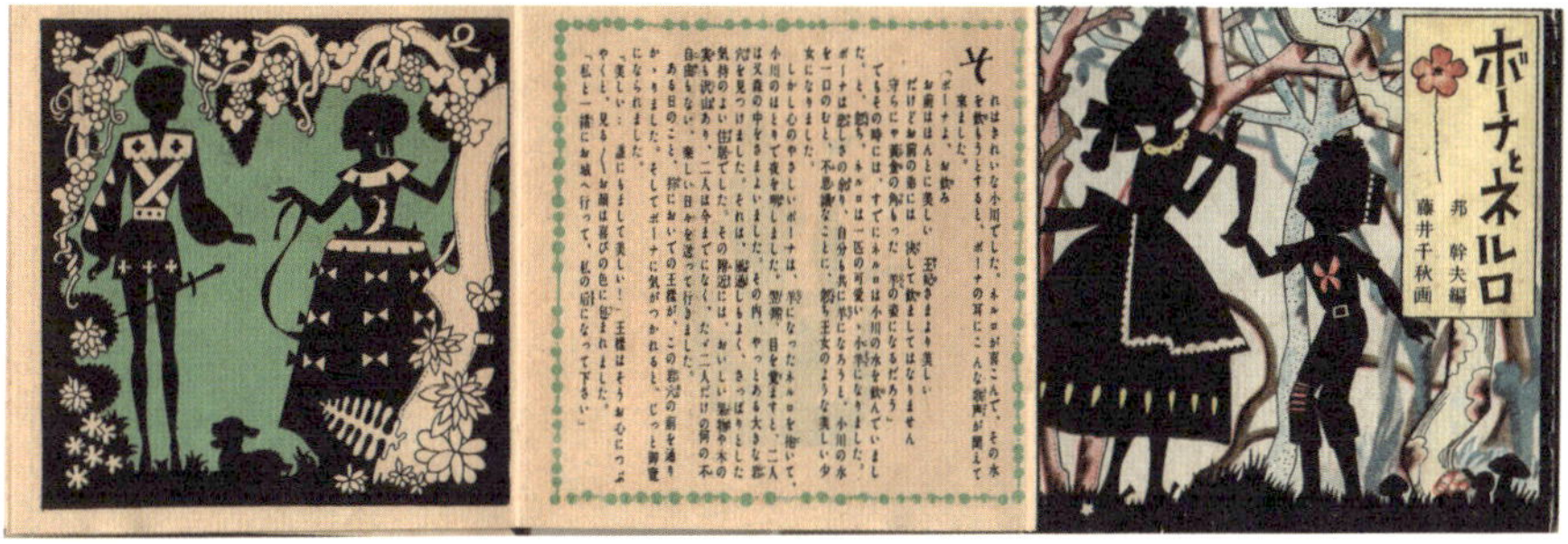
それはきれいな小川でした。ネルロが喜こんで、その水を飲もうとすると、ボーナの耳にこんな歌声が聞えて来ました。

「ボーナよ、お飲み　王妃さまより美しい
お前はほんとに美しい　決して飲ましてはなりません
だけどお前の弟には
守らにゃ黄金の角もった　羊の仔になるだろう」

でもその時には、すでにネルロは小川の水を飲んでいました。と、忽ち、ネルロは一匹の可愛い小羊になりました。ボーナは悲しさの余り、自分も共に羊になろうと、小川の水を一口のむと、不思議なことに、忽ち王女のような美しい少女になりました。

しかし心のやさしいボーナは、羊になったネルロを抱いて、小川のほとりで夜を明しました。翌朝、目を覚ますと、二人は又森の中をさまよいました。その内、やっとある大きな洞穴を見つけました。それは、風通しもよく、さっぱりとした気持のよい住居でした。その洞穴には、おいしい果物や木の実も沢山あり、二人は今までになく、たゞ二人だけの何の不自由もない、楽しい日々を送って行きました。

ある日のこと、森においでの王様が、この洞穴の前を通りかゝりました。そしてボーナに気がつかれると、じっと御覧になられました。

「美しい…誰にもまして美しい！」王様はそう[illegible]につぶやくと、見る〳〵お顔は喜びの色に包まれました。

「私と一緒にお城へ行って、私の后になって下さい」

昭和 24 年 8 月号

昭和 25 年 10 月号

昭和 27 年 1 月号

昭和 30 年 3 月号

戦時中は軍から、戦後は親から教師から、教科書の副読本めいたものを求め続けられた「少女の友」。終戦直後の五年間の歩みを、毎年八月号の目次を通して辿ってみたい。

・昭和二一年八月号　表紙・松田文雄　付録なし　全六八頁

四頁の色刷り詩物語が掲載されたのが目新しい。新連載小説始まる。「アメリカの映画」四頁に亘って解説のあるのが戦後を実感させる。「河の話」でナイルのことを六頁に亘って取り上げてある所は「教科書の副読本」の流れにあることを感じさせる。

・昭和二二年八月号　表紙・松田文雄　付録なし　全六四頁

グラビア漫画なし。挿絵に芹沢銈介の名が見える。表紙が無ければ少女雑誌とは思えない硬い内容。僅かに所どころに散らしてある藤井千秋の小さなカットが少女雑誌らしさを感じさせる程度だ。

・昭和二三年八月号　表紙・石川滋彦　付録なし　全六四頁

前年にはなかった少女小説が二編あるのが目を惹く。写真入りでアメリカ映画の紹介が新鮮だった。全体的に教養臭さが少なくなったが、終戦時からの編集スタイルに変化はない。

・昭和二四年八月号　表紙・松本昌美　別冊付録「少女のビューテイ・サロン」

まず編集長が替わった。表紙絵も少女好みの抒情的な美少女の絵になった。そして、何よりも頁数が増えた。前月より二〇頁も増えた。

おまけに別冊付録まで付いている。それも「ビューテイ・サロン」とは革新的な付録だ。宝塚の記事も載っている。驚くのは、この月は折込み口絵まで付いている。

折込み口絵とは、多色刷りで見開き二頁分の大きさの誌面が、三つ折りに畳まれて本誌に綴じ込まれている。分かりやすく言えば映画スターなどのピンナップと同じだ。

その口絵は、藤井千秋初めての色刷り抒情画だった。レースのブラウスにフレアーたっぷりのロングスカートの少女が、月光の降り注ぐ池のほとりの芝生の上で、火照りをさまし追想に耽っているようなポーズの情景は、その頃の少女たちとって、夢の世界の出来事だった。題して「舞踏会の帰り道」。

その他の執筆陣もガラリと入れ替わって、今までの誌面の硬さは全く影をひそめた。終戦から四年経って、やっと戦争の影が消えて、新時代の始まりを予感させる編集になっていた。何を基準にして少女雑誌らしいとするかは、時代により世相により見方も違ってくるだろうし、意見の分かれるところかも知れない。知情意をバランス良く取り込んでいた戦前の雑誌のレベルに到達するには、やはりある程度の頁数がないと出来ないことだった。

その意味ではこの時期になってどうにか、少女雑誌らしさを取り戻したとも言える。この時点で読者の投書欄が大幅に増えたのも、一方通行になりがちな編集を自戒しようとした表れかもしれない。

・昭和二五年八月号　表紙・松本昌美

付録別冊「夏の友ちゃん手帖」、付録別冊「夏の手芸帖」は全二二四頁の厚さだった。

本誌の厚さも、内容に於いても、ほぼ戦前の黄金時代に匹敵するほどになった。目次は戦後ずっと、本文頁最初の「扉」と呼ばれる所の一頁だったが、この号からは見開き折込みの二色刷り四頁で、戦前と同じスタイルになった。

もちろん、そのカットは藤井千秋の絵だった。本文中の記事では、少女たちが吉屋信子を囲んでの座談会「少年と少女は如何交際《いかにつきあ》えば一番いいか」。新制中学が発足して、ようやく男女共学に馴染み始めた頃合いを睨んでの、タイムリーな企画だった。少女雑誌の中に男子を写真入りで登場させたのは初めてのことだった。

読者投稿欄が二〇頁もあるのは、これまた戦前に近づいた。戦前は編集部主導で、各地開催県の読者の中のお姉さん格の少女数人が、実際の運営を任されていた愛読者の集い「友ちゃん会」が、戦後は全部読者主導型になって、時代の変化を感じさせる。

雑誌の中身も、中河与一、富沢有為男、大佛次郎の連載小説、西條八十、深尾須磨子の詩など、なんと当時の読者は恵まれていたことか。なお、この号に掲載の小説「瀬戸のうた」は、投稿の常連だった四国に住む少女の文才に編集部が注目して、依頼して書かれた小説である。

長かった冬の時代が、雪解けのように少しずつ溶け始めて、

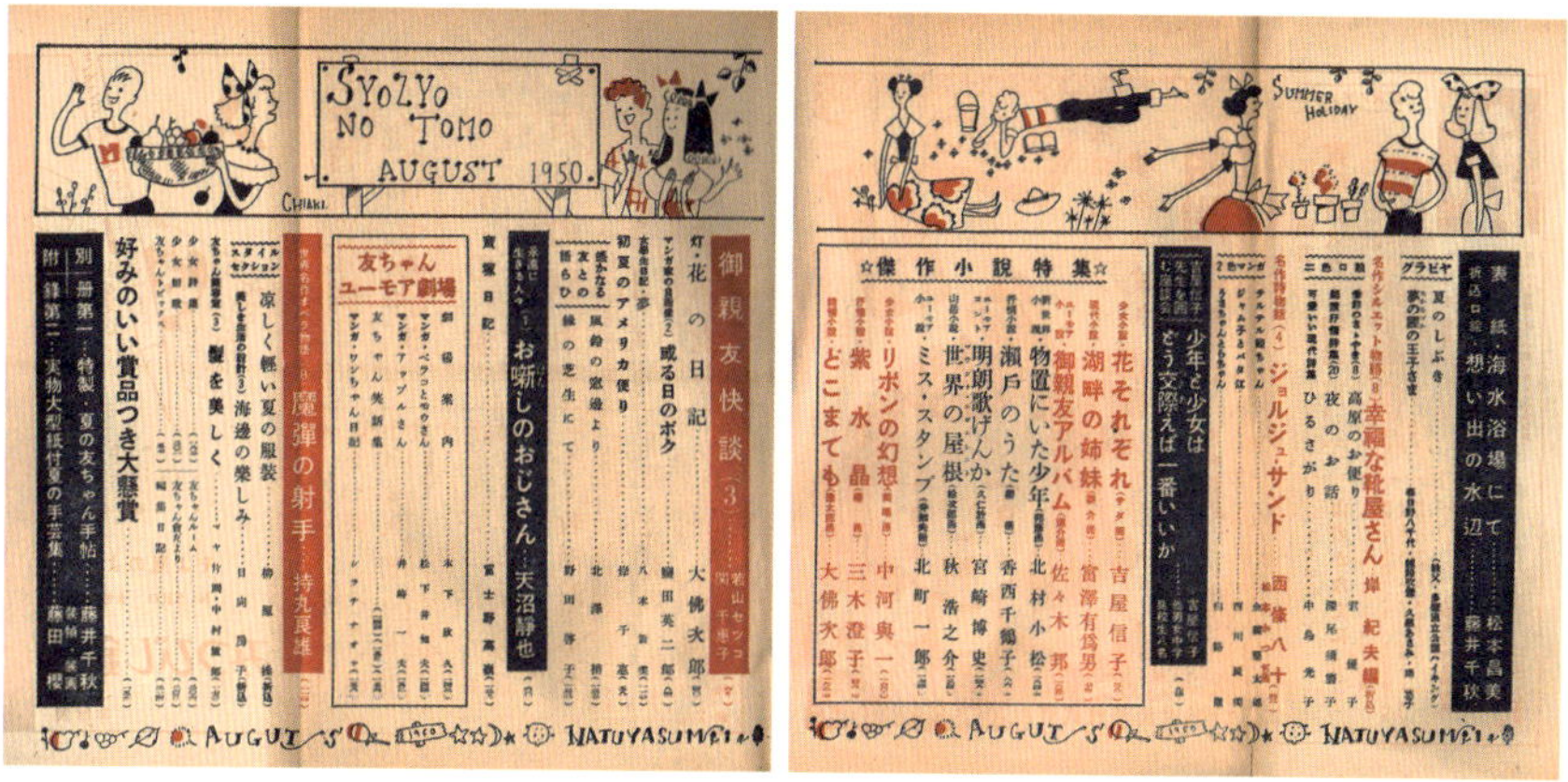
SYOZYO NO TOMO AUGUST 1950.
SUMMER HOLIDAY
表紙・海水浴場にて……松本昌美
口絵・想い出の水辺……藤井千秋
グラビヤ　夏のしぶき
砂の国の王子さま
名作シルエット物語(8) 幸福な靴屋さん……岸紀夫編
二色口絵　高原のお便り
夜のお話
ひるさがり
名作詩物語(4) ジョルジュ・サンド……西條八十
少年と少女はどう交際えば一番いいか……吉屋信子
☆傑作小説特集☆
花それぞれ……吉屋信子
湖畔の姉妹……富澤有爲男
御親友アルバム……佐々木邦
物置にいた少年……北村小松
瀬戸のうた……香西千鶴子
明朗歌げんか……宮崎博史
世界の屋根……秋浩之介
ミス・スタンプ……北町一郎
リボンの幻想……中河與一
紫水晶……三木澄子
どこまでも……大佛次郎
御親友快談(3)……若山セツコ　関千恵子
灯・花の日記……大佛次郎
或る日のボク……鎌田英二郎
初夏のアメリカ便り
風鈴の窓辺より
緑の芝生にて
お噺しのおじさん……天沼静也
寮舎日記……富士野高嶺
友ちゃんユーモア劇場
魔弾の射手……持丸良雄
涼しく軽い夏の服装
海辺の楽しみ
髪を美しく
好みのいい賞品つき大懸賞
別冊第一・特製・夏の友ちゃん手帖……藤井千秋
附録第二・実物大型紙付夏の手芸集……藤田桜
AUGUST 50 NATUYASUMI

「少女の友」昭和25年8月号　目次

気が付いたら一瞬の内に春が巡って来たような戦後の「少女の友」の始まりだった。

明治三五年に、わが国最初の少女雑誌「少女界」（金港堂書店）が誕生して以来、大正時代、昭和初期にも少女雑誌の興隆時代が訪れたが、昭和二〇年代も後半になってそれを更に上廻る華やかな時代を迎えることになる。

明治38年

今の時代程沢山の少女雑誌が数多く、花と競っている時代は、かつてありませんでした。それぞれの特色を発揮して何れも立派に編集されていますが、なお読者の皆様からは今後の少女雑誌に希望されることがきっとおありでしょう。ここに集まられた熱心な読者の方たちのご意見に耳をかたむけ、更にお気付きの点は編集部までお知らせください。

それが雑誌をよくさせるいい糧となるのです。

「少女の友」編集長　森田淳二郎

この文章が掲げられて、「少女の友」昭和二五年一二月号誌上に、その当時発行されていた少女雑誌八誌の各編集部推薦の読者を集めて座談会が開かれた。

「少女雑誌に何を望むか」と題され、その座談会の内容が八頁にわたって掲載された。少女雑誌が明治以来の三度目の黄金期の入り口に立っていたこの時期、座談会を主催した「少女の友」は、既に次に向けてのビジョンを模索していたと思われる。

明治四一年創刊の永い歴史と伝統を誇りにしていた「少女の友」は戦後、何かにつけて「上品で好みのいい…」をキャッチフレーズにしていた。どの雑誌よりも品格を大事にしていたし、オピニオン・リーダーとして自負しているところもあった。

「少女の友」の特色のひとつに、読者との結びつきの強さと投稿欄の充実があった。それは戦前から続く伝統でもあったが、戦後直ぐの用紙制限が解除されると、いっきに花開いた。

「ひまわり」も負けず劣らず、読者の文芸欄投稿が盛んだったが、こちらの場合は各欄（詩とか短歌とか）の選者と読者の結びつきが強く、編集部は一歩下がって見守る形だった。

昭和25年

「少女の友」の場合は、「友ちゃん会」組織が全国各地に出来ていて、読者の要望によって「友ちゃん会」が頻繁に開催された。会報を発行する所もあって、少女たちの創作意欲を満たしている面もあった。

戦前の「友ちゃん会」は、規模の大きい会もあって、その時は編集部からとか、中には人気絶大だった中原淳一が、会合に参加することもあった。

この戦後の「友ちゃん会」の動向は、毎月誌上に載って活発な活動をしていた。新しくグループを作りたい読者には、先発グループの会報とか、そのグループの会則を見本として掲載したりしていた。

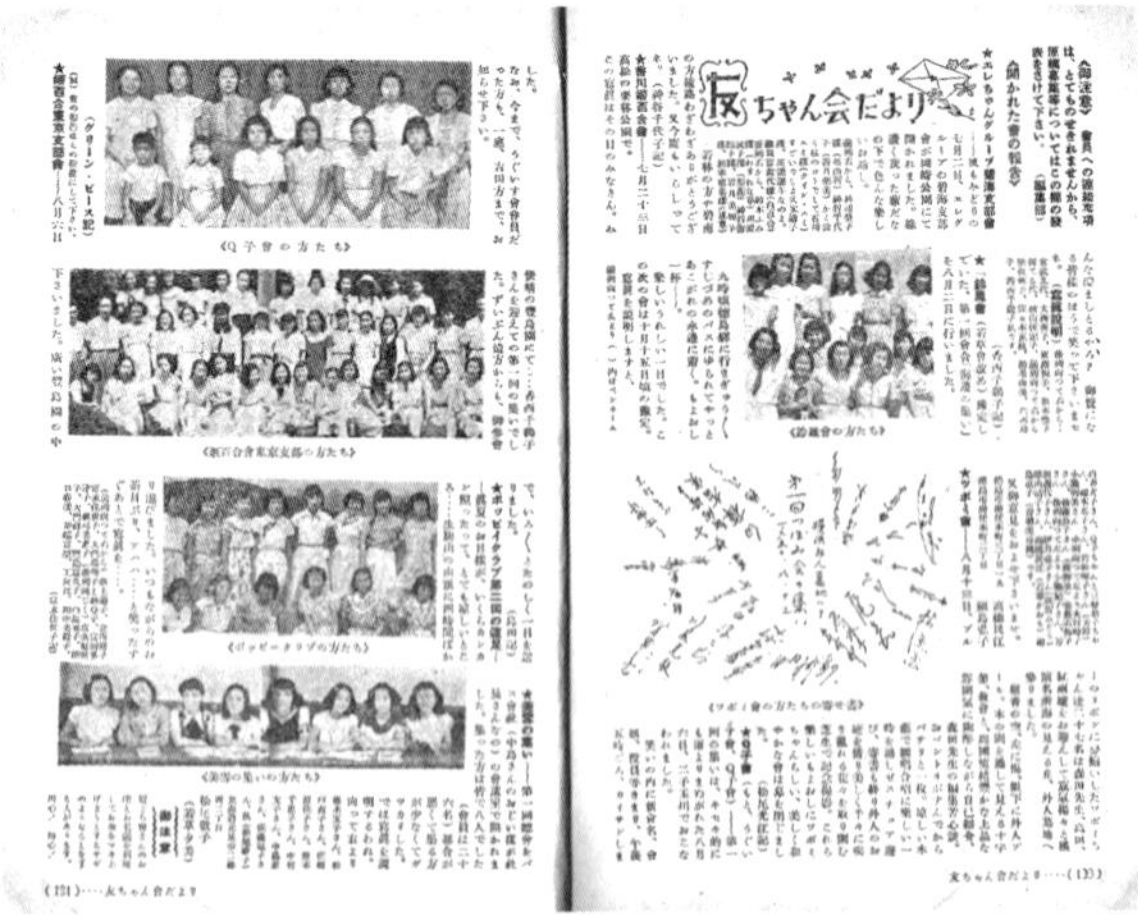

昭和25年8月号

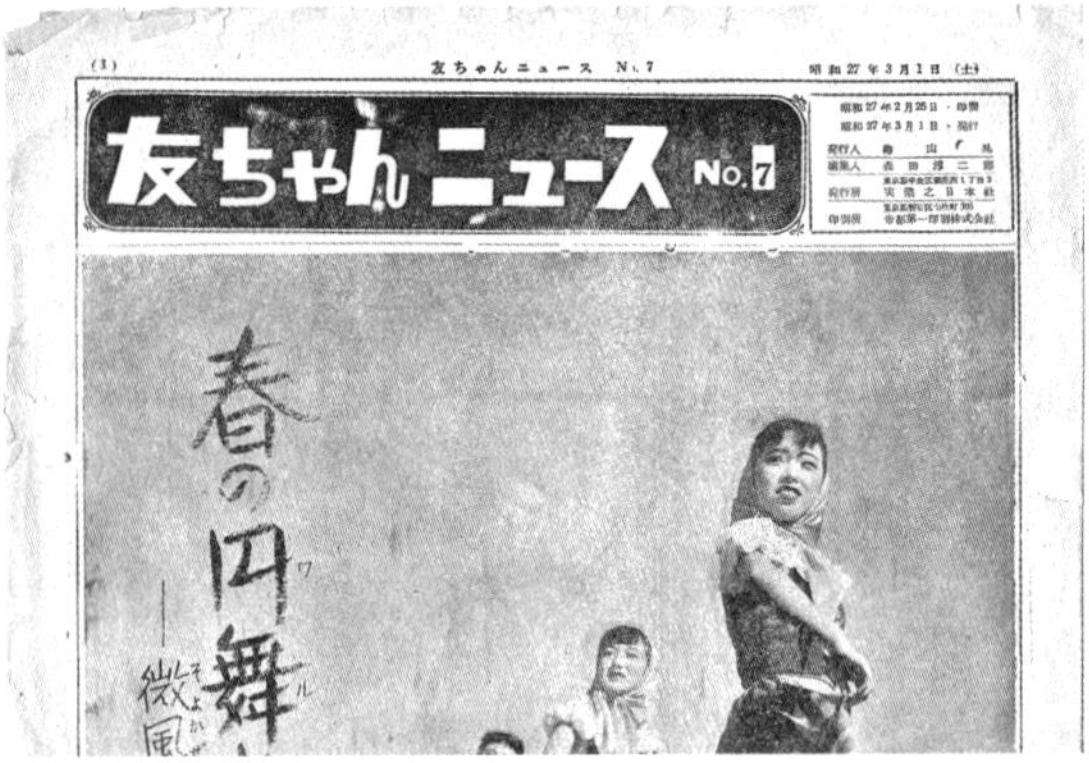

編集部は積極的に応援し、読者を取り込む努力をしているようだった。戦前の話に戻ると、編集長・内山基と読者の結びつきは固く、「少女の友」そのものがなくなった後も、細々ながらも交流が続いたのは、元読者だった中村妙子さんの新聞記事がきっかけだったように思う。

手元にあるそのスクラップに日付をいれてないので、日時を確定出来なくて残念だが、昭和三〇年代後半だったと思う。それは、朝日新聞に「少女の友」と、その編集長・内山基氏を懐かしんで、数名の元読者が同氏を囲んで一夕を過ごされた記事が載った。書いたのは児童文学作家で翻訳家の中村妙子さんだった。

囲み記事だったので、投稿ではなかったと思う。

その中村妙子さんも少女時代、熱心に「少女の友」に投稿していた人だった。長じて終

「少女の友」のこと

中村　妙子

戦前、女学生に絶大な人気のあった「少女の友」といえば、一種の感慨とともにさまざまなことを思い出される昔の読者が、あちこちにいらっしゃるのではないだろうか。実業之日本社から出ていたこの雑誌は、とりわけペンネームの陰に隠れできる投稿欄に人気があり、少女雑誌としては異色の存在であった。

梅雨のまだ明けやらぬ六月末の夕方、東京数寄屋橋のあるレストランで、当時の内山基編集長を囲む会が実日の若い編集者の方のお骨折りで開かれ、かつての投稿者で、現在児童文学の創作あるいは評論に活躍中の岩崎京子、神沢利子、川口志保子、山下喬子、遠藤寛子の方々が参加され、私も末席に加えていただくことになった。定刻にいらっしゃった内山編集長は白髪にこそなられたが、かつて誌上の写真でお目にかかったスマートな紳士そのままで、今は服装雑誌「モード・エ・モード」を主宰していらっしゃるとのことだった。

編集の苦心その他のお話を伺ううちに一人が、戦争に突入していくあの時代の地方女学校では、生徒への締めつけがことのほか厳しく、何度もペンネームを変えてはひそかに投稿を続けたと述懐すると、編集長も、「雑誌の編集にも次第に圧力がかかってきました。作文の選者に川端康成氏、短歌に結城哀草果氏をお願いしたところ、文士は文学的価値だけで選ぶから好ましくないと妙な横ヤリが入ったりね」と苦笑された。

「少女の友」は、「何となく君に待たるる心地して…」という晶子の歌のようなあこがれを盛った甘いムードに、翻訳小説も連載されるハイカラさがあって、将来の軍国の母の読み物としてはふさわしくないとコワい人たちから白眼視されたようだ。しかし感傷的になりやすい読者の作文に感情を抑えた好文章が多かったのは、字数の厳しい制限があったからかもしれない。ひところ発売日が本当に楽しみだったと懐かしみながら、尽きぬお話を伺っていた。（翻訳家）

カット＝ヤナギ・シズコ

昭和30年代

マクサの子供たち
ヨハナ・スピリ原作
中村妙子訳

昭和23年
12月号

戦後直ぐの昭和二三年の一年間、ヨハンナ・スピリの「マクサの子供たち」を「少女の友」に連載するほどに大成された方だった。

元読者の少女が連載小説を執筆する作家になって、「少女の友」という故郷へ錦を飾ったのだった。先年、実業之日本社は箱入りの「少女の友」創刊一〇〇周年記念号を出版した。その中のコンテンツのひとつに「「友」で育った文学者たち」というコーナーがあった。田辺聖子さんは別格扱いで、ほかに四、五人の児童文学者を取り上げていたが、どんな事情があったのか判らないが、中村妙子さんには触れていないのが不思議だった。

戦後の森田編集長の時代になると、さすがに戦前ほどの投書熱は薄れたが、それでも読者と編集者の距離は、ほかの雑誌に較べると近いように思われた。

一枚の葉書での投書から才能の片鱗を嗅ぎつけ、特集時の短文などを依頼して、ついには少女小説を書かせて、誌上に発表させるに至った少女たちが何人も出てきた。それは少女たちに果てしない夢を抱かせた功績は大きく、森田の言う「少女雑誌は学外の先生としての役目」を果たしたように思えた。

振り返れば創刊四五周年を迎えた頃が「少女の友」の絶頂期だった。だからこそ、その年、由起しげ子の「瑠璃色の海」は、登場する少女たちを温かい緻密な描写で描いたこの地味な連載小説を掲載することが出来たのかも知れない。この小説には「性格小説」と振ってあった。

もうひとつ、海音寺潮五郎作・小堀安雄の絵で「弓張乙女」という、およそ少女雑誌らしくない題材で、平安時代の鎮西八郎為朝を題材にした異色の作品を連載出来たのも、「少女の友」創刊以来の発行部数を誇った実績あればこそだったろうと思う。

一方で、現代海外文学の中から少女を主人公とした小説を取り上げて読切連載も重ねた。繁栄の中にあって、次へ繋がる試行も繰り返していたようだ。

昭和 27 年

昭和 27 年

昭和五〇年代のこと、当時、高円寺にあった森田氏のご自宅をお訪ねしたことがある。目的は「少女の友」時代の話をお聞きするためだった。元蚕糸試験場近くの塀をぐるりと廻らした閑静なお住いで、伺ったお話は尽きなかった。

その立派なお屋敷は、「自分が編集長になって直ぐ「少女の友」の部数がうんと伸びたから、ご褒美に社長が建ててくれたようなものです」と仰っていた。森田氏は園芸がお好きなようで、広い庭には花が咲き乱れていた。その森田氏が後日、朝日新聞に花栽培の蘊蓄を述べられたあと「アメリカディゴの種が欲しい」と書いた投稿をなさっていた。たまたまそれを読んだ私は、たまたまそのアメリカディゴを我が家で育てていたので、種が出来た時に送って差し上げた。そのご縁でよりお付き合いが深まったのだった。考えて見たら私は三代の「少女の友」の編集長にお会いする幸運に恵まれている。正確には編集長だけ、ではないが。

東京・神楽坂の石段を上った奥に、五代目編集長だった内山基先生のお宅があった。アポなしでお伺いしたにも関わらず、内山先生は嫌な顔ひとつなさらないで、沢山のお話をして下さった。「少女の友」誌上でたびたび拝見した、温厚で誠実なお人だった。

その時に見せて頂いた六〇冊ほどの、あの黄金時代の「少女の友」は、私はまだ半分も集めていなかった頃だったので、その素晴らしさに圧倒されるばかりだった。「内山先生は編集長だったから、さすがに「少女の友」をキチンと持っていらっしゃったんですね」と私が言ったら、「いやいや現役の頃は自宅に「少女の友」なんか持って帰りませんよ。全部会社にあるからね。だけど実業之日本社が戦火で焼けてしまってね」。「それじゃ、この「少女の友」は?」「今までしっかり持っていましたけど、私が持っているより、基先生に差し上げた方が「友ちゃん」も喜ぶんじゃないかと思って! と昔の読者の方が、つい最近下さったんですよ」とのことだった。少女の頃買った雑誌を、三〇年の年月を経たあと、それを作ってくれた編集長にお返しする。読者と編集者の強い繋がりがなければ、あり得ない発想だ。

この雑誌と一緒に拝見させて頂いた数々の原画! 「あの頃は(昭和一七年頃まで)は良く友ちゃん会があってね。あちこちの町にゲストで行ってたから、この原画をトランクに詰めていつも自宅に置いてたんですよ。だから本社は戦火で焼けてしまったけど、ここに置いていたお蔭で原画は助かったんです」と仰っていた。

その原画類はその後、早稲田大学の教授をなさっている内山先生のお嬢さんの取り計らいで、早稲田大学の会津八一記念博物館に寄贈されたそれらの絵は中原淳一画集や展覧会などで見ることが出来る。

その内山先生を指導された「少女の友」二代目、四代目編集長の岩下小葉さんが、私と同郷のご出身と知ったのは、かなり後年になってからだ。

そして、分かったご出身地が今、自分の住む町の直ぐ近くとは何という巡り合わせか。

もちろん、明治一〇年代お生まれの岩下(本名・天年)さんにお会いできる訳もないが、お名前が示すように元々は長男で、実家のお寺・善教寺を継がなければならない立場だった。家業を嫌った小葉さんは早稲田に進学、卒業すると実業之日本社に就職。実家のお寺は弟さんが継がれた。現在はそのお孫さんの岩下弘氏が住職をなさっている。

小葉さんの姪にあたる幾代さんは、今も九〇歳を越えてなお元気で、私はお会いする幸運に恵まれた。幾代さんは小葉家で行儀見習いをしながら、東京で女学生生活を送られたが「私は「少女の友」なんか全然読みませんでした」と笑い転げられた。

表紙は雑誌の顔であることに間違いはない。まさしく「少女の友」の表紙は、同誌自身を表現して絶妙だった。その戦前の代表がいわずと知れた中原淳一で、戦後の看板が松本昌美だった。編集長に就任したばかりの森田淳二郎の最初の仕事が、松本昌美（女性ではない。本名は盛昌）に表紙絵を依頼することだった。松本昌美は昭和一〇年代に「少女の友」にデビューした。中原淳一の前の表紙絵を描いていた深谷美保子を彷彿とさせる画風は、決して新しい感覚の絵ではなかったが、戦時小説で高名だった山中峯太郎の「黄砂に昇る陽」の連載小説を担当したことが転機となった。

その筆致は精密で、少年もので活躍していた樺島勝一の少

黄砂に昇る陽

山中峯太郎

松本盛昌 エ

不可解な心臓の鼓動

★荒れる感情

昭和14年11月号

女版の趣があった。ほかにも橘外男、火野葦平の連載小説を担当するほどの挿絵画家になっていたが、戦後は一向に挿絵の仕事の注文がなかった。便箋の表紙絵などを描いて、いつかまた「少女の友」で描く夢を捨てずに日々研鑽を積んでいた。

そんな鬱屈とした最中に森田の来訪があって、表紙絵の依頼を受けたのだった。「この日が必ずやって来る。その思いで頑張っていました」と、感激した盛昌は昌美に改名して、新規一転、仕事に臨んだ。

初めの二、三ヵ月の表紙こそは生硬な少女だったが、直ぐに他の追従を許さない少女像を確立して（上品な好みの…）「少女の友」のイメージ作りに寄与して、戦後の同誌の黄金期の一翼を担った。松本昌美描くところの憂愁の美少女は、決して口を開けて笑うことなく読者を魅了したが、次第に現実の少女たちとの感性のズレが出てきた。

「ひまわり」が廃刊になったあと「女学生の友」と共に、女子中高生のための雑誌として頑張って来た「少女の友」だったが、本誌も根底の部分でその体質を変えることが出来なかった。次第に高校生の読者が離れ出し、読者投稿欄に小学六年生の投書が目立ち始めた。「「少女の友」は小学六年生が読んでも面白いのです」と編集部のコメントがあったりして、対象年齢を下の方へも拡げ始めた。

同時にイメージチェンジのためか表紙の画家も替わったが、四年間も表紙絵を描き続けた松本昌美は、それだけ強い印象を読者に植え付けていたのだろう、一年半後にまた松本昌美の表紙に変わった。ただ描かれた少女は、明らかに年齢が少し下がっていた。

昭和24年　昭和25年

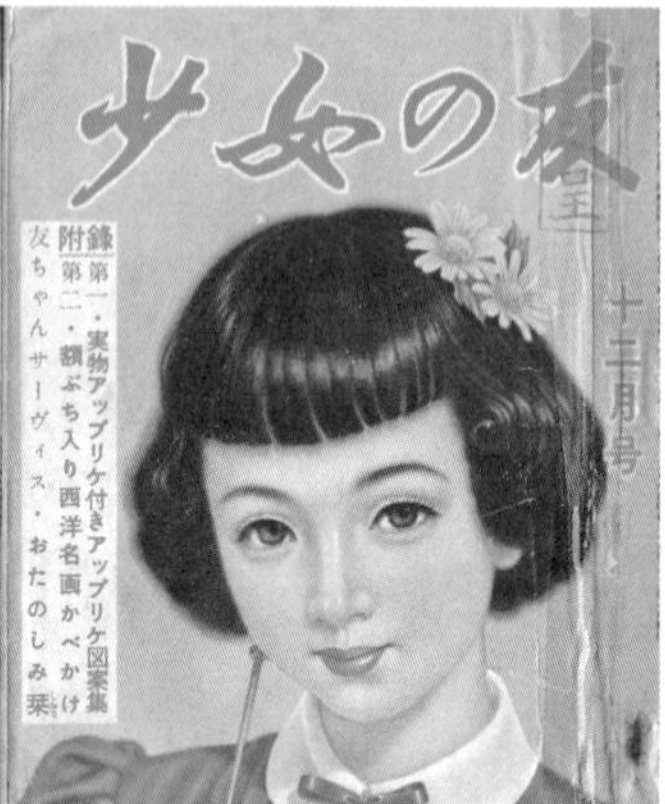

昭和25年

本誌には、当時、ラジオの人気番組だった「新諸国物語」の続編ともいうべき「新笛吹き童子」が絵物語となって連載された。当然、年少の読者には歓迎されたが、古い読者は離れた。読者ターゲットを下方修正するには「少女の友」のそれまでのイメージが強過ぎた。同じ土俵なら「少女」「少女クラブ」などの競争相手の方が強力だった。

末期には原稿を依頼することさえ難しい人気の漫画家、手塚治虫の「ロビンちゃん」「龍が淵の乙女」「赤い雪」「孔雀石」と、たて続けに短期連載されたが、ファンを魅了はしても、読者の増加には至らなかったようだ。

「少女の友」で連載漫画といえば、松下井知夫の「ペラコとモウさん」が代表していると思う。漫画の準主人公の母親は、ざあます言葉の奥様だった。この中流家庭の子女の学園生活漫画には、ボーイフレンドも登場して読者である少女たちの、はるか彼方の願望を漫画化したようなものだった。

お手伝いさん（当時の呼称は女中さん）も準主役で登場する。漫画の中にも読者が憧れる生活レベルが表現されていた。この漫画は、同誌が休刊になるまでの六年間も続いた。

昭和29年

昭和 29 年 10 月号

昭和 29 年 12 月号

昭和 30 年 1 月号

森田氏に「あれだけ人気のあった藤井千秋を、表紙に起用しなかったのは何故ですか?」と不躾な私の質問に、こんな答えが返ってきた。「藤井さんは確かに人気画家だったけど、私は戦前の絶頂期の中原さんも知っているけど、人気の度合いが違うんです。淳一さんの人気は熱気があったけど、千秋さんにはそれがなかった。喩えれば淳一はヘプバーンだったけど、千秋はグレース・ケリーだったんです」。

中原淳一には「少女の友」の読者でなくても、ファンがいっぱいいたが、千秋には「少女の友」読者以外のファンが少なかった。つまり、万人向きの絵ではなかったのだ。「だから表紙には起用出来なかったのです」と。

藤井千秋が連載小説の挿絵を担当したのは、意外にも昭和二九年が初めてだった。同氏が挿絵画家としてデビューして八年も経っていた。

四八年間という誇れる歴史と伝統を紡ぎながら「少女の友」の最期は無残だった。最終号の昭和三〇年六月号を見ると、毎月募集しているはずの懸賞がなく、七月号の予告もなかった。しかし、連載物はどれひとつこの号で完結はしてはおらず、当然、社内では覚悟の休刊だったはずだが、編集後記でも、別枠の断りも、お別れの言葉もないままの最期だった。

「少女ライフ」の号で書いたが、新興出版社のたった一〇冊しか出せなかった雑誌の見事な終わり方とは、対象的で哀しい。

もう少女雑誌を読む年齢でもない私だったが、本屋へ立ち寄ると絶えず少女雑誌にも目を配っていた。「少女の友」の休刊を直ぐ悟った。早速、編集部へ葉書を出した。「休刊ですか？　廃刊ですか？」と。折り返し編集部から返事が来た。「あくまでも休刊です」とあって安堵したが、その後、復刊の様子は見られなかった。

数年前、創刊一〇〇周年記念号が出たのは嬉しかったが、複雑な気持ちで受け留めた。伝統と歴史ある由緒正しい雑誌の無様な終わり方については、在りし日の読者たちに熱狂的に迎えられて刊行された記念号の何処にも、一言の言及もなかった。

最後になってしまったが、戦前から戦後まで息永く撮影を担当していた安田勝彦も「少女の友」の重要なスタッフとして、忘れることが出来ない。抒情的なショットから、戦乱つづく殺伐とした時代も、変わらず端正な眼で捉えた写真で誌面を飾った。

けっして目立つ派手な写真ではないのに、少女雑誌を見ていて、そのカメラマンを意識して、名前まで憶えるとは、凡庸な才能ではない。

昭和25年

少女の友

実業之日本社
創刊　明治四一年二月号
休刊　昭和三〇年六月号

主な連載小説（掲載年代順）

乾信一郎　「人間復興」
日吉早苗　「二つの楽園」
江間章子　「小さい妹」
中村妙子　「マクサの子供たち」
吉屋信子　「少年」「花それぞれ」
北村小松　「深山の怪光」
大佛次郎　「どこまでも」
三木澄子　「紫水晶」「北斗星のかなた」
西條八十　「アリゾナの緋薔薇」「魔境の二少女」
富沢有為男　「湖畔の姉妹」「新若草物語」
佐々木邦　「御親友アルバム」

昭和 24 年

昭和 25 年

昭和 25 年

昭和 26 年

中河与一　「リボンの幻想」
橘外男　「人を呼ぶ湖」「飛騨の妖怪」「山茶花屋敷物語（藤崎彰子名）」「双面の舞姫」
菊田一夫　「七ツの鈴の物語」
由起しげ子　「瑠璃色の海」
海音寺潮五郎　「弓張乙女」
水島あやめ　「風よやさしく吹け」
宮崎博史　「小さいお嫁さん」「サンドイッチさん」
梅田晴夫　「さつきさん」
島田一男　「黒い鸚鵡」
矢代未知夫　「緑の森の少女」

主な連載読物

林義郎　「生命の不思議」
北野道彦　「人間の歴史をたずねて」

昭和 28 年

昭和 26 年

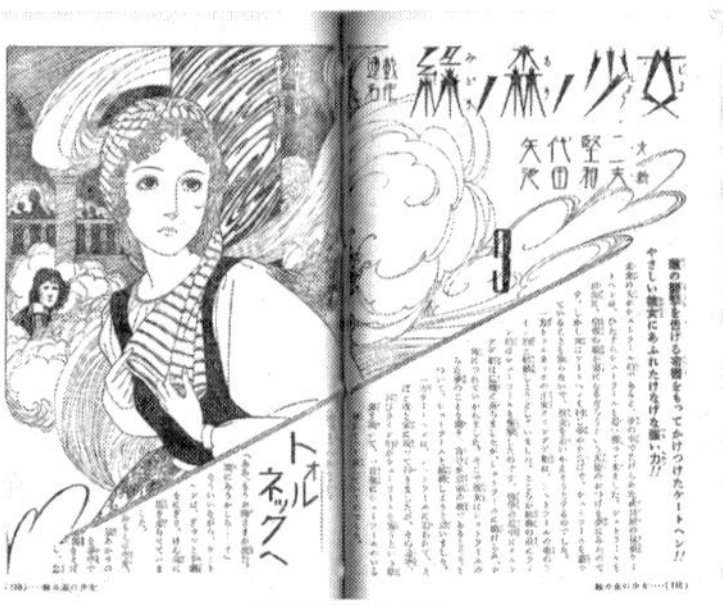

昭和 28 年

昭和 26 年

沢牧雄他　「世界オペラ物語」
矢代末知夫　「楽聖物語」
古谷綱武　「少女の為の人生論」

主な連載漫画

長谷川町子　「ワカメちゃん」「巴さん」
松本かつぢ　「ピチ子とチャー公」
塩田英二郎　「ミイ子ちゃん」「ベレーちゃん」
松下井知夫　「ペラ子とモウさん」
早見利一　「ほがらか三嬢士」
入江しげる　「おいとちゃん」
吉野あさお　「モコちゃんグループ」
高野よしてる「あたしは探偵ミチルちゃん」「あの星この星」
手塚治虫　「ロビンちゃん」「龍が淵の乙女」「赤い雪」「孔雀石」
宮坂栄一　「まぼろし鬼面乙女」

昭和30年

昭和27年

昭和26年

昭和23年12月号

昭和26年3月号

コレクション・エピソード　5

某大学の漫画学部と共同で、少女雑誌のデータベース化に取り組み始めました。もう一四、五年も前のことです。熊本・菊陽町図書館に所蔵する村崎少女雑誌コレクションの、明治時代から昭和三〇年代のすべての目次をデータベース化する、地道で膨大な量の作業が始まりました。

私の机に私がいるかぎり、申込書を提出してくだされば、見たい雑誌を見ることが出来ます。そのオフィスでデータを入力するために、紀伊国屋書店様が手配して下さった女性四、五人が毎日、雑誌を一冊ずつめくり、目次と本文を照らし合わせながら、黙々と作業してくれます。

その傍らのソファーで、近所に住む上品なご婦人が、愛おしそうに懐かしそうに戦前の古い「少女の友」を見ていらっしゃいます。彼女はご自分が少女時代に読んだ「少女の友」が、ここには全部揃っていると知って、「今日は昭和一〇年のものを一年間分、そして一週間後には次の昭和一一年のものを一年間分」という具合に丹念に昔を懐かしみながら「少女の友」をご覧になっていたのです。

それが三度目の来館の時だったでしょうか、いつものように静かに雑誌をご覧に

なっていたのが突然、「これ私の雑誌だ！」と叫ばれたのです。データ入力でその場に居合わせていた私達六人は「ええ〜ッ」と一斉に声を上げました。反射的に私は「それじゃ〇〇さんはその当時××町にお住まいでした？」と訊いたものですから、今度は〇〇さんがビックリする番です。

「私が女学生の頃××町に住んでたのを、何でご存知なんですか？」って次第です。このやり取りでこの「少女の友」は〇〇さんのものに間違いないということになります。傍にいる女性たちは、ことの成り行きに唖然としています。

この「少女の友」を三七冊掘り出したことは、エピソード3で書いています。まさに、その時の一冊に○○さんは自分で書いたご自分の名前を見つけたのです。いつ頃までのことでしょうか、昔は自分の買った雑誌に自分の名前を書き入れる習慣があったのです。

そのために名前を書き入れる欄まで裏表紙にはありました。しかし、さすがに住所までは書き入れません。それをどうして私が、××町の○○さんと憶えていたかというと、建て場で遭遇した三七冊は昭和一〇年頃から昭和一五年までのものだったからです。

つまり、毎月購入していたのであれば、六年間で七〇冊はあるはずです。三七冊はその半分ほどしかないので、もしかしたら残りはちり紙交換に出さず仕舞いで、そのお家を見つければ残っているかも知れないと浅はかにも都合の良い妄想をしたわけです。

全部欲しい一心で、この一冊一冊を丹念に見ました。そうしたら名前を記入されたのが数冊、その内の一冊に××町××と書いてあるのを見つけたのです。そして、偶然なことですが、私が通学していた高校と同じ町内だったのです。

それから放課後は毎日毎日あてどなく、町内を自転車で一軒一軒表札を見て歩く始末でした。結局○○さんのお宅は見つからなかったのですが、××という町名とお名前だけはしっかりと記憶に残っていました。なぜ、お家が見つからなかったかと

言いますと、〇〇さんのお家は郡部の素封家で、二人のお嬢さんを市内の女学校に進学させるため、あるお屋敷の離れを借りていらっしゃったからでした。

〇〇さんは、その後、お嫁に行かれて苗字も変わるのですが、実におよそ七〇年ぶりにご自分が読んでいた少女雑誌に対面するという、珍しい巡り合わせをなさった次第です。この話は〇〇さんの御親戚中の話題にもなって、東京に住む甥御さんが、その雑誌を見てみたいという話になって、はるばるお出でになったことで、地元の新聞に「七十年振りの奇跡」として、カラー写真入りで大きく取り上げて頂くという副産物まで生まれました。

揺かごの歌を　カナリヤがうたうよ
ねんねこ　ねんねこ　ねんねこよ
揺かごの上で　枇杷《びわ》の実がゆれるよ
ねんねこ　ねんねこ　ねんねこよ
揺かごの綱《つな》を　木ねずみがゆするよ
ねんねこ　ねんねこ　ねんねこよ
揺かごの夢に　きいろい月がかかるよ
ねんねこ　ねんねこ　ねんねこよ
ETSURO

おわりに

しっとりとして、ロマンチックで、淡い夢を追っていた少女たちは、何処へ行ってしまったのだろうか？　その後、少女雑誌をルーツとして分岐し、分裂して増殖を繰り返し、今を盛りの「女の子用雑誌」は週ごと月ごと、いったい何十種類発行されているのか、調べる気も失せるほどに増え、多様化し、読者層も入り組んでしまったようだ。

そして、柱となるテーマのひとつに、セックス絡みは当然のこととして受け入れられていて、抵抗もないようだ。

少女が、少女でいていい時期は永くないのに、何を急ぎ、背伸びしたいのだろうか。振り返ってみると戦後、わずか二〇年足らずの余りにも短い少女雑誌の復活、そして敢えない永遠の終焉だった。

参考文献

・松本道子著『風の道』ノラブックス
・福島鑄郎著『戦後雑誌発掘』日本エディタースクール出版部
・大木至著『雑誌で読む戦後史』新潮選書
・「日本読書新聞縮刷版」昭和二五年度版
・『偕成社五十年の歩み』一九七八年
・松井喜一『国際的出版都市建設の夢―廣島図書の現在と将来』昭和二四年
・遠藤寛子『「少女の友」とその時代―編集者の勇気　内山基―』本の泉社

お話を聞いた人々　編集長（敬称略）

平木忠夫「少女ロマンス」／森田淳二郎「少女の友」七代目／桜田正樹「女学生の友」／中原淳一「ひまわり」／丸山昭「少女クラブ」／内山基「少女の友」五代目／下野博「美しい十代」初代／岩下祐子「少女の友」二・四代目編集長・岩下小葉氏令孫／木村健一「少女世界」

お話を聞いた人々　挿絵画家ほか（敬称略）

藤井千秋／辰巳睦子（挿絵画家・辰巳まさ江氏令妹）／兵道真寿美（挿絵画家・村上三千穂氏後援者）／山本サダ／勝山浩／佐藤漾子／蕗谷龍夫（挿絵画家・蕗谷虹児氏令息）／鈴木悦郎／内藤ルネ（イラストレーター・デザイナー）／挿絵画家・佐藤春樹ご長女／丸山秀幸（挿絵画家）／宇津原充地栄（挿絵画家・松本かつぢ氏三女）／高橋真琴／「青空」編集部員氏（失名）／髙木清「少女の友」編集部員

戦後・少女雑誌刊行リスト

●「少女の友」創刊・明治四一年二月号　昭和二〇年八月戦後第一号　休刊・昭和三〇年六月号　全五九九冊（増刊号三三冊含む）　実業之日本社

●「少女クラブ」創刊・大正一二年一月号　昭和二〇年八、九月合併号戦後第一号　休刊・昭和三七年一二月号　全五〇二冊（増刊含む推定）　講談社

○「女学生」創刊・昭和一五年五月号　廃刊・昭和二一年五月　女学生社

○「マドモアゼル」創刊・昭和二一年九月号　昭和二三年七月号まで確認　刊行冊数不明　スタア社

○「新少女」創刊・昭和二一年　昭和二二年一二月号まで確認（第二巻第八号）　発行冊数不明　金港堂

○「紺青」創刊・昭和二一年七月号　昭和二三年八月号まで確認　二六冊前後発行　雄鶏社

●「ひまわり」創刊・昭和二二年一月号　廃刊・昭和二八年一二月号　全六七冊　ひまわり社

●「白鳥」創刊・昭和二二年一月号　昭和二四年一月号まで確認　全二〇冊

○「ＲＩＢＢＯＮ」創刊・昭和二三年五月号　廃刊・廃刊号不明　能加美出版

○「人形の家」創刊・昭和二三年八月号　第八号まで確認　人形の家

○「花言葉」創刊・昭和二三年九月号　以下不明　新進社（大阪）
●「少女世界」創刊・昭和二三年一一月号　廃刊・昭和二八年七月号　全五九冊（増刊二冊含む）　富国出版社―少女世界社
●「少女」創刊・昭和二四年二月　休刊・昭和三八年三月号　全一八九冊（増刊含む）　光文社
●「少女ロマンス」創刊・昭和二四年七月号　廃刊・昭和二六年八月号　全二六冊　明々社
○「乙女草」創刊・昭和二四年八月号　以下不明　映画ニュース社（大阪）
○「女学世界」（女性ライフ改題）創刊・昭和二四年一〇月号　全四冊　女性ライフ社
○「百合子」創刊・昭和二四年一二月号　昭和二五年一月号まで確認　全二冊　黒蘭社
●「女学生の友」創刊・昭和二五年四月号　休刊・昭和五二年一二月号　全三五七冊（増刊号含む）「女学生の友」―「JOTOMO」誌名変更
●「少女サロン」創刊・昭和二五年六月号　休刊・昭和三〇年八月号　全六三冊　偕成社
○「あこがれ」創刊・昭和二五年七月号　昭和二五年一〇月号まで確認　全五冊　あこがれ発行所
●「少女ライフ」創刊・昭和二六年七月号　廃刊・昭和二七年四月号　全一〇冊　新生閣
●「少女ブック」創刊・昭和二六年九月号　休刊・昭和三八年五月号　全一六〇冊　集英社
●「ジュニアそれいゆ」季刊―隔月刊―月刊　創刊・昭和二八年三月　廃刊・昭和三五年八月号　全四〇冊（増刊号含む）
○「ひとみ」創刊・昭和三三年八月号　休刊・昭和三六年四月号　全三三冊　秋田書店
（●はここで取り上げた雑誌。○は表紙画像添付のみ。）

熊本・菊陽町図書館所蔵少女雑誌リスト

●「少女界」金港堂書籍　明治三五年四月創刊　四五冊
●「日本の少女」大日本少女会　明治三八年創刊　二冊
○「少女智識画報」近事画報社　明治三八年創刊
○「をとめ」をとめ発行所　明治三九年創刊
●「少女世界」博文館　明治三九年九月創刊　八三冊
●「少女の友」実業之日本社　明治四一年二月創刊　四〇二冊
●「姉妹」国学院大学出版部　明治四二年創刊　一冊
●「少女」女子文壇社　明治四二年九月創刊　三冊
●「女学生」文光社　明治四三年創刊　一冊
●「女学生画報」女学生画報社　明治四四年創刊　三冊
●「少女画報」東京社　明治四五年一月創刊　九五冊

●「女子文壇」女子文壇社　明治三八年一月創刊　三冊
●「少女」時事新報社　大正二年一月創刊　五五冊
●「新少女」婦人之友社　大正四年一月創刊　一二冊
●「女子の友」大日本実修女学会　明治末期創刊　二冊
○「少女の園」日本少女園　大正四年創刊
○「女学生雑誌」団欒社　大正五年創刊
●「をとめ」千章館　大正五年一月創刊　一冊
●「少女新聞」東京社　大正五年創刊　三冊
●「少女号」小学新報社　大正五年一二月創刊　一一冊
●「小学少女」研究社　大正八年五月創刊　七冊
●「小学女生」実業之日本社　大正八年一〇月創刊　一三冊
●「女学生」研究社　大正九年五月創刊　六冊
○「少女学友」大正九年
●「令女界」寶文館　大正一一年四月創刊　一〇六冊
●「少女の花」日本飛行研究会正光社　大正一一年創刊　四冊
●「少女物語」ポケット講談社　大正一一年創刊　二冊
●「少女の国」正光社　大正一一年八月創刊　一冊

●「少女倶楽部」講談社　大正一二年一月創刊　二九八冊
●「愛の少女」婦人児童文化協会　大正一二年創刊　一冊
●「女学の友」早稲田大学出版部　大正一二年創刊　一一冊
●「少女星」大阪開成社　大正一三年八月創刊　一冊
●「少女の国」少女の国社成海堂　大正一五年一月創刊　六冊
●「少女文芸」東京・新報社　大正一五年四月創刊　四冊
●「小令女」寶文館　大正一五年六月創刊　一冊
●「少公女」集英社　大正一五年九月創刊　一冊
○「少女愛の泉」愛の泉社　大正一五年創刊
○「向上の少女」帝国文化協会　昭和四年創刊
●「女学生日本」女学生之日本社　昭和六年創刊　一冊
○「姉妹」姉妹会事務所　昭和九年創刊
●「処女」用力社　昭和九年創刊　三冊
○「日本少女」鳩居書房　昭和一〇年創刊
○「少女文芸」新泉社　昭和一二年創刊
●「詩歌少女」詩歌少女社　昭和一三年一一月創刊　三冊
○「女学生新聞」大日本聯合婦人会　昭和一四年

●「女学生」女学生社　昭和一四年　六冊（女学生新聞改題）
●「日本少女」小学館　昭和一七年二月創刊　二四冊
●「新少女」金港堂　昭和二一年創刊　三冊
●「ひまわり」ヒマワリ社　昭和二二年一月創刊　全六七冊完揃
●「白鳥」大地書房　昭和二二年一月創刊　全二〇冊完揃
●「紺青」昭和二二年一月号創刊　二二冊
●「青空」広島図書　昭和二三年五月飛翔号　一七冊
●「ＲＩＢＢＯＮ」能加美出版　昭和二三年五月創刊　一冊
●「人形の家」人形の家社　昭和二三年八月創刊　一冊
●「花言葉」新進社　昭和二三年九月創刊　一冊　二号まで確認
●「少女世界」富国出版社　昭和二三年一一月創刊　全五九冊完揃
●「蝋人形」東光出版社　昭和二四年一月創刊　三冊
●「少女」光文社　昭和二四年二月創刊　一六三冊
●「少女ロマンス」明々社　昭和二四年七月創刊　二五冊
●「乙女草」映画ニュース社　昭和二四年八月創刊　一冊
●「女学世界」女性ライフ社　昭和二四年一〇月創刊　四冊
以下不明（「女性ライフ」改題）

●「百合子」黒蘭社　昭和二四年創刊　一冊
●「女学生の友」小学館　昭和二五年四月創刊　三〇九冊
●「少女サロン」偕成社　昭和二五年六月創刊　全六三冊完揃
●「あこがれ」あこがれ発行所　昭和二五年七月創刊　四冊
●「少女ライフ」新生閣　昭和二六年七月創刊　全一〇冊完揃
●「少女ブック」集英社　昭和二六年九月創刊　九九冊
●「ジュニアそれいゆ」ひまわり社　昭和二八年三月創刊　全四二冊完揃
●「なかよし」講談社　昭和三〇年一月創刊　現在も刊行中
●「りぼん」集英社　昭和三〇年九月創刊　現在も刊行中
●「ひとみ」秋田書店　昭和三三年八月創刊　一一冊
●「美しい十代」学習研究社　昭和三四年一二月創刊　一一五冊
●「少女サンデー」小学館　昭和三五年創刊　四冊
（●は所蔵雑誌。〇は所蔵なしの雑誌。）

村崎　修三（むらさき　しゅうぞう）

昭和12年生まれ。
挿絵画家を目指して、参考資料として中学２年時から少女雑誌の蒐集を始める。
昭和42年、熊本市にオーナー・パティシエとして洋菓子専門店開業。
同時に少女雑誌の蒐集を本格的に開始。
平成６年現役引退。平成15年熊本・菊陽町図書館新築に合わせて全雑誌寄贈。
同時に菊陽町役場臨時職員として「少女雑誌の部屋」を担当。現在に至る。
メールアドレス　msion1999@rapid.ocn.ne.jp

掲載図版のうち、著作権者不明のものがあります。ご存知の方があれば、編集者までお知らせください。
なお、本文中の文章、カット各資料等の無断での二次使用はご遠慮ください。

昭和懐古　想い出の少女雑誌物語

2018年11月15日　初版

著者　村崎　修三
発行　熊本出版文化会館
熊本市西区二本木3丁目1-28
☎ 096（354）8201（代）
発売　創流出版株式会社
【販売委託】武久出版株式会社
東京都新宿区高田馬場3-13-1
☎ 03（5937）1843　http://www.bukyu.net

印刷・製本／モリモト印刷株式会社

※落丁・乱丁はお取り換え致します。

ISBN978-4-906897-51-3　C0076

定価はカバーに表示してあります